LA MEDUSA, EL MONO Y LA MARIONETA

Literature and Culture Series

General Editor: Greg Dawes
Series Editor: Ana Forcinito
Copyeditor: Gustavo Quintero

La medusa, el mono y la marioneta

Teología política y erótica en el peronismo

꙰

Luis Alfredo Intersimone

acc

Raleigh, North Carolina

Library of Congress Cataloging-in-Publication Data available at
https://lccn.loc.gov/2021041571

ISBN: 978-1-4696-6919-9 (paperback)
ISBN: 978-1-4696-6920-5 (ebook)

This is a publication of the Department of Foreign Languages and
Literatures at North Carolina State University. For more information visit
http://go.ncsu.edu/editorialacc.

Distributed by the University of North Carolina Press
www.uncpress.org

INDICE

AGRADECIMIENTOS

Mucho han influido en las versiones iniciales de estas páginas mi mentora Marcy Schwartz, hacia quien guardo una deuda eterna por su estímulo, aliento y guía. Quiero destacar el apoyo brindado por mis amigos Luis González Barrios y Oscar Ariel Cabezas con sus lecturas y conversaciones. Deseo también agradecer a mis editores, Greg Dawes y Ana Forcinito, y al corrector de pruebas, por su generosa ayuda durante el proceso de publicación.

Debo confesar que, desde mis primeras inmersiones en las entrañas de ese Leviatán que es el peronismo, mi postura ha ido cambiando y matizándose a medida que progresaba en el conocimiento del "hecho maldito" del país. Debido a ello, dos secciones de este libro publicadas anteriormente aparecen aquí revisadas y con radicales modificaciones. Una versión del capítulo 7 apareció como "Los dos Borges, las dos Evas, los dos Perón" en *Chasqui* 36.1 (2007): 18-32; el capítulo 8 apareció como "El melodrama fundacional antiperonista en *El incendio y las vísperas* de Beatriz Guido" en *Políticas del sentimiento. El peronismo y la construcción de la Argentina moderna* (Buenos Aires: Prometeo, 2010), editado por Paola Cortés Rocca, Edgardo Dieleke y Claudia Soria. Agradezco a Cynthia Tompkins y a Paola Cortés Rocca la autorización para publicarlas.

A Marcelo Martino

Con quien tanto quería

Yo quiero ser llorando el hortelano

Prólogo

E L PRESENTE LIBRO ES una respuesta a una situación de emergencia. Su escritura coincide con los años de gobierno del presidente Mauricio Macri (2015-2019). La administración kirchnerista anterior había encabezado un período de crecimiento socioeconómico inaudito en la Argentina, acaso no visto desde la clásica década liberal de 1880. Bajo las presidencias de Néstor y Cristina Kirchner se produjo una caída del 71% de la pobreza y un 81% de la indigencia; el PBI creció un 42% (comparable a las "tasas chinas"); también cayeron el desempleo y la desigualdad. Todo esto condujo a un enorme incremento en la calidad de vida para la mayoría de la población, junto con una distribución del ingreso gracias a los programas sociales (Weisbrot, s/p). A esto hay que agregar la reivindicación de los derechos humanos, la eliminación de la "timba financiera" de las AFJP (los planes privados de jubilación), el acercamiento político-cultural al resto de Latinoamérica y el rechazo de la injerencia del FMI en el manejo de la economía. Incluso los voceros más icónicos del *establishment* internacional, como el *New York Times* (en donde se publicaron los guarismos citados), debieron rendirse a la evidencia que contradecía la erosión propagandística a la que ellos mismos habían sometido al gobierno de los Kirchner. Sin embargo, en 2015 el 47% de población eligió literalmente un *cambio* en la dirección de las políticas de Estado que la habían beneficiado durante doce años.

El resultado electoral fue un desafío para los análisis políticos en el campo intelectual. Si las teorías contemporáneas más aceptadas en la academia sostienen que no existen los "intereses objetivos" de clase o los intereses "preconstituidos" (Laclau y Mouffe, *Hegemony*, cap. 2), ¿cómo explicar el giro de 180 grados que había dado la ciudadanía? O sea, si no se podía decir que se había votado *en contra de los propios intereses*, ¿qué y por qué se había votado entonces? El mismo Ernesto Laclau, uno de los intelectuales más prominentes que sostuvieron el proyecto del kirchnerismo y a la vez uno de los máximos críticos de la tradicional noción marxista de ideología que podría haber explicado el fenómeno como una "falsa conciencia", ya no se encontraba para explicar el ascenso del macrismo, habiendo fallecido en 2014.

La búsqueda de una respuesta surgió, para mencionar sólo un ámbito, en una serie de intelectuales nucleados alrededor del colectivo Carta Abierta y el periódico *Página 12* (entre ellos, Horacio González, Ricardo Forster, Mempo Giardinelli, José Pablo Feinmann, Atilio A. Borón y Horacio Verbitsky). A partir del conflicto con el "campo" (más valdría llamarlo latifundio) en 2008, el fallido intento del gobierno de incrementar levemente los impuestos a las exportaciones agropecuarias de productos esenciales, el segundo manifiesto de Carta Abierta había comenzado a percibir una situación que se agudizaría en los años siguientes. El colectivo denunció la manipulación ideológica por parte de los medios hegemónicos de comunicación al servicio de las grandes corporaciones nacionales e internacionales, de las cuales ellos mismos forman parte ("Por una nueva redistribución").

Un artículo publicado poco después pareció inclinarse hacia el retorno a una noción básica de ideología: "Hay gente humilde que repite consignas vacías porque creen creer [sic] lo que les dicen la radio, la tele y los grandes diarios. Hay los que fueron tocados en sus intereses y hay un fuerte resentimiento en otros cuya situación económica no lo justificaría. Y hay, incluso, personas con largas trayectorias progresistas en posiciones inesperadamente retrógradas" (Giardinelli s/p). La explicación de la postura de la clase media y la clase baja se funda implícitamente en dos postulados conocidos. Por un lado, el texto conlleva una interpretación clásica de tono althusseriano: la construcción de los medios masivos como el aparato ideológico más poderoso del Estado (o de las clases hegemónicas). Por otro, la mención al "resentimiento" incluye un elemento de tono más revisionista, tal vez gramsciano: la posibilidad de encontrar una respuesta en un sentimiento o en una "estructura de sentimiento", como la había llamado Raymond Williams y que hoy se llama "teoría de los afectos". Empero, lo que provocó más perplejidad en el autor fue la posición de algunos intelectuales (Giardinelli probablemente estaba pensando en gente como Beatriz Sarlo), lo cual parece exceder toda herramienta de comprensión. En los años siguientes, Carta Abierta y sus intelectuales prolongaron su crítica hacia lo que denominaron la "nueva derecha" (léase neoliberalismo) y se centraron más bien en casos y en actos de gobierno puntuales, así que quedó en el tintero un análisis más abstracto y la elucidación de las contradicciones que la realidad le planteaba a la crítica teórica o a la filosofía política.

Dentro de este contexto social, intelectual y político, me embarqué en un proyecto de estudio que no trataba específicamente de la era contemporánea y el debate entre kirchnerismo y macrismo expuesto hasta aquí, sino sobre la literatura del peronismo (entendida tanto a favor como en contra) enmarcada aproximadamente entre 1945 y 1985. Sin embargo, a medida que me adentraba en el tema, noté ciertas coincidencias históricas que podrían parecer a simple vista superficiales, pero que apuntaban hacia un estrato ideológico subyacente que cruzaba distintas épocas y que pervivía como una serie de mecanismos, retóricas, topos y tropos literarios o verbales.

¿Cómo entender que tanto a Eva Perón como a Cristina Kirchner les endilgaran homogéneamente el apodo de "yegua" o "potranca"? Si la primera podía ser una loca histérica apodada "la dama del látigo", la otra era también una loca, pero con síndrome bipolar. El proceso dialéctico e indiferenciado de sexualización/desexualización era igualmente paralelo, con la consiguiente pasivización o feminización de sus correspondientes esposos. Evita era una puta de cabaret (aunque santa para los mismos peronistas), o una "macho" sólo obsesionada por el poder. Cristina era por un lado la "viuda negra" y por otro aparecía masturbándose en la tapa de la revista *Noticias* del 8 de septiembre de 2012. También obsesionada por el poder, manipulaba a un emasculado Néstor Kirchner (reemplazado luego por Alberto Fernández), comparable a un Perón que ostentaba un *membrum puerile*. Ambos gobiernos fueron acusados de ser regímenes dictatoriales. El "cabecita negra" de los '40 se había transmutado en los "choriplaneros" del 2010, engendrando hijos llamados Jonathan en madres solteras llamadas Jessica que vivían de "la teta del Estado". La grotesca "búsqueda del tesoro" de Néstor Kirchner emprendida por el periodista Jorge Lanata, cuyo programa televisivo prometió la revelación del lugar donde estaría enterrado, junto con una "reproducción" de la bóveda que guardaría los dólares y el oro (una *performance* que imitó la búsqueda del tesoro de Al Capone presentada por televisión unos años antes en EE.UU.) resultó tan estéril como la búsqueda del tesoro nazi de Perón y Evita depositado en Suiza, o supuestamente llegado a la Argentina en submarinos nazis, en una superposición surrealista o real-maravillosa entre un país sin acceso al mar y unas naves que sólo pueden funcionar con acceso directo a éste. La persecución judicial (o *lawfare*) del macrismo se correspondía con las prohibiciones y persecuciones producidas durante la "Revolución Libertadora".

Un fenómeno notable fue también el eco que tuvieron estas ideaciones en la prensa internacional, de la que soy testigo de primera mano por vivir en EE.UU. Los principales medios internacionales como el mencionado *New York Times*, *El País* de España, *Le Figaro* o *Le Monde* de Francia, o *The Guardian* de Inglaterra fueron un enorme altavoz de todos estos relatos, que se extendieron hasta involucrar a la Argentina misma, su historia y el carácter nacional de sus habitantes. La principal noción que se difundió fue la de la "excepción argentina", que supone un país potencia o del primer mundo a comienzos del siglo XX, lo cual explica la arrogancia y el engreimiento de los argentinos, pero que se volvió una república bananera a comienzos del XXI. La explicación histórica pasa por los años de "populismo" que sufrió la nación debido a su incurable irresponsabilidad, para la cual no habría solución. Uno de los textos más representativos que subsume todas estas ideas es un artículo de Roberto González Echevarría publicado en las vísperas del kirchnerismo, con motivo de las secuelas de la crisis del 2001. Imbuido por un sentimiento que sólo podría describirse como *Schadenfreude*, González Echevarría incluso propone un corolario muy extendido en los años siguientes: Argentina "is turning into another Cuba" ["se está volviendo otra Cuba"] (s/p). Sin embargo, el académico cubano no fue del todo original, ya que las tesis de la decadencia del país y su irremediable fracaso (el "réquiem" del que habló poco después Tomás E. Martínez), se remontaban a la década del '30 entre la intelectualidad conservadora (Neiburg 98-100). Se hacía evidente que los intelectuales de Carta Abierta tenían razón al decir que la "nueva derecha" hoy "atraviesa fronteras" ("La nueva derecha").

La concordancia de las imágenes marcaba dos hechos significativos. En primer lugar, los esquemas discursivos no sólo funcionaban en la Argentina o en el peronismo, sino que podían hallarse en otros contextos. Para no dar sino un ejemplo, los Jonathan y las Jessica choriplaneros (los cabecitas posmodernos) se corresponden perfectamente con los "welfare scroungers" ["garroneros del sistema"] o "spongers" ["vividores"] que, a partir del neoliberalismo de Margaret Thatcher, fueron las irresponsables madres solteras, los desempleados y los que se aprovechaban del bienestar social y el seguro de desempleo (Samuel 15). Por otra parte, se encuentra una similitud notable, una suerte de reflejo invertido que en ocasiones bordeaba la parodia, entre los pronunciamientos en contra del peronismo y aquellos a favor. La misma Julie Taylor, en un temprano trabajo pionero, había advertido que la inversión de las imágenes producidas sobre Eva Perón (santa y prostituta) presuponían una coincidencia ideológica sobre la sexualidad femenina. Cuando Giardinelli acusa de "resentimiento" a la clase media, ¿no evoca esto la acusación que esta misma clase cursaba contra Evita y la clase baja durante la década del '40?

La situación de la Argentina en particular, y de América Latina en general, que experimentaban el fin de la "marea rosa" y el avance de movimientos de derecha neoliberales encabezados por Macri, Jair Bolsonaro y Sebastián Piñera, volvían urgente la búsqueda de una respuesta a estos fenómenos que parecían retornar con la persistencia de un zombi. Mi estudio, anclado en el análisis textual, vislumbró una teoría que podía dar cuenta de la articulación orgánica de ciertos discursos sociales e imaginarios ideológicos o políticos. Para su elaboración, me centré en un espacio intersticial entre la ideología clásica y la genealogía de discursos foucaultiana que intenta ir más allá de una mera reivindicación o rechazo de los "intereses objetivos". Aunque se trata de una teoría ecléctica en cuanto a los componentes que la conforman, la complejidad de los fenómenos estudiados vuelve necesario este recurso. Mi análisis sirve no sólo como una validación de la teoría sino como un punto de partida y un modo de formulación de la misma, en un proceso continuo de retroalimentación. Aunque los textos estudiados, algunos de los cuales se remontan a los albores del peronismo, son canónicos, actúan por su misma índole como caja de resonancia de toda una época y reflejan una compleja red de préstamos discursivos que llegan hasta hoy. La literatura ha funcionado en gran medida como una promotora de los mecanismos de "esmerilamiento" propagandístico, cuya función la cumplen actualmente los "mentimedios", como denomina Giardinelli a los multimedios, los medios masivos y los *social media*.

La medusa, el mono y la marioneta indaga un *corpus* que trata sobre el peronismo en la Argentina mediante la unificación de tres conceptos de la teoría crítica: lo erótico, lo político y lo sagrado. Mi argumento se desarrolla a través de lo que en inglés se denomina "close reading" ["lectura minuciosa"] de una variedad de textos, integrada por narrativa, teatro, testimonios y biografías, que incluye obras de Eva Perón, Julio Cortázar, Rodolfo Walsh, Erminda Duarte, Pedro Ara, Jorge Luis Borges, Beatriz Guido, Copi y Tomás E. Martínez. Mi propuesta no sólo ofrece una mejor comprensión del peronismo sino también de una serie de fenómenos que aparecen repetidamente en la política y cultura argentina, como la debatida tendencia necrofílica en la cultura nacional o la obsesión por el cuerpo embalsamado de Evita. Simultáneamente, los hallazgos realizados aportan nuevas ideas a las teorías críticas y sociodiscursivas e, incluso, a la filosofía política en relación con el populismo.

La articulación de los tres campos de saber propuestos permite explicar las relaciones recíprocas y subyacentes entre los textos. El análisis conduce al establecimiento de una genealogía discursiva e ideológica del peronismo que lo entronca polémicamente con los inicios del discurso de la soberanía moderna. Los tres componentes se sustentan en sus respectivas áreas teóricas: la metapsicología de Sigmund Freud, la teoría de René Girard sobre lo sagrado y el discurso filosófico-político sobre la soberanía y la teología política, que va desde Thomas Hobbes en el siglo XVII hasta pensadores contemporáneos como Carl Schmitt, Michel Foucault, Jacques Derrida, Giorgio Agamben, Slavoj Žižek y Laclau, entre otros. Los vértices establecen tres ejes de relaciones:

- el eje erótico-político (que denomino "psicopolítica"), conformado por las relaciones entre la metapsicología y los discursos de la soberanía;
- el eje sacro-erótico, que postula la unificación de las teorías de Girard y Freud;
- el eje político-sagrado, que explica la identidad entre teología y política propuesta por Schmitt.

Considero que la psicopolítica es la unión de la inversión libidinal y la persuasión política (llamada usualmente ideología o hegemonía), fundamento de la pareja erótico-política. La constitución de lo social se establece mediante la identificación con "ideales culturales", las figuras modelos como Perón o Evita que encarnan la figura del soberano. La unificación de lo libidinal con lo sagrado se encuentra en el motivo común del resarcimiento psicológico de la violencia por medio de un acto de violencia catártica: el *Fort-da* en Freud y el sacrificio del chivo expiatorio en Girard. En esta función psíquica radica precisamente el enlace de lo sagrado con la soberanía y la política, aglutinadas por la erótica o la libido, lo que da cuenta de la teología política de Schmitt. La naturaleza de la víctima sacrificial, el *homo sacer* o *pharmakos*, se asimila a las del soberano, el criminal y la bestia. Mi libro rastrea estas figuras en el peronismo, que aparecen encarnadas en tres cosas inhumanas que el arte ha representado inconscientemente a lo largo de la historia, según Derrida: la medusa, el mono y la marioneta.

La medusa es el cuerpo-cadáver de la *femina sacra* Evita, que se percibió como un objeto apotropaico en tanto emanación ambigua de lo benéfico y lo maléfico. Es así que para autores como Walsh o Martínez la momia acarreaba una enorme atracción libidinal, cuya posesión era simultáneamente una maldición y una fuente de poder político. El mono derridiano emerge en la figuración de los "gorilas", el "aluvión zoológico", el "cabecita negra" y las "patas en la fuente", enfatizando la obsesión por el Otro bestial. Finalmente, la figura de la marioneta se revela en las muñecas y estatuas peronistas. El texto más conocido en donde aparece este personaje es "El simulacro" de Borges, pero mi estudio devela su aparición ya en los comienzos de la biografía de Evita, con la consiguiente equiparación de su momia a una muñeca, una copia de cera o un doble siniestro, según lo atestiguan las obras de Erminda Duarte, Pedro Ara, Copi y Martínez, entre otros. Las tres figuras son la representación de lo monstruoso, lo *Unheimliche* o siniestro freudiano, que expresan la ansiedad por la definición de la humanidad y ocupan un papel central en la filosofía política, puesto que la definición de lo humano permite despojar de humanidad al enemigo y volverlo sacrificable y pasible de ser eliminado, como teorizan Schmitt, Foucault y Derrida. La historia argentina del siglo XX, atravesada por el conflicto entre el peronismo y el liberalismo, es un gran ejemplo de esto. Propongo la noción de *te(rat)ología política* para dar cuenta de lo abyecto y lo monstruoso como la emergencia de la teología política en el peronismo, lo que González percibe rudimentariamente como "zoofilia teórica" (*Perón* 346). La te(rat)ología política se manifiesta desde temprano en la literatura sobre el tema, desde Perón y Evita, pasando por Borges, Cortázar, Walsh, Copi, Martínez y un largo etcétera, hasta llegar a nuestros días. La percepción de Eva Perón y Cristina Kirchner como "yeguas" es sólo uno de los avatares de este discurso.

Además de la te(rat)ología política, que señala lo monstruoso como excepción sacrificable dentro del campo político, mi propuesta también ofrece otros conceptos originales. Al estudiar obras literarias que lidian con la muerte y la momificación de Eva Perón, demuestro que el cuerpo y/o el cadáver de la víctima sacrificial sufre un proceso de soberanización debido al funcionamiento de los tres componentes críticos señalados. La soberanización promueve una simultánea humanización/deshumanización del otro y del enemigo político, ya sea como cadáver o como cuerpo vivo. El cadáver embalsamado de Evita aparece como el núcleo en el que se cruzan inversiones libidinales, lo que denomino *imputrefición*. Mi análisis demuestra que la momia tiene características muy especiales, tanto para los peronistas como para sus adversarios, que la diferencian de los cuerpos inhumados, cremados o vivos, a los que se considera "naturales". El concepto de imputrefficción revela el desconocimiento inconsciente de la borradura de los límites entre lo muerto y lo vivo y lo natural y lo cultural. Las contradicciones que hace surgir la momia frente a la inmunidad o protección que se le debe a un cuerpo muerto, la llamada aporía autoinmune, se remontan a creencias semíticas antiquísimas que están presentes en toda la cultura occidental. Como consecuencia, planteo que una nueva forma de biopolítica aparece en el siglo XX, definida por la fórmula "matar y dejar morir". De los tres conceptos claves (te[rat]ología política, soberanización e imputrefficción), surge espontáneamente la idea de la *soberanía prostética*, que ya estaba presente en Hobbes, según lo muestra Derrida, y que engloba a todos ellos.

Como hipótesis auxiliar del análisis, planteo por un lado la definición operativa de populismo (y, por extensión, de peronismo) como antiliberalismo, en tanto "ficción del otro" construida en relación antagónica y recíproca con éste. Mi estudio muestra que tanto los textos peronistas como los antiperonistas manifiestan los tres ejes teóricos (lo sacro-erótico-político) y su juego de articulaciones genera las identificaciones políticas sobre la base de la construcción del otro. Adicionalmente, las obras estudiadas conforman un género literario particular, denominado indistintamente *romance* o *melodrama fundacional*, *necrografía fundacional* o *necrografía cómica*. La construcción mutua y recíproca de los discursos antagónicos (o sea, la lucha contingente por la hegemonía política) se produce por medio de este género y es uno de los asuntos centrales del libro.

Muchas de mis conclusiones concuerdan con las asunciones subyacentes en los últimos avances en la comprensión del peronismo, entre los que se destaca la obra de Alejandro Grimson. El historiador propone que sólo se puede entender el peronismo en función del antiperonismo, a partir del supuesto de la interrelacionalidad de los fenómenos sociales y de la intersubjetividad de la política, puesto que la constitución de la identidad se produce mediante un proceso polémico a lo largo de la historia (13-19). Mi teoría acerca de la díada peronismo-liberalismo como elementos de una genealogía discursiva común, asentada en el concepto de lo político de Schmitt, se hace eco de esta idea.

Grimson también establece varios corolarios que se encuentran explícitos o latentes en este libro. El autor considera la noción de "capacidad hegemónica" para dar cuenta de lo que Laclau llamaría la contingencia política. La introducción del concepto lo lleva a criticar un conjunto de postulados de larga data en la teorización del peronismo, que asumen la forma de "contraposiciones de extremos" ideológicos o dicotomías. La idea de la "anomalía" o "excepcionalidad" del fenómeno peronista (y, por extensión, de la Argentina misma) se disuelve si uno considera que no hay una "verdadera" izquierda o "verdadera" derecha, cuya concepción está basada en "una visión idealizada de la política europea" (23), lo que en términos laclausianos se puede entender como la articulación contingente que desmiente una esencia *a priori* de las identidades sociales y políticas. Debido a ese error conceptual, los adversarios del régimen le endilgaron "una serie de conceptos como totalitarismo, fascismo o dictadura", mientras que la "visión idealizada" lo concibió como lo absolutamente opuesto.

De la intersubjetividad se desprende una visión más matizada de la historia que revela tanto los déficits del peronismo como los de sus oponentes. Si "a mitad de siglo XX de ninguna manera estaba generalizada en el mundo la noción ni las exigencias democráticas que se expandieron después", se puede cuestionar "cuánto de liberalismo político pudieron construir aquellos que decían encarnar los valores democráticos de esa época" (27). Un ejemplo contemporáneo muestra que tal actitud se extiende hasta hoy y sigue permeando los debates intelectuales sobre el peronismo. En la "biografía política" de Eva Perón de Loris Zanatta, una obra acerbamente antiperonista que denuncia las actitudes antidemocráticas de la primera dama, el autor toma partido por la posición de Edward Miller, el embajador de EE.UU. en Argentina. "Miller la vio [a Evita] incapaz de comprender *la importancia que el gobierno norteamericano asignaba a las libertades civiles*" (*Eva Perón* 371, subrayado mío). Para no insultar el conocimiento del lector, baste señalar que la observación involuntariamente cómica del embajador (sobre la que Zanatta omite cualquier valoración) se realizó en el año 1951.

Una evaluación similar se puede hacer de la acusación corriente de "emotividad" aplicada al régimen, que sugiere no sutilmente la "irracionalidad", lo cual conduce a identificarlo como "populista". Grimson nuevamente señala que "el hecho fundamental es que tampoco podría comprenderse la reacción brutal del antiperonismo contra Evita sin atender asimismo a la dimensión emocional. No hay identidades políticas de masas vacías de afectividad" (29). Este libro demuestra precisamente que la instancia libidinal forma parte integral del liberalismo antiperonista, incluso en sus exponentes más acérrimos, ya sea Cortázar, Guido, Copi o Martínez.

La medusa, el mono y la marioneta elabora la tesis interrelacional e inter-subjetiva de Grimson, que deconstruye las oposiciones políticas, como la crítica de un aparato de saber-poder. Basándome en Foucault, sostengo que el aparato es la distribución de un régimen de verdad que se halla en la construcción del populismo y el peronismo como una "ficción del otro". Asimismo, mi propuesta de un triple eje sacro-erótico-político permite iluminar los fenómenos transhistóricos y transfronterizos discutidos al comienzo. La aparición de tópicos similares y reflejos, tanto en la Inglaterra de Thatcher, como en los EE.UU. actuales o en la Argentina del '40, se pueden explicar por la común genealogía de sus discursos o, dicho de otra manera, porque estos discursos entroncan con una raíz común que se remonta a los albores de la modernidad y el surgimiento del liberalismo.

CAPÍTULO I

Introducción (I). El romance fundacional escatológico o los tres cuerpos del soberano populista

꙳

1.1. "EVA ENTRÓ EN mi vida como el destino" (5), comienza el derrocado presidente Juan Domingo Perón la historia de *Cómo conocí a Evita y me enamoré de ella* (1951). "Fue un trágico terremoto [...] el que me hizo encontrar [a] mi mujer", añade con una ampulosidad propia de un escritor realista-maravilloso.

Poco a poco, el amor y los eventos que se desencadenan—"[a] world experienced through misfortune" ["un mundo concebido a través del infortunio"], en palabras de Carlos Monsiváis ("Mexican Cinema" 140)—adquieren dimensiones cósmicas, establecidas *a priori*. La pasión entre el presidente y la primera dama queda indisolublemente encadenada al amor por la Patria. Ambos se unen para ayudar a las víctimas del sismo de San Juan, que representan la nación toda: "la mayoría de los argentinos podía compararse a los sin techo de la ciudad de la Cordillera" (6).

El tiempo del encuentro es épico. El pasado absoluto e inmutable, apartado del presente a través de un corte definitivo, está cincelado con perfección, pulido por la distancia temporal y espacial ("aquellos días pasaron...", "aquella provincia remota...", "aquella frágil mujer rubia..."). La naturaleza, los acontecimientos y las personas, descritos con enjundia, adquieren una proporción monumental y excesiva: las montañas son "temibles y lóbregas"; las nieves, "perpetuas"; el país, siempre "entero"; la guerra, "cruel"; Evita, "una auténtica 'pasionaria'". Y sus ojos, "encendidos como por la fiebre" (5). En este mundo, el centro es ella, pero siempre bajo la tutela de Perón: "Me seguía como una sombra, me escuchaba atentamente, asimilaba mis ideas, las elaboraba en su cerebro férvido e infatigable y seguía mis directivas con una precisión excepcional" (6).

Los sentimientos (no los intereses económicos) son el motor de las relaciones políticas y sociales. Cuando el embajador Arpesani confiesa que "Italia ya no tenía pan" ni "moneda para pagar el grano" (10), Perón se conmueve y no pierde el tiempo. Ordena de inmediato que todos los buques argentinos, "destinados a otros países con los cuales habíamos estipulado anteriormente contratos bastante ventajosos", inviertan la ruta y se dirijan "a puertos italianos. El embajador de Italia en aquel momento no acertó a decir una palabra; bajó la cabeza y vi que se pasaba por los ojos el dorso de la mano...". Escasean las palabras y son los gestos físicos los que transmiten significado. Remachando el carácter de *tearjerker*, las confidencias proclaman desvergonzadamente su voluntad llorona y desgraciada: "Franco me ha dicho hoy—dice Perón citando a Eva—que en España es fácil llorar de emoción; yo le he respondido que lo creo pero que estoy ya tan habituada a llorar en mi patria que aquí me será difícil hacerlo" (10).

Los personajes son intocables e inmunes a la crítica. No existe la ironía, la mirada es monolítica, la perfección los vuelve bidimensionales. No experimentan el pecado ni el sexo: "Eva, efectivamente, pasaba con mucha frecuencia la noche en su oficina y volvía a casa al amanecer. Yo, que de ordinario salía de la villa a la seis de la mañana para ir a la Casa Rosada, me la encontraba en la puerta, un poco cansada pero siempre satisfecha de sus fatigas" (9).

El testimonio en primera persona ("Vi", "me dijo") otorga al enunciado el carácter de documento irrefutable. Más aun: el de un evangelio escrito por un mesías. Logra hilvanar convincentemente, sin suturas, los mitos más perdurables del peronismo: "Eva llevó a nuestra gente a las plazas y el 17 de octubre se puso a la cabeza de los 'descamisados'" (7); dedicó su vida "enteramente a los pobres" (11); su enfermedad fue resultado de su arduo trabajo, una ofrenda "en holocausto a nuestro pueblo" (19); "no había palabras que lograran convencerla de la necesidad de moderar el ritmo de su trabajo" (11). Al llegar el momento de la muerte, por primera vez la narración parece detenerse: "Ya era avanzada la tarde; por la ventana entraban las primeras sombras. Un viento implacable mecía furiosamente los árboles. El cielo tenía el color de un sudario y amenazaba lluvia" (13).

Este texto magistral—publicado primero como artículo en medios periodísticos y luego como parte de la obra *Del poder al exilio. Cómo y quiénes me derrocaron* (1958)—ya contiene todo en él: las estrategias discursivas del peronismo adaptadas sagazmente de los medios masivos de comunicación (la radio, el cine, el teatro) y de su género predominante (el melodrama); la hagiografía; la necrofilia (el relato de la enfermedad, agonía, muerte, funeral, embalsamamiento y posterior secuestro del cuerpo de Evita ocupan prácticamente el 50% de la narración); el entretejido de romance, política y escatología. La narración apela más a la emoción que a la racionalidad para explicar la acción social (la ayuda a la provincia de San Juan, víctima del terremoto, y a Italia, víctima de la guerra) que pone en marcha un Estado de bienestar. Los actos políticos están investidos de tendencias libidinales y viceversa; la emotividad se nutre de un aura sacramental. El fenómeno que origina la conjunción de los tres elementos (política, religiosidad y sentimentalismo) radica en la violencia manifiesta en todas sus formas: natural (terremoto), social (guerra) y biológica (muerte). Es un verdadero relato fundacional—de una pareja, de un partido y de una nación—que da la tónica perfecta del movimiento político más determinante de la historia argentina en el siglo pasado.

La complejidad del peronismo, definido proverbialmente por John William Cooke como "el hecho maldito del país burgués", ha desafiado toda clasificación. Estudiado desde la filosofía política como "un sujeto político en permanente estado de invención" (Feinmann, *Ignotos* 103) y entendido desde la teoría de la comunicación y la semiótica como una peculiar dimensión ideológica y una modalidad de enunciación antes que como una ideología particular (Sigal y Verón 18-19), su esfera de acción se expande desbordando todo límite, fagocitando la cultura, las artes, los medios de comunicación, las expresiones deportivas, los actos masivos de celebración, las fiestas populares y casi cualquier otra expresión social que conforma la nación y la comunidad. Acaso el rasgo más enigmático haya sido su capacidad de abrazar todo el espectro político, desde la extrema derecha nacionalista hasta la izquierda nacional y popular. En este sentido, hay que darle la razón a Ernesto Laclau al declarar que el peronismo es un "significante vacío".

1.2. La hipótesis general del presente libro propone la existencia indiferenciada de tres componentes teóricos—política, erótica y religión—que permiten el análisis de la genealogía discursiva del peronismo, entendido como una forma de populismo. Los tres elementos son simultáneamente un espacio ideológico y las herramientas que se utilizan para construirlo. Es decir, son el terreno polémico en donde se desenvuelve lo político, en el cual distintos bandos intentan obtener la hegemonía del campo social. La genealogía se desarrolla mediante un juego discursivo donde los distintos actores van elaborando sus movimientos como respuesta reflexiva y mimética o como rechazo, lo que produce contradicciones que tratan de resolver en el paso siguiente. La premisa sugiere que todos los sujetos políticos recurren a la libre articulación de los tres elementos, no sólo el peronismo.

1.2.1. Perón menciona en numerosas ocasiones la necesidad de un líder "ungido con el óleo de Samuel" (*Conducción* 11), que es, previsiblemente, él mismo. La cita revela una genealogía que se remonta tanto a la teología política como a una cultura tradicional de arraigo, que más que ser premoderna abreva en las raíces de la modernidad. Jacques Derrida recuerda que para Louis Marin el cuerpo del soberano es triple: el cuerpo físico, el jurídico-político y el semiótico-sacramental, que existe para asegurar el intercambio entre los otros dos. Derrida cita a Marin, que cita a Bossuet, quien afirma: "God places on the forehead of sovereigns and on their face a mark of divinity. [...] God has made in the Prince a mortal image of his immortal authority. [...] Man dies, it is true: but the king, we say, never dies: the image of God is immortal" ["Dios coloca en la frente y el rostro de los soberanos una marca de divinidad. (...) Dios ha creado en el Príncipe una imagen mortal de su autoridad inmortal. (...) El hombre muere, es cierto: pero el rey, decimos, nunca muere: la imagen de Dios es inmortal"] (*Beast I* 295). Los tres cuerpos del soberano se corresponden con los tres ejes analíticos utilizados: lo libidinal-erótico (el cuerpo físico), lo político (el jurídico-político) y lo religioso (el semiótico-sacramental).

La propuesta se sustenta en tres postulados auxiliares. El primero presupone una noción de la política basada en las ideas de Carl Schmitt. El jurista alemán define el acto político por excelencia como la distinción entre amigo y enemigo (*Concept* 26). Aunque Schmitt se refiere, desde una postura conservadora, al ámbito interestatal (el enemigo es el del Estado en su conjunto), el antagonismo como *polemos* político es una referencia fundamental para desentrañar los procesos discursivos desatados por el peronismo. El concepto también es empleado por Laclau en su teoría sobre la hegemonía y la contingencia, que ha resultado productiva dentro de los estudios sobre el populismo. Schmitt matiza su definición con la sugerencia de que la política se opone a la guerra porque en ésta "the distinction of friend and enemy is [...] no longer a political problem" ["la distinción entre amigo y enemigo ya no es (...) un problema político"] (34). Michel Foucault utiliza la relación entre la guerra y la política como oposición y complementariedad en su disquisición genealógica sobre el discurso de la soberanía. El pensador francés sostiene la existencia de un discurso crítico historicista que surgió para oponerse al poder soberano moderno. La forma que adquirió es expuesta mediante la inversión de la conocida frase de Carl von Clausewitz. Para el hipotético "discurso de la guerra", la política es la continuación de la guerra por otros medios (Foucault, *Society* 15). El corolario, que no se encuentra en Foucault pero sí en Schmitt, es que cuando la resolución de los diferendos se bloquea en el ámbito político, la acción reprimida se encauza hacia la vía bélica.

El segundo postulado se sustenta y deriva del primero para ensayar una definición funcional y operativa del peronismo. En tanto populismo, el fenómeno es un tipo de antiliberalismo, un opuesto o doble de la forma política dominante en la modernidad, que se constituye como discurso a través de la polémica genealógica con su adversario. En consecuencia, es una *ficción del otro* en todos los sentidos de la frase: una ficción construida *por el otro* (el liberalismo), la ficción de que *el otro* (el populismo) existe. (Aquí la expresión lacaniana "el deseo del Otro" comporta connotaciones paralelas). La perspectiva genealógica impide establecer una diferencia esencial entre ambos, puesto que los enunciados y estrategias programáticos son respuestas discursivas a las intervenciones previas del adversario. No hay una *arkhé* u origen al que se pueda remontar una ontología o esencia; todo nódulo enunciativo remite a un momento anterior sin atribución autorial. En conjunción con la teoría de Laclau, la constitución de los adversarios es contingente y no existen *a priori*. Las características imputadas usualmente al populismo (apelación al "pueblo", maniqueísmo o dicotomía "pueblo vs. élite", emotividad, etc.) son compartidas por el liberalismo, ya sea de un modo recto o invertido, manifiesto o latente. Aquí yace la razón de que muchos críticos hayan percibido un carácter reflexivo o espejado en el peronismo (o sea, el de un *doble*), que se volvió un cliché injurioso al rotularlo como mero "simulacro" o "espectáculo" ficticio.

El análisis genealógico revela en el inconsciente político del campo discursivo un hecho que es constantemente denegado o desmentido en el sentido psicoanalítico: la emergencia del significante vacío "pueblo" hace su entrada en la modernidad con el liberalismo, que engendra un nuevo tipo de soberanía política, la popular. Schmitt señala que la teoría del estado del siglo XVII identificaba al monarca con Dios, pero a partir del siglo XIX "[t]he sovereign [...] has been radically pushed aside. The machine now runs by itself" ["el soberano (...) ha sido radicalmente abandonado. Ahora la máquina funciona por sí misma"], puesto que "the people became the sovereign" ["el pueblo se volvió el soberano"] (*Political Theology* 48). Foucault propone exactamente lo mismo y señala a Rousseau como responsable por la democratización de la soberanía al establecer la noción moderna de pueblo (*Society* 35-37). Aunque parezcan contradictorios, tanto el poder soberano (monárquico) como la democracia popular entroncan en el mismo discurso. Las teorías de la soberanía, basadas en las ideas de los derechos naturales, intentaban eliminar los conflictos intestinos medievales instalando la obligación de obediencia al monarca. La tendencia a borrar los conflictos perdura en el liberalismo, cuya función es económica. Asegurar el libre flujo de bienes elimina a los enemigos y sólo quedan competidores económicos (Schmitt, *Concept* 28). "Thus the political concept of battle in liberal thought becomes competition in the domain of economics" ["Así el concepto politico de batalla en el pensamiento liberal se transforma en la competencia en el ámbito de la economía"] (*Concept* 71). El liberalismo debe entenderse como una expresión del poder soberano y el populismo como un hijo putativo del mismo. Utilizando una metáfora edípica, se puede afirmar que el hijo polemiza con el padre y, por consiguiente, el populismo se vuelve una forma del "discurso de la guerra", el historicismo opuesto al poder soberano. Para Schmitt, el liberalismo connota despolitización o es la negación de la política *tout court* (*Concept* 70-79), debido a su antipatía hacia toda confrontación, por lo cual Agamben lo compara con un "trono vacío" por carecer de poder de decisión (*Kingdom* xiii). Aquí radica la razón del escándalo que produce el peronismo o cualquier otra forma de populismo: como "discurso de la guerra", repolitiza el campo social al hacer visible la base polémica o antagónica subyacente en toda política, mediante la reintroducción de la distinción amigo/enemigo (pueblo vs. élite, pueblo vs. oligarquía, etc.). La politización es una amenaza al libre flujo de los bienes.

El tercer postulado auxiliar estipula un género peculiar que sirve de molde y canaliza la expresión del triple componente teórico. La propuesta se inspira en las ideas de Doris Sommer sobre los romances decimonónicos latinoamericanos que establecen una alegoría recíproca entre el erotismo y la política, entendida como construcción de la nación, a través una relación amorosa que encarna simbólicamente la sociedad. La autora sostiene que la fórmula es apropiada y contestada en el siglo XX por los novelistas del *Boom*. Hago extensiva la denominación de romance fundacional al discurso que plasma la conjunción entre erótica y política, a la par de la religión, lo escatológico o lo sagrado, en los textos de y sobre el peronismo que promueven un proyecto político determinado. Además de una historia de amor, la trama puede elaborar hagiográficamente la vida, pasión y muerte de uno o varios de los personajes de la historia. Los componentes estructurales se manifiestan, total o parcialmente, en el *corpus* literario estudiado, que consiste en una mayoría de textos canónicos pertenecientes a diversos géneros (narrativa, ensayo, memoria, biografía, pseudoautobiografía y teatro).

Debo asentar dos prevenciones. En primer lugar, por peronismo me refiero no sólo a aquellos autores o textos properonistas, sino también a todos los que constituyen o se identifican con el antiperonismo. El término se refiere en sentido amplio al campo discursivo en el cual se produce la lucha simbólica por la hegemonía. Segundo, las definiciones propuestas (la de política como distinción amigo/enemigo o la de peronismo como ficción del otro), tienen un fin meramente operativo. Mi interés no es filosófico-político ni politológico; no aspiro a intervenir en estos campos, ni a lograr una formulación teórica rigurosa de los conceptos. El objetivo es la investigación de un *corpus* textual desde la crítica y teoría literaria, para lo cual es necesario una conceptualización instrumental y tentativa. Sin embargo, los resultados y hallazgos arrojados por el análisis tienden a confirmar la validez de los presupuestos empleados.

1.3. Los tres componentes discursivos generan tres ejes (erótica-política, erótica-religión y religión-política) que se ensamblan mediante la articulación de teorías provenientes de distintas disciplinas: la metapsicología freudiana, los discursos de la soberanía y el concepto de lo sagrado. Los ejes se unifican para un continuo reenvío recíproco cada vez que emerge uno de ellos de manera aislada. El aparato teórico demuestra su utilidad para revelar los posicionamientos ideológicos e intelectuales de un campo determinado, los cruces, fusiones, diseminaciones y reacomodos en general de saberes y poderes en constante polémica, aunque no permanece inmóvil, sino que se modifica a través del mismo proceso de análisis. Como resultado, un cierto historicismo (o genealogía, por otro nombre) será inevitable. De este modo, se puede observar la cuestión del peronismo a distintos niveles (macro y micro), y ligarla diacrónica o sincrónicamente a diferentes ámbitos temporales o históricos.

La relación entre erótica y política, que denomino psicopolítica, se explica gracias a las teorías metapsicológicas de Sigmund Freud y a sus ideas sobre los procesos libidinales que operan en el individuo y la sociedad. El enlace entre política y religión se fundamenta en las teorías de la soberanía y la teología política, que va desde el siglo XVI con Jean Bodin, pasando por Thomas Hobbes y su *Leviathan* en el siglo XVII, por Rousseau en el XVIII, hasta llegar al siglo XX y XXI con las ideas de Schmitt, Giorgio Agamben, Derrida y Foucault, entre otros. Para la elaboración del concepto de religión me refiero a la noción de lo sagrado de René Girard, que permite la articulación tanto con la política como con la erótica, en este último caso al entrar en diálogo con Freud.

El factor en común del que están imbuidos todos los elementos es la violencia. Utilizando el concepto de Schmitt y la exégesis de Foucault, la política aparece como un modo de desviar el *casus belli* hacia la arena del diferendo y de los actos discursivos. A lo largo de la filosofía política, sobre todo a partir de la modernidad, la violencia se vio como un origen diferencial necesario para el acceso a la historia. Cualquiera que sea la posición filosófica—ya sea que se considere la violencia como parte de la naturaleza (Hobbes) o como parte de la cultura (Rousseau)—, la violencia es la *différance* misma, sutura y borramiento de la separación entre estado natural o *ius naturae* y estado civil o *ius civile*. Es decir, se trata de una posición inicial lupina centrada en el apotegma latino *homo homini lupus*. La frase nos llega de la antigüedad, pero Hobbes la usa para erigir la soberanía moderna como la solución al estado de naturaleza, "which is a condition of Warre of every man against every man" ["que es una condición de guerra de todos contra todos"] (196). O sea, la violencia se encuentra del otro lado, del lado de más allá, de la división naturaleza/cultura. Posteriormente, Rousseau la ubica de este lado al pergeñar la figura del "buen salvaje" corrompido por la civilización.

Mucho se ha discutido sobre si Freud manifiesta una tendencia hobbesiana o no en su análisis de la cultura y la sociedad. A primera vista, se opondría a Hobbes, puesto que éste ve la violencia como un estado anterior a la historia, perteneciente al *ius naturae*, mientras que aquél la concibe como inherente a la sociedad al detectar un instinto de agresión en el "malestar en la cultura": "what we call our civilization is largely responsible for our misery" ["lo que llamamos nuestra civilización es en gran medida responsable de nuestra miseria"] (Freud, *Civilization* 38). Sin embargo, la visión freudiana es más compleja, ya que la función de la civilización es presentar un "programa" que se opone al "man's natural aggressive instinct, the hostility of each against all and of all against each" ["instinto agresivo natural del hombre, la hostilidad de uno contra todos y de todos contra uno"] (82). El malestar (neurosis) del individuo en la sociedad moderna proviene de las restricciones impuestas por la civilización (soberanía) para controlar su agresividad. El origen de la violencia se localiza en la condición humana misma (o sea, en el lado exterior de la división naturaleza/cultura), en los instintos de agresión naturales e inherentes a la vida. El problema de la civilización es que, al intentar controlar los instintos para obtener una mayor felicidad, recurre a la violencia y recae nuevamente en la "miseria". La paradoja se asemeja a la observación de Hobbes de que el crimen es creado por la ley; sin ley, no hay crimen (337).

Freud estudia el instinto de agresión en sus teorías sobre las pulsiones y el principio de placer. El placer es la disminución de la excitación provocada por un instinto, que es un estímulo interno constante ("Pulsiones" 116; *Pleasure* 2). La tendencia de todo organismo a la eliminación del estímulo (el principio de placer) lleva a la búsqueda de una *stasis*, un estado libre de excitación que se denomina "principio de Nirvana". El impulso *"to restore an earlier state of things"* ["de restaurar un estadio anterior"] (*Pleasure* 30; a partir de ahora, todas las cursivas están en el original a menos que se señale lo contrario) identifica este principio con el instinto de muerte, pues la muerte no es más que la *stasis* (o Nirvana) definitiva. La conclusión conlleva necesariamente una aporía: por un lado, el principio de muerte se opone al principio de placer en tanto éste es un instinto de vida expresado de forma más extrema en los instintos sexuales (34); por otro lado, el principio de muerte y de Nirvana subyacen en el principio de placer, lo cual vuelve a Eros y Tánatos dos caras de la misma moneda aporética. De allí proviene el axioma freudiano de que *"the aim of all life is death"* ["la meta de toda vida es la muerte"] (32). Los instintos de vida/muerte (la barra divisoria señala el estado excepcional de diferencia indiferenciada) impulsan al sujeto a no seguir sino un camino: "the organism wishes to die only in its own fashion" ["el organismo sólo desea morir en su propia manera"] (33).

1.3.1. Este axioma sería un interesante punto de partida para la política, cuya definición más antigua proviene de Aristóteles, para quien implicaba buscar la "buena vida". Aquí desenterramos un modelo de política inverso: buscar la buena muerte, o el buen camino hacia la muerte. Se podría considerar este principio como una alternativa a la postura liberal, individualista y moderna (que abrevaría irónicamente en fuentes aristotélicas), un método que está inconscientemente condenado al fracaso pues deniega la aporía básica: el principio de vida es un instinto de muerte. Recíprocamente, la necrofilia que surge en regímenes "populistas", cuyos ejemplos no faltarán más adelante, acaso no sea más que un intento de lograr una política alternativa. Esto sería también otro modo de explicar el conocido carácter de tabú que adquiere la muerte en sociedades capitalistas avanzadas, como la de Estados Unidos, donde siquiera su mención provoca incomodidad.

Cabe acotar que la idea de Freud sobre la meta de la vida quizá no sea tan original después de todo. Al analizar la *Política* de Aristóteles, Derrida hace notar que para el filósofo griego "the nature of a thing is its end; because what we call the nature of each thing is what it is when its growth is complete" ["la naturaleza de una cosa es su fin; porque lo que llamamos la naturaleza de cada cosa es lo que es cuando su crecimiento está completo"] (*Beast I* 345).

El principio de agresión aplacado por la civilización no es más que principio de muerte, que proviene de los instintos básicos, del mismo principio de placer que el sujeto debe restringir si quiere vivir en sociedad (Freud, *Civilization* 49 y 68). Esto expande la serie paradójica, puesto que la represión impulsa a Eros, el instinto de vida, hacia el exterior como instinto de destrucción (78). Hay efectivamente un erotismo del odio ("Pulsiones" 134), que se fundamenta en que tanto los instintos de vida como los de muerte "seldom—perhaps never—appear in isolation from each other" ["raras veces—quizá nunca—aparecen aislados unos de los otros"] (*Civilization* 78). El proceso social es una "struggle between Eros and Death, between the instinct of life and the instinct of destruction" ["lucha entre Eros y Muerte, entre el instinto de vida y el instinto de destrucción"] (82) y refleja el desarrollo libidinal del individuo (51). La agresión es no sólo una fuerza constante denegada en ciertas estructuras políticas, sino también la naturaleza de los afectos destructivos como "destinos de pulsión" ("Pulsiones" 122). He aquí la psicopolítica que concilia Leviatán con el psicoanálisis.

Para alcanzar su "programa", la civilización "aims at binding the members of the community together in a libidinal way" ["apunta a unir a los miembros de la comunidad de un modo libidinal"] y la identificación de los miembros de la sociedad se sustenta en relaciones de amistad (*Civilization* 65). Freud también ofrece los términos antagónicos de Schmitt: el enemigo descansa en la hostilidad de todos contra todos generada por el instinto de agresión y el amigo es producto de una reacción que intenta neutralizar la violencia. Para obtener la amalgama comunitaria, el aspecto libidinal promueve la identificación mediante la satisfacción narcisista a través de "ideales culturales" (*Future* 16). La satisfacción del ego se canaliza en los logros de figuras modelos (un héroe, un prócer militar, un artista, un científico o un jugador de fútbol). Freud presenta una alternativa crítica o una reelaboración del concepto marxista de ideología como falsa conciencia y del concepto de hegemonía al relevar del uso de la coerción por medio de la persuasión a través de un afecto (el narcisismo). "This satisfaction can be shared in not only by the favoured classes, which enjoy the benefits of the culture, but also by the suppressed ones, since the right to despise the people outside it compensates them for the wrongs they suffer within their own unit" ["Esta satisfacción puede ser compartida no sólo por las clases acomodadas, que disfrutan de los beneficios de la cultura, sino también por las dominadas, puesto que el derecho a despreciar a los grupos externos les compensa de los males que sufren dentro de su propia comunidad"]. Si se considera que la satisfacción es la cancelación de una necesidad o displacer proveniente de un estímulo o instinto, en el caso de un "ideal cultural" la satisfacción es vicaria y no directa. Ésta es un tipo de sublimación, definida por Freud como "displacements of libido" (*Civilization* 29), o sea como substitución de la eliminación directa del displacer, cuya función se asimila a la de la ideología: "This identification of the suppressed classes with the class who rules and exploits them is, however, only part of a larger whole. For, on the other hand, the suppressed classes can be emotionally attached to their masters" ["Esta identificación de las clases dominadas con las clases dominantes que las explotan es, sin embargo, sólo una parte de un todo mayor. Pues, por otro lado, las clases dominadas pueden sentirse emocionalmente fusionadas con sus amos"] (16-17). En suma, la unión afecto-persuasión política (hegemonía, ideología) es la base de la díada erótica-política.

Para Freud, la religión nace de la necesidad psicológica de un padre putativo y paliativo para servir de protección ante la violencia social y natural (*Civilization* 20-22; *Future* 20-21). Para Hobbes, la protección es el origen de la soberanía (II.XVII). Schmitt lo recalca de esta forma: "The *protego ergo obligo* is the *cogito ergo sum* of the state" ["El *protego ergo obligo* (protejo luego obligo) es el *cogito ergo sum* del Estado"] (*Concept* 52). El modelo en que se basa este principio es el de la relación parental producto de la "infantile helplessness" ["desamparo infantil"] del niño (Freud, *Civilization* 21): la *patria potestas*. O sea: la violencia aparece ligada no sólo al supuesto origen de la soberanía sino también al de la religión.

1.3.2. En el pensamiento jurídico-político el modelo primitivo u original para el poder soberano era la *patria potestas*, el poder del padre o la Ley del Padre:

"For a long time, one of the characteristic privileges of sovereign power was the right to decide life and death. In a formal sense, it derived no doubt from the ancient *patria potestas* that granted the father of the Roman family the right to 'dispose' of the life of his children and his slaves" ["Por largo tiempo, uno de los privilegios característicos del poder soberano fue el derecho a decidir entre la vida y la muerte. En un sentido formal, derivaba sin duda de la antigua *patria potestas* que le concedía al padre de la familia romana el derecho a 'disponer' de la vida de sus hijos y esclavos"] (Foucault, *History* 135). Agamben añade: "the magistrate's *imperium* is nothing but the father's *vita necisque potestas* extended to all citizens" ["el *imperium* (poder, autoridad) del magistrado no es sino *vita necisque potestas* (el poder de vida y muerte) extendido a todos los ciudadanos"] (*Homo* 89). Derrida, por su parte, desarrolla una equiparación que resultará muy útil: "the sovereign appeared most often in the masculine figure of the king, the master, the chief, the *paterfamilias*, or the husband" ["el soberano aparece muy a menudo en la figura masculina del rey, el amo, el jefe, el *paterfamilias* o el esposo"] (*Beast I* 66). Si nos retrotraemos a Hobbes, encontramos que "originally the Father of every man was also his Soveraign Lord" ["originalmente el padre de cada hombre era también su señor soberano"] (382) porque, según la ley romana, tenía el poder de castigar a sus hijos con la muerte sin cometer un crimen. Si el padre es el modelo del soberano, entonces la familia es el modelo de la soberanía: "Family [...] is of it self, as to the Rights of Sovereignty, a little Monarchy" ["La familia (...) es por sí misma, según los derechos de la soberanía, una pequeña monarquía"] (257).

El padre, el soberano y Dios son figuras equivalentes, solidarias en la protección ante la violencia, que unifican la religión y la soberanía. Schmitt propone la identificación de ambos términos bajo la fórmula de la teología política en un pasaje muy citado: "All significant concepts of the modern theory of state are secularized theological concepts" ["Todos los conceptos de la moderna teoría del Estado son conceptos teológicos secularizados"] (*Political Theology* 36). Para este autor, "[s]overeign is he who decides on the exception" ["soberano es el que decide sobre la excepción"] (5). Esta condición está implícita en la frase latina *princeps legibus solutus* (el príncipe está exento de la ley), en tanto el soberano "is not Subject to the Civill Lawes" ["no está sujeto a las leyes civiles"] (Hobbes 313; ver también 367). Según Schmitt, Bodin fue el primero en reconocer la excepción como la marca del soberano (*Political Theology* 8). Sin embargo, la noción ya estaba presente de algún modo en

Occidente desde la Antigüedad, como lo testimonia la frase en latín. Schmitt define la excepción como "[t]he authority to decide, in the form of a verdict on life and death, the *jus vitae ac necis*" ["la autoridad de decidir, bajo la forma de un veredicto sobre la vida y la muerte, el *jus vitae ac necis*"] (*Concept* 47). Tanto Derrida como Schmitt localizan el vínculo entre soberanía y excepción a través de todo el pensamiento filosófico-político occidental. Para Derrida, "the minimal feature that must be recognized in the position of sovereignty" es "a certain power to *give*, to *make*, but also to *suspend* the law; it is the exceptional right to place oneself above right, the right to non-right" ["el mínimo rasgo que se puede reconocer en la posición de la soberanía" es "un cierto poder de *dar*, de *hacer*, pero también de *suspender* la ley; es el derecho excepcional de ubicarse a sí mismo por encima del derecho, el derecho al no-derecho"] (*Beast I* 16). En suma, "sovereignty, like the exception, like the decision, *makes the law in excepting itself from the law*" ["la soberanía, como la excepción, como la decisión, hace la ley *al exceptuarse a sí misma de la ley*"] (49). Schmitt ciertamente lo percibe así: "Although [the sovereign] stands outside the normally valid legal system, he nevertheless belongs to it" ["Aunque (el soberano) se ubica fuera del sistema legal normalmente válido, pertenece sin embargo a éste"] (*Political Theology* 7).

Agamben explica la relación entre la *vitae necisque potestas* o el *jus vitae ac necis* con la excepción refiriéndose a una antigua figura jurídica romana, el *homo sacer* (hombre sagrado), un individuo que había cometido un crimen y cuya vida estaba a merced de todos; esta figura paradójica está estructuralmente asimilada a la excepción soberana. Mientras *el homo sacer* "is included in the community in the form of being able to be killed" ["está incluido en la comunidad bajo la forma de ser pasible de ser asesinado"] (*Homo* 82), el soberano está igualmente "at the same time, outside and inside the juridical order" ["al mismo tiempo afuera y adentro del orden jurídico"] (15). La forma primordial de la excepción es la ley del talión, que sanciona la ejecución de lo que prohíbe (26). La paradoja del estado de excepción, como *patria potestas* y soberanía, es la forma básica de la aporía que funda la ley: una diferencia indiferenciada. Es por eso que la *vitae necisque potestas* está en la raíz de la decisión soberana.

1.3.3. Si para Hobbes, pasando por Schmitt, Foucault, Agamben y Derrida, el poder sobre la vida y la muerte, o el derecho de matar, es el fundamento de la soberanía, ¿no podríamos afirmar, siguiendo a Freud, que allí mismo emerge el instinto de muerte o el principio de Nirvana? Y la fascinación por el poder soberano que se encuentra en todas las culturas, ¿no sería acaso la expresión de las pulsiones libidinales, de Eros, cuyo reverso es, como queda dicho, el principio de muerte? Si es así, el soberano articula un instinto universal como diferencia indiferenciada y sobre una condición nefasta erige contradictoriamente su atracción o poder numinoso, para utilizar el término de Rudolf Otto.

De más está señalar su importancia para el peronismo, puesto que Perón y Evita, soberano y soberana (*homo sacer* y *femina sacra*), son a la vez arquetipos del padre y la madre protectores, lo cual los vuelve a su vez el Dios putativo, paliativo y protector de Freud, pero transmutados en un Dios hermafrodita, un Jano transgénero que anuda en sí política, erótica y religión. Hay que recordar que Derrida sostiene, al hablar de la relación entre el soberano y el padre, que "[o]ne could add the Mother, and it probably would change nothing" ["uno podría agregar la Madre y probablemente no cambiaría nada"] (*Beast I* 127).

La teoría de Girard sobre la relación entre la violencia y lo sagrado explica al *homo sacer* romano, duplicado en el *pharmakos* griego. El carácter ambivalente de ambas figuras—sagradas y maléficas al mismo tiempo—subyace en su función de víctimas propiciatorias o chivos expiatorios. Su inmolación sirve para apaciguar el deseo de venganza en la sociedad como "victime de rechange" ["víctima de reemplazo"] (11) y pretende cortar una cadena interminable de violencia que amenaza destruir la sociedad mediante una "substitution sacrificielle" ["sustitución sacrificial"] (14). Para que surta efecto la operación purificadora, la víctima debe estar dentro y fuera de la comunidad (154); en este aspecto descansa el principio del doble *status* aporético y el estado de excepción del *homo sacer*. La diferencia indiferenciada, la inclusión y la exclusión simultáneas, se verifica en la necesidad de utilizar víctimas sacrificables "dont la mort importe moins ou n'importe pas du tout" ["cuya muerte importa menos o no importa nada en lo absoluto"] (11). Entre ellas están los prisioneros de guerra, los esclavos, los discapacitados, los "déchets de la société" ["las heces de la sociedad"] y, paradójicamente, el rey (24). "Fauteur de violence et de désordre tant qu'il séjourne parmi les hommes, le héros apparaît comme une espèce de rédempteur aussitôt qu'il est éliminé, et c'est toujours par la violence" ["Hacedor de violencia y de desorden mientras habita entre los hombres, el héroe aparece como una especie de redentor apenas es eliminado y siempre por la violencia"] (132). O sea, además de estar contaminado y ser impuro, el *homo sacer* tiene el carácter del "ideal cultural" del que hablaba Freud. En este punto, en que la catarsis colectiva reprime paradójicamente la violencia social a través de un acto de violencia (sacrificial e individual) en el cuerpo de un héroe, Girard establece la identidad de la política con la teología: "Seule l'efficacité sociale de cette violence collective peut rendre compte d'un projet politico-rituel qui consiste [...] à prendre la victime émissaire comme arbitre de tous les conflits, à faire d'elle *une véritable incarnation de toute souveraineté*" ["Sólo la eficacia social de esta violencia colectiva puede dar cuenta de un proyecto político-ritual (...) que consiste en tomar a la víctima emisaria como árbitro de todos los conflictos, en hacer de ella *una verdadera encarnación de toda soberanía*"] (165, cursivas mías).

El vínculo entre Girard y Freud va mucho más allá de la identidad del *homo sacer* como "ideal cultural" que permite la satisfacción narcisista y la unión libidinal de la comunidad. En su teoría sobre el principio de placer, Freud compara los instintos con el juego infantil al examinar el célebre caso del *Fort-da*. Allí sugiere que el juego del niño canaliza un tipo de pulsión libidinal, pues comparte con el instinto su carácter de repetición. La razón por la que el juego es placentero se debe a que cumple dos funciones básicas: control y venganza. Luego de una experiencia traumática (la desaparición de la madre), o sea un estímulo displacentero, el sujeto busca resarcirse psicológicamente adquiriendo poder sobre la situación. Al saltar de la pasividad a la actividad del juego, despacha su frustración en otro "and in this way [he] *revenges himself on a substitute*" ["y de este modo *se venga en un substituto*"] (*Pleasure* 11; cursivas mías). Nótese el extraordinario paralelismo con la teoría de Girard sobre el origen de lo sagrado: el estímulo traumático es la violencia original que conduce a la sed de venganza; para saciarla, el sujeto necesita un substituto que cumpla el rol de víctima emisaria o chivo expiatorio, que es ya sea un compañero de juego o bien un juguete, un muñeco o una muñeca, que representa al padre o a la madre. (A su debido momento, se entenderá la importancia fundamental que tiene la mención de la muñeca para el caso del peronismo). La repetición del juego implica un carácter ritual, que no es sino la trasposición del impulso constante de los instintos y del deseo. Lo que para el niño es el juego, para la sociedad es la religión o lo sagrado: un resarcimiento psicológico de la violencia. Es por eso que la religión también conlleva una inversión libidinal o afectiva (Freud, *Future* 59) y cumple la función de ser una medida paliativa (el opio no ya del pueblo sino de la humanidad) y, por ende, una "mass-delusion" ["delirio masivo"] (*Civilization* 32). En esta función psíquica

radica precisamente el enlace de la religión con la soberanía y la política; la erótica o la libido es el aglutinante de ambos componentes.

Entre los dos extremos que representan las víctimas sacrificables, el criminal y el soberano, la excepción produce una cadena metonímica de figuras que van a aparecer y reaparecer constantemente en todo tipo de manifestaciones culturales. Los primeros elementos de esta serie ya han sido mencionados: el soberano como padre y Dios y también criminal. Luego tenemos la bestia o el animal: "sovereign and beast seem to have in common their being-outside-the-law" ["el soberano y la bestia parecen tener en común su ser/estar-fuera de la ley"] (Derrida, *Beast I* 17). Es Derrida precisamente quien hace una reseña de todos sus avatares en la cultura occidental, desde el lobo, pasando por los felinos y la ballena, hasta llegar al loro, en sus dos volúmenes de *The Beast & the Sovereign*; Girard ya había notado que en el *pharmakos* u *homo sacer* se daba un borramiento de la diferencia entre el hombre, el animal y Dios con la violencia como denominador común (192). Debido a esto, la animalidad da paso a la monstruosidad: "Le roi sacré est lui aussi un monstre; il est à la fois dieu, homme et bête sauvage" ["El rey sagrado es también él mismo un monstruo; es a la vez dios, hombre y bestia salvaje"] (377). Para Girard, tal *slippage* se entiende porque "[l]'union du maléfique et du bénéfique constitue, bien entendu, la monstruosité première et essentielle" ["la unión de lo maléfico y lo benéfico constituye, bien entendida, la monstruosidad primera y esencial"] (375). El monstruo representa la semejanza, la identidad, la in-diferencia, en tanto la violencia impura es indiferenciada por ser contagiosa: toda la comunidad participa de ella; en cambio, la violencia purificadora (re)establece la diferencia (77-79). De allí que para Derrida "the essence of the political and, in particular of the state and sovereignty, has often been represented in the formless form of animal monstrosity [...], and non-natural monstrosity, an artificial monstrosity of the animal" ["la esencia de lo político y, en particular del Estado y la soberanía, ha sido a menudo representada bajo la forma informe de la monstruosidad animal (...) y la monstruosidad no-natural, una monstruosidad artificial del animal"] (*Beast I* 25).

1.3.4. En el peronismo se puede rastrear toda una riquísima te(rat)ología política que habilita la genealogía metonímica trazada. Horacio González habla de una "zoofilia teórica" en Perón, relacionándola con la alegoría maquiavélica del león y el zorro, sin explicar a qué se debe esta continua interferencia faunística (*Perón* 346). El caso más significativo ocurre en la autodefinición del líder justicialista como un "león herbívoro"; González simplemente acota que se trata de un "oxímoron". Según Norberto Galasso, Perón pudo haber pronunciado la célebre fórmula por primera vez en una entrevista que le hizo Bernardo Neustadt en diciembre de 1968, cuando la utilizó para diferenciarse de Juan Carlos Onganía con el sentido de "general pacifista" (1029), y la repitió el 21 de septiembre de 1972 ante unos periodistas peruanos en Lima (1147). La idea de oxímoron (o de contrónimo) encapsula perfectamente el estado de excepción soberana. Perón lo percibe astutamente y con sutileza se diferencia del resto. Como soberano, es una bestia, el rey de las fieras, un león, pero no comparte el atributo propio de ellas que es, según Derrida, el carno-falogocentrismo (*Beast I* 15). Por el contrario, Perón es herbívoro; no es totalmente una fiera, pero eso precisamente lo vuelve monstruoso: por su mezcla, su in-diferencia, por estar a mitad de camino entre el animal y el humano y entre el león y el no-león, sin ser totalmente animal. La monstruosidad parecería ser un *status* inescapable en la condición soberana. A la construcción de cuño netamente liberal ("general pacifista"), que pretende eliminar el conflicto sociopolítico, aunque lo deniega de un modo inconsciente (¿qué tipo de militar sería un general que rechaza la guerra?), el populismo le opone una fórmula refleja ("león herbívoro"), que afirma el objetivo despolitizante del liberalismo y lo desmiente a la vez. Años antes, Perón había tomado prestada de Cicerón la frase "la fuerza es el derecho de las bestias" para usarla como título de su libro (1956-1958) que da cuenta de su derrocamiento a mano de los "gorilas". Las "bestias" son los militares que lo derrocaron y los "gorilas", primates cuasi-humanos monstruosamente fuertes y violentos, los antiperonistas en general, reflejos invertidos del noble "león herbívoro".

Pero también los "gorilas" supieron utilizar la te(rat)ología política para sus fines. La prensa liberal publicó al día siguiente del 17 de octubre la famosa foto de los seguidores de Perón refrescándose en la Plaza de Mayo: "las patas en la fuente". Siguiendo a Jacques Rancière, Patrick Dove ha señalado el preciso significado político de la foto y la sinécdoque animalística que conlleva la frase: una "aporia at the heart of the political" ["aporía en el corazón de lo político"] (5) debido a la aparición "of the 'part of those who have no part'" ["de la 'parte de los que no son/tienen parte'"]. En 1947, Ernesto Sammartino inmortalizó la imagen del "aluvión zoológico" desde el Congreso para referirse a las oscuras turbas peronistas (Tello y Santoro 113), con un sentido similar al de la frase anterior. Alejandro Horowicz lee en esta expresión racista el prejuicio antipopulista que considera al sujeto popular como ingenuo e irra-

cional (107). Su lectura capta muy bien la construcción invertida del "Otro",
pues "el grado de bestialidad del oprimido nos remite al opresor". La te(rat)
ología política sirve para realizar un análisis opuesto a la fisionomía lombro-
siana: "[e]s preciso leer en las huellas que la sociedad inscribe en la biología
del oprimido el rostro del agresor". Es por eso que Chantal Delsol afirma que
el pueblo del populismo es considerado bruto y salvaje (131), "gente rústica
y grosera, si no bestial, situada en el límite de la humanidad normal, es decir, moderna" (132). Esta visión se remonta a Platón y a los *idiotes*; el filósofo
griego apoda "enorme animal" al pueblo de la democracia, que es amaestrado
por "manipuladores" (22). "Los *numerosos* son comparados a animales" (32).
Platón "[d]escribe también al joven educado, perdido en esa multitud, petri-
ficado ante ese impulso que le desborda, y que de pronto se dejará llevar por
la corriente" (22-23). ¿No es este joven civilizado acaso el protagonista de "El
matadero" de Esteban Echeverría?

Hay numerosos ejemplos de te(rat)ología política que se pueden citar;
basta recordar al "Hada" (Eva Perón), también apodada la "Yegua" por los gorilas (al igual que Cristina Kirchner), al "Lobo" Vandor (ejecutado en 1969), a
los cabecitas negras (la sinécdoque es también monstruosa o "monstruizante",
tanto como la alteración genérica: "el" cabeza) y a toda la fauna de los prover-
bios criollos que solía citar Perón y que provenía del *Martín Fierro* y la cultura
oral: sapos, ranas, caballos, víboras y zorros, entre otros.

Del miedo a la violencia como "la répétition de l'identique" ["la repetición
de lo idéntico"] (Girard 45-46) proviene el horror a lo idéntico, a lo mismo,
y de ahí el tabú de los gemelos (89-95) y el doble (121). La última encarnación
del *pharmakos-homo sacer* remite no sólo al principio de muerte de Freud
sino también a su concepto de lo *Unheimliche*: "les morts peuvent [...] incar-
ner le jeu de la violence au même titre que les dieux [parce que l]a mort est la
pire violence qu'un vivant puisse subir" ["los muertos pueden (...) encarnar el
juego de la violencia con el mismo derecho que los dioses, (porque l)a muerte
es la peor violencia que un ser vivo puede sufrir"] (380).

Propongo la siguiente fórmula como síntesis que subsume la larga cadena
metonímica sobredeterminada de todos los elementos mencionados:

$$(\textit{Homo sacer} = \text{soberano} = \text{criminal} = \text{bestia} = \text{monstruo} =$$
$$\text{doble} = \text{muerto} = \text{Dios}) = / \neq \text{hombre}$$

1.4. Foucault brinda la meta final del itinerario discursivo:

> If the question of man was raised [in modernity]—insofar as he was a specific living being, and specifically related to other living beings—the reason for this is to be sought in the new mode of relation between history and life: in this dual position of life that placed it at the same time outside history, in its biological environment, and inside human historicity, penetrated by the latter's techniques of knowledge and power.
>
> [Si la pregunta sobre el hombre se planteó (en la modernidad)—en tanto como ser vivo específico y específicamente relacionado a otros seres vivos—la razón para ello debe buscársela en el nuevo modo de relación entre la historia y la vida: en esta posición dual de vida que la ubicaba a la vez fuera de la historia, en su ambiente biológico, y dentro de la historicidad humana, penetrada por las técnicas de saber y poder de esta última].
> (*History* 143)

De aquí se destacan dos hechos. Por un lado, la indecidibilidad como intrínseca a "la posición de la vida": fuera de la historia y adentro de la historia, simultáneamente. Por otro, cada vez que tenemos que contender con la cuestión de la soberanía (y con la larga lista de temas relacionados que se ha repasado hasta el momento), nos enfrentamos a "la cuestión del hombre", es decir a la definición de qué es el hombre, la especificidad de ser humano y al borramiento de la diferencia con respecto a todos los otros seres. La ansiedad por la definición de la humanidad implica la "invocation of the human, the humanitarian, or even of human rights—above the state—that Schmitt holds to be de-politicizing" ["invocación de lo humano, lo humanitario o incluso de los derechos humanos—por sobre el Estado—que Schmitt considera despolitizadora"] (Derrida, *Beast I* 71). Derrida parece estar de acuerdo con Schmitt en que el discurso humanista o humanitario es una hipocresía ya que es "a ruse of war" ["un ardid de guerra"]. El concepto de humanidad elimina el concepto político de enemigo, porque la humanidad no tiene enemigo y, por lo tanto, los enemigos quedan fuera de la ley y fuera de la humanidad (72-73). Si un partido es acusado de fomentar la división de la sociedad mediante sus dicotomías y su retórica binaria, es justo que se haga notar que el origen del discurso yace en su adversario político. O, más precisamente, la extinción del concepto de enemigo produce la extinción del concepto de humanidad. Así que el gorila oligarca construido por el peronismo tiene su paralelo en los cabecitas negras y la "'turba ensoberbecida', 'hordas analfabetas', 'instintiva salvajada', 'furia indígena alcoholizada'" (Avellaneda, *Habla* 115) con que los opositores calificaban a los seguidores de Perón.

Girard observa que el funcionamiento de lo sagrado tal como él lo utiliza ocurre en sociedades tradicionales, pero desaparece paulatinamente a medida que se instala un sistema judicial formal, que él remonta a la Antigua Grecia y Roma (33), y que hace posible la resolución de los conflictos sin necesidad de un sacrificio de sangre. "Tant qu'il n'y a pas d'organisme souverain et indépendant pour se substituer à la partie lésée et pour *se réserver la vengeance*, le danger d'une escalade interminable subsiste" ["Cuando no hay un organismo soberano e independiente que substituya la parte agraviada *para reservarse la venganza*, el peligro de una escalada interminable subsiste"] (32). La pregunta es cuál es la relevancia de la teoría de lo sagrado para el caso del peronismo si en la modernidad el sistema judicial ha reemplazado al sistema sacrificial y, por lo tanto, se podría relevar completamente de su uso. La respuesta que da Girard es sumamente parecida a las ideas de Schmitt y Foucault: "Du même que les victimes sacrificielles sont, en principe, offertes à la divinité et agréées par elle, le système judiciaire se réfère à une théologie qui garantit la vérité de sa justice. Cette théologie peut même disparaître, comme elle a disparu dans notre monde, et *la transcendance du système demeure intacte*" ["Igual que las víctimas sacrificiales son, en principio, ofrecidas a la divinidad y aceptadas por ella, el sistema judicial reenvía a una teología que garantiza la verdad de su justicia. Esta teología pueda incluso desaparecer, como ha desaparecido en nuestro mundo, pero *la transcendencia del sistema permanece intacta*"] (40, subrayado mío). La trascendencia y perduración del sistema teológico o te(rat)ológico-político quedarán perfectamente demostradas en el análisis de los textos estudiados en este libro.

Cuando emerge la violencia en la sociedad es necesaria canalizarla mediante la política o lo sagrado. Si ambos métodos fracasan, se incurre en un *status belli*. En 1945 se introdujo la politización dentro de un sistema liberal que funcionaba desde 1880. A partir de ese momento, existió un paulatino proceso de definición de dos extremos, uno de los cuales asumió el poder en 1955 y obturó la vía política. La situación desembocó en un virtual estado de guerra entre peronistas y gorilas: dos grupos enfrentados en campos enemigos que recurren a la violencia constante. Las bombas y atentados de 1951 y 1953, el derrocamiento de Perón con el bombardeo de la Plaza de Mayo, las torturas y desapariciones de militantes peronistas desde 1956, el surgimiento de movimientos en la clandestinidad (Montoneros, ERP, etc.), son los hitos de un proceso que "contaminó" a la sociedad argentina toda. Cuando el sistema sacrificial ya no puede operar más y cuando el sistema judicial liberal del "trono vacío", sin soberano, no puede resolver las disputas pues sólo desea la cauta negociación que difiera la decisión para siempre "in an everlasting discussion" ["en una discusión inacabable"] (Schmitt, *Political Theology* 63), entonces la violencia que ineluctablemente surge es indiscriminada e indiferenciada.

En el siguiente capítulo, exploraré en mayor profundidad tres conceptos claves para el desarrollo del análisis y la crítica textual: el populismo, lo sagrado y el romance o melodrama fundacional.

CAPÍTULO 2

Introducción (II). Conceptos teóricos

✣

2.1. Populismo

2.1.1. El populismo es un concepto tan contestado que la única forma de dar cuenta de él parece ser a través del historicismo. En los últimos años, su proliferación se ha incrementado de forma vertiginosa no sólo en la academia sino también en los medios masivos a un punto tal en que la dispersión casi paranoica del significante impide discernir si los medios se hacen eco de la academia o viceversa. En la mayoría de los trabajos críticos, América Latina se ha vuelto una suerte de *locus* original del populismo. La atribución geográfica del concepto habla tanto de su globalización como de un etnocentrismo que identifica el lugar por excelencia de la anomalía política con los países subdesarrollados.

The Wall Street Journal considera que Donald Trump no es sino un reflejo primermundista del "autocratic populism" ["populismo autocrático"] tercermundista de Hugo Chávez, de Rafael Correa y de Perón; el candidato izquierdista Bernie Sanders manifiesta un "economic populism" ["populismo económico"] propio de "the rhetoric of a Latin American socialist" ["la retórica de un socialista latinoamericano"] (Luhnow). En un número publicado la misma semana que el artículo de *The Wall Street Journal*, la revista *Time* corea casi literalmente las mismas categorizaciones. La tapa lleva el rostro en blanco y negro del 45° presidente de Estados Unidos marcado con cuatro rótulos: "bully", "showman", "party crasher" y "demagogue" ("matón", "histrión", "aguafiestas" y "demagogo"). Mientras Sanders es el responsable de "a populist revolt" ["una revuelta populista"] (Frizell 9), se despacha a Trump con el mismo desprecio, aunque sin usar explícitamente el epíteto "populista".

En el núcleo de los rasgos básicos del concepto, se destaca en primer lugar el maniqueísmo: Sanders "posits a bynary system of oppressors (billionaires) and the oppressed (the rest of us)" ["establece un sistema binario de opresores (multimillonarios) y oprimidos (el resto de nosotros)"] (Klein), o "a narrative of rich-vs.-poor" ["una narrativa de ricos vs. pobres"] (Luhnow); Trump posee una "us-against-them politics" ["política de nosotros-contra-ellos"], según un testimonio recogido por Alex Altman (41). Luego existe una relación privilegiada entre el líder carismático y el pueblo, que lleva al culto de la personalidad. "Sanders voters are like a fun-house mirror image of the Tea Party" ["los votantes de Sanders son como la imagen de un laberinto de espejos de feria del Tea Party"] (Frizell 10) y Trump "should unsettle anyone with a passing knowledge of personality cults and their catastrophic effects from Beijing to Buenos Aires" ["debería perturbar a cualquiera con un conocimiento superficial de los cultos de la personalidad y sus efectos catastróficos desde Beijing a Buenos Aires"] (Von Drehle 36). En este caso, el "culto de personalidad" es similar al de los caudillos latinoamericanos que se vuelven "an almost messianic figure" ["una figura cuasi-mesiánica"] (Luhnow). En tercer lugar, la atracción se basa en el uso de la imagen y de los medios que permiten manipular las emociones irracionales de la masa. Las manifestaciones y reuniones políticas son una "performance" (Von Drehle 36) y tanto Chávez como Trump son "consummate showmen with a shrewd ability to manage emotions of a large audience" ["consumados actores con una astuta habilidad para manejar las emociones de una amplia audiencia"], de acuerdo a un experto citado por Luhnow; Trump, sobre todo, "orchestrat[es] emotions like a maestro" ["orquesta las emociones como un maestro"] (Von Drehle 36). Los medios, especialmente la television, "reinforce the direct link between such a leader and the people" ["refuerzan el lazo directo entre tales líderes y el pueblo"] (Luhnow). Asimismo, la especificidad del populista parecería descansar en un estilo o una retórica y no en la substancia de lo que dicen. Un último elemento, quizá el más importante dentro de la literatura sobre el populismo, aparece también implícitamente en estas declaraciones: la apelación al pueblo. Dentro de los estudios académicos, este puñado de características son las más recurrentes al discutir el tema. Kirk Hawkins las reduce a sólo dos al tratar el tema de Venezuela y el chavismo: el carisma entendido como la relación no-mediada entre el líder y las masas y el maniqueísmo del motivo "pueblo versus élite" (1137).

En todas las taxonomías se agrupan líderes, políticos, partidos y movimientos de un modo indiferenciado. Los medios masivos, cuando no la academia, ofrecen el mismo juicio de valor de una figura como Donald Trump que de un Rafael Correa, un Bernie Sanders o un Perón. En palabras de Žižek al discurrir sobre el fenómeno, "[t]his total political blindness, this loss of the very capacity to distinguish between the Left and the Right, betrays a panic at politicization as such" ["esta total ceguera política, esta pérdida de la capacidad misma de distinguir entre la izquierda y la derecha, traiciona un pánico a la politización como tal"] ("Against the Populist Temptation" 553). ¿No es patente aquí la observación de Schmitt sobre el impulso del liberalismo de rechazar todo antagonismo social y la noción de lo político como el juego de distinción de los términos amigo/enemigo, o izquierda/derecha, que es precisamente la esencia de la política? Estamos en el reino de lo que se ha llamado la pospolítica, que sólo permite ciertas demandas dentro de un espacio institucionalizado (Žižek, "Against the Populist Temptation" 567), puesto que la democracia parecería haber alcanzado el grado cero del vacío del trono o del poder. A esto se debe que tanto Sanders como Trump (o Chávez, Correa, Morales, etc.) son vistos como elefantes en un bazar dispuestos a destruir el *establishment* porque ven "enemies lurking everywhere" ["enemigos acechando por todas partes"] (Altman 43).

El presente trabajo utiliza la definición operativa de populismo como *antiliberalismo*. Foucault muestra que tanto el liberalismo como los órdenes discursivos aglutinados alrededor de la apelación al pueblo están afiliados genealógicamente entre sí debido a que ambas ramas entroncan con el discurso de la soberanía que nace con la modernidad en el siglo XVII (*Society*, cap. II). El mito del pacto social entre el soberano y sus súbditos creado por Hobbes se sustentó en la noción liberal de los derechos naturales del hombre. Rousseau modificó el mito de origen para proponer un contrato social que tenía como firmante al pueblo como soberano, lo que Foucault denomina la democratización de la soberanía. Debido a que la entelequia "pueblo" es la base de los populismos que surgen a partir del siglo XIX, existe una filiación directa entre éstos y el pensamiento liberal. Sin embargo, como se señaló en el primer capítulo, tal relación es edípica o polémica. En su intento de constituir una política alternativa al *status quo* liberal dominante mediante una forma historicista, el populismo abreva también en el llamado discurso de la guerra, opuesto al discurso de la soberanía. Si el liberalismo se muestra como despolitización, según Schmitt, su oponente intenta restituir la política en los términos antagónicos de la distinción amigo/enemigo.

El populismo se inserta entonces dentro de una doble genealogía discursiva, una de las cuales debate con el poder soberano, que ha entrado en un serio *impasse*. Si la soberanía moderna surge como la institución de la Ley para poner fin a la violencia a través del monopolio de la violencia, hoy la democracia liberal, su descendiente, rechaza los antagonismos y las "simplificaciones" o "maniqueísmos", que son "la condición misma de la acción política" (Laclau, *Razón* 33), por lo que "violence returns with a vengeance in the exclusion of those who do not fit the rules of unconstrained communication" ["la violencia retorna con fuerza en la exclusión de aquellos que no se adaptan a las reglas de la libre comunicación"] (Žižek, "Against the Populist Temptation" 558). La posición traiciona un miedo cuasi-histérico por el conflicto, lo que hace percibir a los "caudillos" transnacionales como "'alpha primate[s], someone always on the edge of violence'" ["primates alfa, siempre al borde de la violencia"] (Luhnow, citando a un exiliado cubano). (La frase es una reaparición espejada de la te[rat]ología política en el sentido opuesto del peronismo: los populistas son los "gorilas"). La aporía yace en que un régimen democrático ostenta el monopolio de la violencia para impedir el antagonismo, base de la política: quiere la violencia, pero no la quiere. La situación es el anverso de la descripción de Agamben de la *vitae necisque potestas*, símbolo de la modernidad misma, excluida por su propia inclusión y viceversa.

En tanto el populismo es hijo putativo y polémico del liberalismo, lo considero una *ficción del otro*. Es decir, su *status* ontológico está supeditado al de su adversario y se constituye como tal no sólo en la medida de su reacción discursiva, sino también en la medida en que el liberalismo lo construye como su otro y le arroga cualidades que percibe como opuestas, invertidas y reflejas. Esto explica la postura de pensadores como Delsol y Ezequiel Adamovsky, quienes manifiestan un nihilismo teórico, porque descreen de la existencia misma del objeto de estudio. Para ellos, el populismo no existe sino como una construcción por parte de sectores hegemónicos que pretenden desacreditar toda reacción crítica. En mi opinión, el concepto posee un doble *status* ontológico: existe y no existe al mismo tiempo, como en el caso de muchos otros cuya definición es debatida indefinidamente (nación, derechos humanos, democracia, etc.).

El problema se puede expresar de dos maneras. En primer lugar, Žižek observa una diferencia entre un nivel formal y un nivel óntico en un concepto, o entre lo Real y la realidad en términos lacanianos ("Against the Populist Temptation" 555-57, 564-66). El populismo no existe ónticamente como un fenómeno empírico (la realidad), sino que es una abstracción proveniente de una construcción elaborada a través de un sistema de símbolos—manifestaciones, gestos, prácticas discursivas—que conforman una lógica espectral (lo

Real) que produce efectos en los individuos, que llegan a creer efectivamente en la existencia óntica de tal "objeto". La confusión entre lo formal y lo óntico conduce a un debate interminable sobre su naturaleza. El carácter óntico subyace en el diferimiento de o hacia el efecto formal de discurso. Es por eso que las formas teóricas más efectivas de dar cuenta de él son como discurso o lógica política. La segunda forma en se que explica la ambivalencia del fenómeno por su carácter formal es la noción de dispositivo de Foucault. El método genealógico tiene como meta mostrar no cómo un objeto fue descubierto o cómo es una ilusión o un error ideológico, sino "how a particular regime of truth, and therefore not an error, makes something that does not exist able to become something. It is not an illusion since it is precisely a set of practices, real practices, which established it and thus imperiously marks it out in reality" ["cómo un regimen particular de verdad, y por lo tanto no un error, hace que algo que no existe se vuelva capaz de ser algo. No es una ilusión, puesto que es precisamente un conjunto de prácticas, prácticas reales, que lo establecieron y lo demarcan imperiosamente de ese modo en la realidad"] (*Biopolitics* 19). Para más datos, "the coupling of a set of practices and a regime of truth forms an apparatus (*dispositif*) of knowledge-power that effectively marks out in reality that which does not exist and legitimately submits it to the division between true and false" ["el acoplamiento de un conjunto de prácticas con un régimen de verdad forma un aparato (*dispositif*) de saber-poder que efectivamente demarca en la realidad lo que no existe y lo somete legítimamente a la división entre lo verdadero y lo falso"]. El concepto de populismo es un dispositivo de conocimiento-poder utilizado tanto por aquellos que lo confrontan como por quienes lo promueven.

2.1.1.1. Me permitiré citar *in extenso* un pasaje de Girard:

> Peut-être convient-il d'aller plus loin encore et de se demander si, au-delà de la monarchie proprement dite, ce n'est pas l'idée même de souveraineté et toute forme de pouvoir central qui est en jeu ici et qui ne peut émerger que de la victime émissaire. Peut-être existe-t-il deux types fondamentaux de sociétés [...], celles qui ont un pouvoir central d'origine forcément rituelle, essentiellement monarchiques, et celles qui n'ont rien de tel, celles qui ne déposent aucune trace proprement politique de la violence fondatrice au cœur même de la société, les organisations dites duelles. Dans les premières, pour des raisons qui nous échappent, la société tout entière tend

toujours à converger vers un représentant plus o moins permanent de la victime originelle, lequel concentre entre ses mains un pouvoir politique autant que religieux. Même si ce pouvoir ensuite se dédouble et se divise de bien de façons, la tendance à la centralisation subsiste.

[Quizá conviene ir todavía más lejos y preguntarse si, más allá de la monarquía propiamente dicha, no es la idea misma de soberanía y toda forma de poder central que está en juego aquí y que no puede emerger más que de la víctima emisaria. Quizá existan dos tipos fundamentales de sociedad (...), las que tienen un poder central de origen forzosamente ritual, esencialmente monárquicas, y las que no tienen nada de tal, las que no dejan ningún rastro propiamente político de la violencia fundadora en el corazón de la sociedad, las organizaciones llamadas duales. En las primeras, por razones que se nos escapan, la sociedad entera tiende siempre a convergir hacia un representante más o menos permanente de la víctima original, el cual concentra entre sus manos un poder tanto político como religioso. Incluso si ese poder se desdobla de inmediato y se divide de varias maneras, la tendencia a la centralización subsiste]. (458)

El peronismo sería el primer tipo de poder que se conforma así para oponerse al segundo. Esto confirma la fórmula populismo = antiliberalismo y refuerza también la idea de Schmitt de que el liberalismo es antipolítica o pospolítica y, por lo tanto, antiteología política. La reacción peronista en la esfera de la superestructura, para utilizar terminología marxista, es paralela a la postura actual en contra de la soberanía neoliberal, la cual tiene por objeto eliminar el Estado de bienestar, en palabras de Eugenio Raúl Zaffaroni (196-98).

En la sección siguiente mostraré cómo se pueden deconstruir (si es posible conciliar este proceso con una herramienta foucaultiana) los rasgos más característicos atribuidos al populismo desde la noción de dispositivo, o sea sometido al proceso de la división entre lo verdadero y lo falso. He tomado como referencia el reciente libro de Benjamin Moffitt sobre el tema, puesto que es un excelente resumen y categorización de todo el arco de posturas que se han dado sobre el populismo. El ensayo no pretende reprobar las ideas de su autor—de hecho, muchas de sus observaciones se pueden aplicar perfectamente al peronismo—, sino iluminar la ficción del otro que se encumbra sobre un eje diferencial que establece un régimen de verdad, de ética y de moral. A continuación, se examinarán brevemente las ideas de Delsol y Adamovsky para introducir el nihilismo teórico, lo que permite sostener la idea del po-

pulismo como una ficción del otro. Esta sección es un corolario de las observaciones sobre la acción del dispositivo. Por último, se indagará brevemente
en las teorías de Laclau sobre la articulación discursiva de la hegemonía y la
"razón populista", que han servido de inspiración para la presente propuesta.
Sus estudios y referencias al peronismo son útiles para realizar una recensión
y producir un cuadro genealógico de las distintas ideologías o discursos latentes en la Argentina hasta la llegada del peronismo, lo que permite entender su
inserción en el campo político como un antiliberalismo.

2.1.2. Como se ha señalado, es imposible (e inútil) hacer una recensión de
toda la ingente literatura sobre el populismo. Casi todos los libros que lo intentan siguen un itinerario común que comienza con los *narodniki* rusos, pasando por las figuras más importantes en el campo teórico como Torcuato Di
Tella o Ghita Ionescu y Ernest Gellner, hasta llegar a Laclau y Chantal Mouffe
o Jacques Rancière. Esto conduce al consabido historicismo que reniega de
encontrar una "verdad" y limita el debate a una tipología de discursos.

Moffitt distingue cuatro tipos centrales de teorías sobre el populismo:
como ideología, estrategia, discurso y lógica política (5, 17). Su investigación
encuentra que "nearly all approaches speak of a divide between 'the people'
and 'the elite' or an Other" ["casi todas las aproximaciones hablan de una división entre 'el pueblo' y 'la élite' o un Otro"] (26). Su propuesta considera el
fenómeno como un "estilo político" definido en término de una *performance*:
"*the repertoires of embodied, symbolically mediated performance made to au-
diences that are used to create and navigate the fields of power that comprise
the political*" ["*los repertorios de la representación simbólicamente encarnada
y mediada producidos para una audiencia que se usan para crear y navegar los
campos de poder que comprenden lo político*"] (28-29). La noción de "representación" o "actuación" ("performance") se conforma sobre la base de tres
rasgos claves: la apelación a la oposición "pueblo vs. élite" (que incluye el núcleo de los cuatro tipos rechazados por él mismo), los "malos modales" y un
triple enunciado compuesto por crisis, ruptura o amenaza (29). Cada rasgo
de esta propuesta puede ser pasado por el tamiz de la noción de dispositivo,
que se sustenta en el doble status ontológico destacado por Žižek. Cada uno
se sostiene inevitablemente en un par binario diferencial que establece una
división entre la verdad y lo falso. Las siguientes observaciones (basadas en
ejemplos o prácticas tomadas de la realidad) aspiran a un análisis individual
que demuestra la posibilidad de un borramiento en la dicotomía, lo que lleva

a la sugerencia de una identidad en los miembros de la pareja dicotómica, o
sea el carácter espejado del populismo que lo marca como una ficción del otro.
En primer término, se encuentra la oposición mediación/inmediación.
Moffitt es muy cuidadoso en adjudicar a la *performance* la cualidad de *mediada*. La inmediación populista es un rasgo que se remonta a los primeros
trabajos sobre el tema, como el de Edward A. Shils y otros, que veían una co-
nexión directa entre el pueblo y el líder. La identificación se sustentaba en la
noción de "carisma", que a su vez provenía de Max Weber, quien le otorgó a la
voz griega el carácter de un aura sobrenatural en la que las masas depositan su
fe. Inmediación y carisma se conjugaron en un solo precepto, que fue la base
para la acusación posterior de irracionalidad en las masas populistas. La posición ha sido invalidada recientemente en trabajos como el de Raanan Rein,
quien estudia el caso del peronismo. La visión tradicional proponía que la
"uneducated mass, supposedly motivated by irrational considerations, fell an
easy prey to Perón's charisma" ["masa sin educación, supuestamente motivada
por consideraciones irracionales, fue presa fácil del carisma de Perón"] (Rein
20), pero en realidad "organized labor movement gradually came to support
Perón in the years 1943-45—motivated by concern for their own interests, not
Perón's" ["el movimiento organizado de los trabajadores prestó gradual apoyo
a Perón en los años 1943-45, motivados por la preocupación en sus propios intereses, no los de Perón"] (21). Rein propone abandonar "the commonly held
notion of a direct, immediate link that supposedly existed between the cha-
rismatic leader and the masses" ["la noción estereotipada de un lazo directo
e inmediato que supuestamente existía entre el líder carismático y las masas"]
(7), porque nunca existió tal lazo debido a la complejidad misma de la democracia moderna. Mariano Plotkin está de acuerdo con "el carácter 'construido'
del carisma" que se genera "históricamente a través de un aparato simbólico"
(*El día* 161). Por lo tanto, la inmediación carismática se disuelve y su explicación se transfiere al problema de su "construcción".

El rasgo manifiesta el carácter de dispositivo por su doble status: la inmediación no existe, como lo muestra Rein, pero simultáneamente sí existe
como un "constructo", de otro modo, ¿cómo sería posible entender la identificación libidinal entre una comunidad y su gobernante? Ningún crítico puede
relevarse de utilizar un concepto que retenga de algún modo el "aura" o la huella de la inmediación. En el caso de Moffitt, la huella (en un sentido prácticamente derridiano) descansa en la *performance*, que es un código para hablar
de la inmediación "construida". La noción de *performance*, en tanto traslación

del concepto de carisma e inmediación, es un dispositivo que opera la división del campo de la verdad y de lo falso. La falsedad asignada al populismo está implícita en el hecho de que la *performance* es una actuación (políticos como "showmen", según se vio en las catilinarias periodísticas contra Trump, Chávez y Perón) y una manipulación emotiva de las masas irracionales a través de los medios masivos, las manifestaciones y los rituales de identificación. A pesar del reclamo de originalidad por parte de Moffitt, la asignación de *performance* a los líderes populistas es un cliché de rancia data. En el peronismo, los anti-peronistas utilizaron desde el comienzo términos como "espectáculo" o "simulacro" para referirse al adversario. Incluso hoy, desde posturas reaccionarias como la de Miguel Wiñazki, se continúa identificando al populismo con un engaño espectacular cuyo patrón estético es el melodrama (37). Sin embargo, esto no quiere decir que el peronismo no haya recurrido al espectáculo, la *performance* y los actos mediáticos para su promoción. La naturaleza ambigua del dispositivo es un arma de doble filo. Por un lado, sí existe efectivamente como construcción, pero al mismo tiempo la distribución de la función de verdad es un acto arbitrario que atribuye la falsedad arbitrariamente. O sea que el dispositivo funciona también como una construcción en el campo adversario del populismo. Como distintos críticos y el mismo Moffitt hacen notar, no existe ningún político que se pueda sustraer de la *performance* y la manipulación para promover la inversión libidinal de sus bases.

2.1.2.1. George A. Akerloff y Robert J. Shiller consideran la campaña de Barack Obama de 2012 como la mayor operación de mercadotecnia y *advertising* en "selling of a President" ["la venta de un presidente"] de la historia (55). Aunque se objete que las frías técnicas estadísticas, de encuestas y de manejo de datos personales al servicio de la movilización de masas de parte de los obamistas no se compara con las explosiones de emotividad de un acto chavista o peronista, es indudable que hubo una construcción carismática, incluidas las *performances* de los actos públicos, basada en un proceso simbólico de identificación libidinal e "irracional". El mismo logo de la campaña, el rostro beatífico del candidato con la mirada al cielo, connotaba un aura de santidad secular. Debajo, el slogan *Hope* [Esperanza] indicaba precisamente una expectativa mesiánica que no estaría fuera de lugar en un logo "populista".

En el caso de Mauricio Macri, otro líder antipopulista por excelencia, también tenemos la manipulación de las masas mediante el espectáculo visual y teatral en cada uno de sus actos: los pasos de baile, la suelta de globos amarillos, la omisión de la corbata (lo que lo vuelve un semi-descamisado). La construcción del carisma macrista (no importa cuán exitosa se juzgue que sea) también pasa por generar una "relación no-mediada" con la gente a través de los "timbrazos", las charlas en vivo a través de internet con individuos particulares y los paseos a pie por los barrios. Estos contraejemplos sugieren lo que es *vox populi*: es casi imposible encontrar un solo político en todo el mundo que no recurra a alguna forma de *performance* o espectáculo en su presentación y en la construcción de su relación carismática con el pueblo, la gente, la masa o cualquier otro significante con que se rotule a sus partidarios. De hecho, la necesidad publicitaria—implícita en la reificación de la política como un producto que debe ser mercantilizado—es una de las razones por las que se habla de pospolítica (Žižek, "Against the Populist Temptation" 559). Moffitt admite que toda política contemporánea es *performance* (39). Para Delsol, en las democracias mediáticas contemporáneas "una dosis de demagogia se ha convertido casi en una necesidad" (58).

La pareja pueblo vs. élite es quizá el núcleo semántico más representativo del populismo conceptualmente. La particularidad de este rasgo es que "pueblo" es usualmente percibido como un "significante vacío" por todos los críticos que han estudiado el fenómeno. La ausencia de contenido (su "inexistencia") lo vuelve una especie de antidispositivo o anticoncepto sobre el cual o a partir del cual no podría trazarse teóricamente una distinción de los campos de la verdad y la falsedad. Su crítica (o su deconstrucción) pasa necesariamente por otro eje, por el eje semántico que devela su vaciamiento arbitrario como significante.

Si bien todos los estudios sobre el populismo hacen mención obligada de la etimología de la palabra (del latín *populus*), no recuerdo ningún caso en que se discuta el problema de la traducción o de las lenguas en que ocurre tal fenómeno. Si el concepto pivota alrededor de la apelación y el uso de un significante vacío, "pueblo", ¿cómo pueden ser fenómenos idénticos el populismo francés que el inglés o el español, si esos significantes pueden tener connotaciones o campos semánticos diferentes en cada lengua? (De hecho, desde un punto de vista estrictamente lingüístico, *pueblo*, *people* o *peuple* no son los mismos significantes, ya que constan de sonidos fonéticos diferentes). Se podrá responder que esto no importa, puesto que precisamente es un significante *vacío*, sin connotaciones, pero entonces la equivalencia de los fenómenos descansa nuevamente, como en el caso de la *performance*, en una atribución arbitraria o azarosa: la etimología común de las palabras *pueblo*, *people*

y *peuple*, por considerar sólo tres lenguas más o menos semejantes y no tomar
el caso del ruso *narodniki*. Aceptemos, no obstante, la premisa de que un populista es quien utiliza la apelación "pueblo"; entonces Perón sería populista
y Mauricio Macri no, porque éste utiliza la apelación "gente". Pero, ¿cómo se
traduce "gente" al inglés? No hay otra opción más que traducir *gente* como
people, mientras que en francés tenemos al menos la opción *gens*. Se da así el
caso absurdo de que Macri no es populista en español ni en francés, ¡pero sí lo
es en inglés! Una sola objeción posible que vale la pena refutar es que cuando
se habla de "pueblo" se lo inserta en una oposición binaria, pero hasta aquí se
ha referido a "pueblo" *in abstracto*, fuera de contexto, por así decirlo. O sea,
¿cuál sería para un no-populista el lugar que ocupa "la élite" para un populista? La respuesta surge por sí sola: el populismo. La fórmula (o dispositivos
de distribución de la verdad) queda reducida a "pueblo vs. élite" *versus* "gente
vs. populismo". Si el populismo es acusado de montarse a un significante vacío
para promover la atracción libidinal, lo mismo puede decirse de su contrario.

2.1.2.2. Rodolfo Jorge Brieba provee una explicación filológico-histórica para
el uso (neo)liberal de "gente" en vez de "pueblo". Brieba remonta la diferencia
a la Antigua Roma, cuando se estableció el *ius gentium* para que legislara las
relaciones con habitantes del imperio que no eran ciudadanos romanos. "En
Roma, el pueblo no era una masa informe de quienes habitaban la ciudad
sino que respondía a la configuración de una ciudadanía organizada" (s/p).
Es por ello que los movimientos populistas adoptaron palabras con la raíz
latina de *populus*. La astucia (neo)liberal consiste en utilizar un término más
despolitizado o que remite a un proceso de desvinculación política, una des-
ciudadanización, si se quiere. Frente a la postura que acepta la existencia de
"significantes vacíos", Brieba sostiene además que "el uso de las palabras no es
neutro", sino que "encierran contenido". El vaciamiento del significante debe
verse como un acto arbitrario o, más precisamente, voluntario por parte de
ciertos hablantes.

    He aquí uno de los posibles puntos ciegos de la teoría de Laclau. Un blog
del usuario "Hermogen" (cuyo sobrenombre podría ocultar el de Žižek) re-
bate la existencia de los "significantes vacíos". Para Laclau, éstos son aquellos
significantes "which signify the constitutive possibility of signifying" ["que
significan la posibilidad constitutiva de significar"] ("Hermogen" s/p) y mar-
can la imposibilidad de los límites del lenguaje como sistema: el lenguaje no
tiene un cierre o clausura, sino que está infinitamente abierto. Sin embargo,

Hermogen apunta que para Saussure sólo los significantes tenían identidades diferenciales, no el lenguaje en sí. Lo que el bloguero sugiere es que el sistema de lenguaje es abierto precisamente por su cualidad de concepto; para Saussure, la *langue* era una abstracción que ocurría en la mente de los hablantes, no un aparato empírico que podía ser determinado. Es decir, la *langue* adolece del mismo *status* ontológico que el dispositivo foucaultiano o žižekiano. Hermogen sostiene que Adorno, en una lectura de Heidegger, ofreció una respuesta adecuada a la cuestión. El único concepto al que se le puede adjudicar el rótulo de "significante vacío" es el de Ser, porque el verbo "aim[s] to signify everything—*noumena* as well as *phaenomena*—thereby erasing the distance between concept and object, but at the same time it is the ultimate anti-concept, because as the highest form of abstraction it is the least able to signify anything particular" ["aspira a significar todo—tanto *noumena* como *phaenomena*—, borrando por lo tanto la distancia entre concepto y objeto, pero al mismo tiempo es el máximo anticoncepto, porque como la más alta forma de abstracción es el menos capaz de significar algo en particular"]. El fallo de Laclau consiste en sostener la existencia plural del "significante vacío", mientras que para pensar un sistema incompleto o abierto, sin clausura, sólo se requiere uno singular.

La tríada crisis-ruptura-amenaza también puede ser deconstruida mediante la noción de límites diferenciales semánticos y la distribución de los regímenes de verdad y falsedad. ¿Qué tipos de enunciados conllevan esos conceptos y cuáles no? Si analizamos sólo uno de ellos, la amenaza, podemos reducirlo a una forma disyuntiva con valor potencial o temporal: si uno hace o no hace algo (potencialmente), entonces sucederá lo contrario (en el futuro). La amenaza implica una disyuntiva entre la Ley del Padre y un castigo; como forma discursiva se extiende desde un ámbito familiar como admonición a un niño ("si no te portás bien, no ves televisión") hasta la *omertà* mafiosa ("te callás o te mato"). El lema "socialismo o barbarie", que proviene de la izquierda, es una de las amenazas políticas más conocidas: si no se hace una cosa, sucederá lo opuesto. Pero esta fórmula palpablemente "populista" es la negación de otra más célebre que procede del liberalismo: "civilización o barbarie". El axioma sarmientino que prácticamente condicionó el pensamiento liberal de toda América Latina durante buena parte de dos siglos es efectivamente una dicotomía binaria amenazante. En el peronismo, tenemos el celebérrimo "Braden o Perón". Lo curioso es que hoy en día la amenaza binaria parece haber caído en desuso, puesto que las demandas (o contrade-

mandas, más bien) sobre las que pivotó la campaña de Macri fueron tres: corrupción, inseguridad e inflación. Parecería entonces que la dicotomía liberal
civilización/barbarie ha sido reemplazada por tres conceptos no-disyuntivos.
Sin embargo, estos lemas son esencialmente negativos y se aplican al Otro, el
monstruo populista: corrupto, criminal, inflacionario. Si no se vota por Macri
(potencialmente), entonces continuará ocurriendo lo mismo (el pasado). La
conclusión: *Cambiemos*.

La posición (neo)liberal se disfraza bajo una forma aparentemente no
disyuntiva, pero conserva estructuralmente la amenaza de un modo sote-
rrado, debido a la naturaleza diferencial (y dicotómica) de los significantes
mismos, según Saussure. Esto quiere decir que el neoliberalismo ha mutado
en su demanda para adaptarse a un contexto posmoderno en donde el público
votante rechaza la violencia implícita (la amenaza) de una disyuntiva dicotómica. Hoy, las fórmulas políticas, para ser exitosas, deben negar el carácter
mismo de la política como distinción entre amigo y enemigo. Es por eso que
el 17 de julio de 2008 el vicepresidente Julio Cobos no quiso dar un voto negativo a la Resolución 125, sino un voto "no-positivo". La Santísima Trinidad
(neo)liberal—corrupción, inseguridad e inflación—tiene simultáneamente
un carácter no-político o a-político, porque ¿quién en su sano juicio puede
estar en contra de que se luche contra la corrupción, inseguridad e inflación?
Aquí no hay espacio de debate ni de polémica posible: si todo el mundo está
de acuerdo en algo, entonces ese tema no es político. Hay que agregar que
esta tríada no es original al macrismo, sino que ya se encontraba en el antiperonismo de las décadas de los '40 y '50. Según Altamirano, "el eje de la repro-
bación [al movimiento peronista] era de índole política, cultural y moral—
dictadura, clericalismo, demagogia, aventurerismo, corrupción" (*Peronismo*
22). Los casos de crisis y ruptura no son muy diferentes al de la amenaza,
puesto que ésta lleva implícita la idea de un corte diacrónico entre pasado y
futuro, que no es sino una crisis o ruptura (revolución, revuelta, desestabili-
zación, etc.), como el mismo Moffitt acepta tácitamente (41).

En lo que respecta a los "malos modales", atribuidos universalmente a los
líderes "populistas", la crítica es mucho más evidente. Tomando nuevamente
el ejemplo de Macri, se observa que nadie puso jamás en cuestión sus "modales". El presidente neoliberal recibió el respaldo de todo el *establishment* internacional mediante la prensa, los medios masivos, el FMI y hasta el mismo
Barack Obama en su visita de 2017. Sin embargo, su construcción mediática
se basó en el encubrimiento de sus *performances* y se desidentificó o desligó

su figura de ciertas intervenciones, como cuando mencionó lo hermoso de los "culitos" de las bellas mujeres que tenía una vez enfrente o cuando se mostró airado y utilizó malas palabras como "carajo" al dirigirse a la ciudadanía. ¿Qué número de instancias de "malos modales" es necesario para clasificar a un político como populista?

Moffitt admite implícitamente estos problemas al observar que el populismo es simultáneamente democrático y antidemocrático y no tiene ningún "contenido" político (149); está vacío ["empty-hearted"] como el significante "pueblo" o como el "trono" del liberalismo. Su solución es considerar al populismo como un *spectrum*, una línea de gradación diferencial sobre la que se pueden ubicar a distintos líderes políticos y "medir" su populismo (155). ¿Cuál sería la utilidad de tal "medición"? Si la intención es desguazar aquellos líderes o movimientos que son (más o menos) democráticos de otros que son (más o menos) antidemocráticos, entonces no tiene mucho sentido utilizar el término; bastaría para ello utilizar el concepto de "lo democrático". La situación se agudiza si vemos que el autor considera que la democracia actual está igualmente despojada de "contenido" (153). Puesto que ahora el populismo es un fenómeno global, común y extendido por todo el espectro político, la única función posible del concepto es analizar los rasgos estilísticos de cada actor.

Al final, el populismo abarca toda la política, precisamente por su "contenido vacío", y se superpone al liberalismo y la democracia liberal como "tronos vacíos" igualmente desprovistos de contenidos. El hecho de que se vean más y más populistas por todas partes a medida que pasa el tiempo tiene que ver precisamente con la tendencia posmoderna apuntada al comienzo: cuanto más se oblitera la línea diferencial izquierda/derecha, tanto más es necesario recurrir al concepto para dar cuenta de las divisiones políticas. El hecho de que no se desee analizar el "contenido" político de un movimiento, sino sólo su "estilo", es sintomático.

2.1.3. Ezequiel Adamovsky manifiesta la postura extrema del nihilismo teórico al considerar que el valor del concepto "se ha extinguido" y, por lo tanto, el populismo en sí "no existe" (s/p). Adamovsky repasa estudios académicos y expresiones mediáticas para develar las contradicciones y deslices (Derrida los llamaría "borraduras") entre los diversos rasgos y atribuciones. Pone incluso como ejemplo el caso de *The Wall Street Journal* que llega a llamar "populistas" a Hillary Clinton y Obama, a quien en el artículo citado arriba el mismo diario alababa por oposición a Chávez y Trump. Al politólogo no le parece ilegítimo trazar taxonomías o tipologías de discursos, pero en el caso del populismo se "hace exactamente lo contrario. El único rasgo que comparten todos los fenómenos que son catalogados con esa etiqueta no es algo que *son*, sino algo que *no son*". En una suerte de réplica a Moffitt, afirma que el "estilo" no es sino algo que "desagrad[a] a las élites políticas, económicas y culturales".

Delsol ha elaborado más extensamente el descreimiento conceptual. Para la filósofa francesa, "populismo" no es sino un insulto (11) que proviene de lo que ella denomina el "pensamiento de la emancipación" (la Ilustración, la modernidad), que se opone al "pensamiento de arraigo" (cultura tradicional premoderna). Luego de repasar críticamente todos los rasgos consabidos (irracionalidad, vulgaridad, afectividad, apego al principio de placer), sostiene que, si se sigue la lógica, "habría que tratar de populistas a la mayor parte de los gobiernos contemporáneos" (58). La perspectiva europea de la autora vuelve parcial su enfoque, pues se centra básicamente en los movimientos de derecha surgidos en lo que va del siglo en ese continente (el subtítulo de su libro es *Una defensa de lo indefendible*). Por eso, confunde la "izquierda posmoderna" (lo que Žižek llamaría "liberales comunistas", un ejemplar teratológico) con la izquierda tradicional de corte marxista. Si los posmodernos se oponen a los partidos de derecha europeos, no es por ser una izquierda (tradicional), sino por ser simplemente (neo)liberales; los posmodernos, por lo demás, se oponen al pensamiento de la Ilustración y a sus "relatos" universales y totalizadores. En el caso de Europa analizado por Delsol, se enfrentaría lo "posmo" con lo "premo".

El pensamiento de Delsol manifiesta productivamente una oscilación ambigua en cuanto al *status* ontológico del populismo. Por un lado, considera que es una especie de ficción o construcción por parte de los "emancipadores", que se revela como el doble de ellos mismos: "el populista es el único adversario (más bien, enemigo) que les queda a nuestros gobernantes" (127).

2.1.3.1. El énfasis en el término es de corte schmittiano: enemigos. En Delsol hay numerosos ejemplos de cómo el populismo se construye como el doble o el Otro del liberalismo. El populismo es acusado de no dialogar (39), pero en realidad es el pensamiento opuesto el que "no soporta ningún debate" (15). El populista "secuestra" la democracia (42), aunque irónicamente (o no) la salida de los regímenes populistas en América Latina se produce casi siempre mediante un golpe de Estado: 1954 en contra de Jacobo Árbenz, 1955 en contra de Perón, 1973 en contra de Salvador Allende, 1976 en contra de "Isabelita" Perón, 2002 en contra de Chávez, 2009 en contra de Manuel Zelaya, y así sucesivamente. La noción de doble (el "Otro") adquiere la connotación girardiana de lo sagrado dentro de la serie metonímica perteneciente al *homo sacer*: la víctima emisaria que debe sufrir la violencia para restaurar la paz del cuerpo social. Con motivo de la destitución de Dilma Rousseff en 2016, un miembro de la oposición justificó la medida con estas palabras: "We have to change the government to be able to stop this bleeding" ["Tenemos que cambiar el gobierno para detener esta sangría"] (Taub s/p).

Hay también inversiones invertidas. Si el populismo europeo de derecha aparece como racista, xenófobo u homófobo (Delsol 136), la mecánica en el peronismo es la opuesta. Debido a razones socioeconómicas, por la llegada a la Capital de migrantes del interior y su ingreso en el mercado laboral sindicalizado (ocupado tradicionalmente en su mayor parte por inmigrantes e hijos de inmigrantes de origen europeo), el peronismo se identifica con y se vuelve protector de los cabecitas negras. Por eso en la Argentina el tema étnico funciona al revés: la cuestión racial introduce el miedo en el campo del otro del populismo, el liberalismo. El "sujeto del miedo" en última instancia es el liberalismo, porque construye el miedo y tiene miedo del "aluvión zoológico", de las patas en la fuente. Según Delsol, son los "emancipadores" quienes temen la emancipación (democratización) del pueblo (142).

No obstante, Delsol da por sentada tácitamente la existencia *positiva* del populismo como tal, que "aparece como el gobierno, o el deseo de gobierno, por parte de un pueblo no transfigurado, todavía no apto para la ciudadanía o degradado de su ciudadanía" (88) (en el peronismo es el cabecita negra). Los "insultos" que construyen al populista apuntan a una cultura y un modo de ser, un "pensamiento", que tiene cualidades y materialidad efectivas; si los anatemas demuestran alguna verdad, se trata de una versión parcial que no da cuenta del por qué del comportamiento populista. De allí que la autora acepte que "hay bastante bonapartismo en el populismo" (113) y que hay una propensión hacia el liderazgo carismático (113-14, 123-24), pero trata de explicarlo mediante el análisis coyuntural. "Como la democracia moderna no puede ser directa [...], esa mediación será rechazada naturalmente en caso de descontento. De ahí el vínculo entre el pueblo y su jefe, a menudo carismático" (42). En la democracia liberal, usualmente dos "tendencias opuestas encuentran un terreno de entendimiento para repartirse el poder amistosamente" (115). "Los partidos principales se ponen de acuerdo porque no tienen ya diferencias ideológicas que confesar" (115-16). Esta situación se conjuga con el hecho de que el "pensamiento de arraigo" encontraba el sentido en "una religión común" (76). Al desaparecer los fundamentos trascendentes con la Ilustración, lo único que queda es la creencia en un "ideal moral del héroe, consagrado por el sacrificio y la grandeza" (72). Por esta razón el liberalismo no necesita explícitamente de un carisma cargado de un halo sobrenatural, aunque la construcción de un "ideal cultural" en el sentido freudiano es insoslayable. De todos modos, la introducción del elemento carismático como "sacrificio" sí se encuentra también en la esencia del liberalismo, ya que su núcleo dicotómico conlleva un "Otro" o doble populista sacrificable, el sujeto "consagrado por el sacrificio", o sea el que está "ungido por el óleo de Samuel".

2.1.3.2. "[M]en cannot be guided through their intelligence, they are ruled by their passions and their instinctual demands" ["Los hombres no se pueden guiar por su inteligencia, están gobernados por sus pasiones y demandas instintivas"] (Freud, *Future* 48). La enseñanza del psicoanálisis, que hace emerger una afinidad con los partidarios de la hegemonía, la persuasión y los afectos a la luz de la interpretación propuesta, parecería estar contaminada por una suerte de elitismo intelectual debido a una grosa generalización: los hombres son "little accessible to reasonable arguments" ["poco accesibles a los argumentos razonables"] (60), nos dice Freud en otra ocasión. Pero podemos dar vuelta la idea y considerarla un argumento antiantipopulista: si *todos* se rigen por las pasiones, entonces no hay ninguna razón para atribuir el irracional desborde emocional a un sector político determinado únicamente, como lo hacen los críticos del populismo. Tal atribución no sería sino un prejuicio producto del dispositivo de verdad, o una especie de "ideal cultural" negativo. Lo que habría que hacer es intentar develar el fondo libidinal inconsciente que se halla en *el otro* del populismo. Y si esto es factible, la conclusión a la que deberíamos llegar es que el apego emocional se identifica como populista o liberal dependiendo de si las políticas, los actos de gobierno o las proclamas del "amo" atacan o no el *statu quo*.

Por la misma razón, el famoso "carisma" del líder populista puede ser considerado como un "ideal cultural" que necesariamente debe hallarse en una sociedad liberal no-populista; tal vez lo que molesta sea que ese ideal está encarnado en una figura viva y no un personaje muerto cuyo ámbito de acción es el pasado. Irónica, o paradójicamente, tal vez a esto se deba que la momia de Evita infundiera un "horror sagrado" y un sumo respeto entre los gorilas liberales antiperonistas, como veremos a su debido momento. Los grandes muertos de la tradición liberal son los próceres del período remoto de la Independencia, momificados en palabra por Bartolomé Mitre y desarraigados del presente. El doble de la crasa necrofilia peronista-populista es una cierta necrofilia recatada que no osa decir su nombre.

En conclusión, para Delsol, cuando la "izquierda" y la derecha institucionales (demócratas-republicanos, PSOE-PP, Labour-Tories, etc.) están en connivencia como "máscaras democráticas" del (neo)liberalismo, se sientan las bases para el surgimiento del populismo, lo que lleva a la percepción de ser un "aguafiestas" ["party crasher"].

2.1.4. A lo largo de su obra, Laclau renegó del nihilismo teórico (*Politics* 143) e intentó comprender el fenómeno político primero desde el marxismo y luego a partir de sus propuestas sobre la hegemonía y la contingencia. En su libro más importante, *Hegemony and Socialist Strategy* (1985), publicado con Chantal Mouffe, intenta una superación del marxismo, al que considera esencialista debido a la primacía de la economía y a la postulación de un sujeto privilegiado de la historia (el proletariado o la clase obrera). Por ello, se dispensa de conceptos que hasta el momento eran centrales, como modo de producción, intereses de clase, ideología y falsa conciencia y correlación entre la estructura y superestructura y entre fuerzas productivas y relaciones de producción. Para Laclau, las identidades políticas no tienen esencia de clase, sino que se crean retroactivamente mediante la articulación contingente de elementos discursivos que denomina "significantes flotantes" (113, 171). Como no hay identidades positivas, sino que se constituyen mediante la negatividad, el campo social nunca se encuentra cerrado en un todo, ya que el contenido de los antagonismos sociales en su lucha por la hegemonía no está determinado de antemano. Al final, el campo social se desenvuelve en una lucha constante entre dos extremos que nunca se alcanzan: la lógica de la diferencia y de la equivalencia (129). Las identidades sociales nunca se realizan ("[u]nfixity has become the condition of every social identity" ["la labilidad se ha vuelto la condición de cada identidad social"] [86]) y lo social se fragmenta en innumerables demandas y agentes en lucha: son los nuevos movimientos políticos surgidos en las últimas décadas (ecológicos, feministas, LGBT, étnicos, etc.).

Para Laclau, la lucha popular se manifiesta en un espacio político dividido en dos campos antagónicos (131). O sea, "popular struggles only occur in the case of relations of extreme exteriority between the dominant groups and the rest of the community" ["las luchas populares sólo ocurren en el caso de relaciones de extrema exterioridad entre los grupos dominantes y el resto de la comunidad"] (133). En otra obra también advirtió que "the emergence of populism is historically linked to a crisis of the dominant ideological discourse which is in turn part of a more general social crisis" ["la emergencia del populismo está históricamente ligada a una crisis del discurso ideológico dominante que es a su vez parte de una crisis social más general"] (*Politics* 175). No es el populista el que provoca la crisis (como lo quiere Moffitt), sino el síntoma o la reacción a la misma. Aquí se encuentra asimismo la noción del carácter dicotómico del populismo y la referencia a cierta coyuntura social, al quiebre en el sistema político al que apunta Delsol. En su obra posterior, Laclau extiende la lógica de la contingencia al populismo; o mejor dicho, superpone éste a todo el campo político, al considerar que el objeto de la hegemonía es la construcción del significante vacío "pueblo" por parte de los sujetos o movimientos que están "del otro lado" de la frontera dicotómica, es decir quienes le presentan demandas al Estado, a los grupos dominantes, etc. (*Razón*, cap. 4).

El problema más evidente, ya advertido por varios críticos (Arditi; Žižek, "Against the Populist Temptation"; Moffitt 23-25), es que la definición de populismo se vuelve tan extensa que abarca a todo el campo de lo político y pierde especificidad. Esto conlleva también el consabido inconveniente de la falta de distinción entre la izquierda y la derecha. Si un movimiento incorpora el significante flotante "racismo" dentro de la lógica equivalencial del significante "pueblo", ¿en qué sentido no sería también una lucha *popular* y democrática? Ambos casos están íntimamente ligados a la observación de que la identidad del "pueblo", y por ende la definición misma de populismo, pasa por una razón simplemente etimológica o nominativa. El problema radica aquí en la naturaleza de la propuesta del "significante vacío".

A pesar de estas críticas, el trabajo de Laclau permitió entender y abrir nuevas líneas de abordaje al tema, que serán útiles para nuestro análisis. En primer lugar, su teoría de la articulación expone las identificaciones políticas como lazos libidinales (*Hegemony* 63-64; *Razón* 10-11, 76-77); el *afecto* es la interpelación de una clase, o la formación de un representado. En segundo lugar, refuta de una vez por todas la idea de una "inmediación" política (*Hegemony* 59; *Emancipation* 87), lo cual conduce al rechazo de las teorías peyorativas sobre el populismo, las aproximaciones "en términos de anormalidad o manipulación" (*Razón* 28), porque tendrían un fin borroso en el mejor de los casos o un objetivo reaccionario en el peor. Finalmente, el concepto de hegemonía, que no es sino la misma lógica política de la sociedad, se sustenta en la lógica dicotómica del adversario o antagonista (*Hegemony* xvii), una noción que se remonta a Schmitt y que es fundamental en nuestro esquema. De hecho, Eliseo Verón considera que la disyuntiva ética maniqueísta se presenta típicamente en *todos* los discursos políticos, donde se libra una lucha entre el bien y el mal, entre un "nosotros" y un "ellos", entre la demonización y la beatificación (Verón 11 y ss.).

La teoría de Laclau es una suerte de anverso de la de Moffitt: ambos coinciden en percibir el populismo como "vacío" de contenido, cualidad que le permite abarcar todo el espectro político. Sin embargo, la diferencia radica en que el primero presenta una apología del fenómeno conjugada con una teoría de la contingencia de lo político. Frente a las posturas más refractarias y tradicionales de la izquierda que buscaban un movimiento "puro" con una práctica que coincidiera perfectamente con los ideales, Laclau nos recuerda saludablemente que el proceso hacia una (supuesta) emancipación es "sucio" y está tamizado por los avatares contingentes de la historia. La izquierda "realmente existente" sólo se encarna en movimientos imperfectos con aspiraciones populares. Éste sería el caso del peronismo.

2.1.5. En el movimiento peronista, las clases son absorbidas en articulaciones tradicionales y populares (el significante "pueblo" para Laclau) y las demandas son satisfechas en base a una necesidad individual-colectiva simultáneamente: las novias reciben su traje de bodas de Evita, los discapacitados sus sillas de ruedas, las amas de casa sus máquinas de coser y la ciudadanía en general la caja de pensiones y jubilaciones y las obras sociales. Por eso el peronismo aparece como un transformismo que se presenta como ruptura pero que no llega a serlo. De ahí que numerosos autores insinúen que es bonapartista (Laclau, *Politics* 197; Altamirano, *Peronismo* cap. 4; Sebreli, *Deseos* cap. 1; Horowicz 116), aunque tal posición no es unánime (Rein 15). Por ello, si bien el peronismo es evaluado positivamente como la entrada de la clase obrera al campo político (Horowicz 30; Rein 16) y por su *"política social democrática"* (Horowicz 99), un gran sector de la izquierda considera que continuó siendo un partido burgués, como lo reseña Altamirano (*Peronismo*, cap. 4) y como coincide Horowicz (287).

Lo cierto es que las hipótesis elaboradas sobre el populismo, como ficción o construcción del Otro en una coyuntura particular—la crisis del bloque

de poder del liberalismo, o sea el desprestigio de un sistema pseudo o cuasi-
democrático bipartidista—se aplica ajustadamente al peronismo. Horowicz
afirma que el movimiento "nació [...] como una respuesta política reactiva;
eran los enemigos de la política social democrática del coronel los que intro-
yectaban los contenidos del peronismo" (99). Altamirano muestra cómo para
la mayoría de los intelectuales "[e]l liberalismo operaba como el mediador
ideológico de [un] sistema de dominación semicolonial" (*Peronismo* 87). Laclau señala que hasta 1930 el discurso articulador o dominante en la Argentina
era el liberalismo de la oligarquía terrateniente. Lo que en Europa habría sido
contradictorio, en América Latina era complementario (*Politics* 178-79). El
liberalismo era desarrollista (no después de 1930), europeizante y antipersonalista. Las cuatro ideologías que se disputaban el poder eran las siguientes:

1. la oligarquía liberal de cuño mitrista, que era la hegemónica;
2. la UCR de Irigoyen. Si bien tradicionalmente se consideró que el movimiento radical era popular, sus propuestas siempre aceptaron el "liberal framework" ["marco liberal"] de la oligarquía (183). Horowicz
   concuerda con estas ideas: la UCR "no tenía política diferenciada; la
   UCR se había plegado con banderas y bagajes al juego conservador"
   (97).
3. las ideologías antiliberales oligárquicas de derecha, donde se conjugaba
   el nacionalismo, militarismo, autoritarismo, clericalismo e hispanismo,
   es decir el discurso de las clases dominantes de un momento anterior
   a la liberalización del siglo XIX. En la literatura, el conservadurismo
   se manifestó en figuras como Eduardo Mallea, Ricardo Güiraldes o
   Ricardo Rojas y en sus formas más reaccionarias en Gustavo Martínez
   Zuviría, por no dar sino unos pocos ejemplos;
4. las ideologías de la clase obrera (la izquierda), que aceptaron el marco
   liberal. En esto también coincide Altamirano: "[i]deología del bloque
   conservador, el liberalismo había extendido su hegemonía a las filas del
   socialismo y el anarquismo" (*Peronismo* 190).

En líneas generales, se puede ver que "[l]a dirección ideológica central de la
vida argentina está impregnada por el liberalismo [... T]odo el proceso de formación de nuestros intelectuales nacionales giró alrededor de las premisas del
liberalismo", como afirma Juan Carlos Portantiero (cit. por Altamirano, *Peronismo* 189-90). Debido a su hegemonía, la oligarquía no tenía necesidad de
someterse a las interpelaciones populares, lo que produjo una brecha entre de-

mocracia y liberalismo. "It was therefore natural for popular resistance to be expressed in anti-liberal ideologies; for it to be nationalist and anti-European; for it to defend popular traditions against the corrosive effects of capitalist expansion; for it to be, therefore, *personalist*" ["Fue por lo tanto natural que la resistencia popular se expresara en ideologías antiliberales; que fuera nacionalista y antieuropea; que defendiera tradiciones populares en contra de los corrosivos efectos de la expansión capitalista; que fuera, consecuentemente, *personalista*"] (Laclau, *Politics* 179).

En este punto surgió Perón y articuló todas las demandas atrasadas, produciendo (o revelando, más bien) una profunda dicotomía en la vida cultural y política argentina. El problema fue que la relación equivalencial entre las demandas populares fue demasiado intensa, abarcando un amplio abanico que iba desde la extrema derecha a la izquierda, y no hubo la suficiente tensión entre algunas de ellas, sino que se subsumieron en una sola identidad que se pretendía homogénea. La descompensación llega hasta hoy en día con la idea de una izquierda "nacional" y "popular" simultáneamente. Esto se profundizó con el personalismo de Perón, que construyó su carisma sobre la base de una teología política escatológica. Cuando él ya no estaba presente para unificar los distintos sectores, surgió el jacobinismo de los años '60. En este momento, Perón se vuelve un significante vacío según Laclau, "incarnating the moment of universality in the chain of equivalences which unified the popular camp" ["encarnando el momento de universalidad en la cadena de equivalencias que unificaban el campo popular"] (*Emancipation* 55). Como activista político de esa época, Altamirano atestigua una idea similar: "Perón como 'lugar vacío', efecto puramente contingente de la lucha social, fue mi tópico corriente en las versiones doctas del proyecto montonero" (*Peronismo* 163n91). Con el regreso de Perón en 1973, "[he] was no longer an empty signifier" ["ya no era un significante vacío"] (Laclau, *Emancipation* 56).

Si uno se pregunta entonces cuál era el significante vacío del peronismo antes de 1955, Laclau probablemente diría que era el "pueblo", pero de nuevo nos enfrentaríamos a la cuestión sobre la naturaleza de tal comodín. De hecho, la misma objeción aparece implícita en el análisis de Plotkin. Este autor señala que el "consenso liberal se puso en evidencia en las consignas enarboladas por los marchantes" de la Marcha por la Constitución y la Libertad del 19 de septiembre de 1945 (*El día* 63). La manifestación estaba encabezada, como se recordará, por el embajador Spruille Braden y engrosada por casi todo el arco de la izquierda y los intelectuales más prominentes del momento, como los del Grupo Sur y Victoria Ocampo (Jorge Luis Borges no pudo asistir por encontrarse enfermo). Plotkin revela que para la oposición éste era el "verdadero pueblo" (67). Como significante vacío, "pueblo" era un lugar contestado por la derecha, el liberalismo y la izquierda. No es posible atribuírselo solamente al peronismo, lo que refuerza nuestra tesis de que el único modo posible de definir al peronismo en esta instancia es como *antiliberalismo*.

2.1.6. Quisiera repetir que la reseña realizada no pretende llegar a una definición o una clausura del debate sobre el populismo, sino rescatar algunas ideas básicas con un simple sentido *operativo*, el de elaborar un mejor análisis de textos sobre el peronismo. En suma, el populismo es una construcción—la ficción del "Otro"—que surge en una coyuntura particular: la crisis del bloque de poder y de la alianza de partidos en el sistema liberal. El fenómeno reintroduce el antagonismo y la lógica de la distinción amigo/enemigo (que no es sino la lógica de lo político) en un medio que ha logrado evacuar esas nociones del campo social. No carece de mediación o *re*presentación política, sino que construye un efecto de "mediación" mediante identidades libidinales. Por eso es que, visto desde el marxismo, aparece como contaminado por diversas ideologías, tanto de izquierda como de derecha, pero esta manifestación no es sino un producto natural de las articulaciones equivalenciales que siempre han tenido lugar en la política.

2.2. Lo sagrado, la escatología y la religión

2.2.1. Lo sagrado establece un doble enlace con la política y la erótica generando una estructura que las aglutina. En cuanto a la primera, Schmitt propone la célebre fórmula de la teología política cuya forma, según él, adquiría el Estado en la modernidad occidental. La unificación de ambos términos se basa en la figura del soberano identificado con Dios debido a su carácter de excepción que tiene el poder de decidir sobre la vida y la muerte. El privilegio se remonta a la *patria potestas*, postulada como un poder original del padre sobre el resto de su familia. Freud hace de ésta el sustento de la necesidad psicológica de un padre putativo para servir de protección y paliativo de los males ocasionados por la violencia social y natural. La teoría freudiana sirve para entender la unificación tanto de la religión con la política como de la religión con los impulsos libidinales del individuo. En suma, ofrece el mecanismo de una teología psicopolítica cuyo motor es la violencia que es externa al sujeto, como estímulo natural o social, e interna a la vez, como instinto o pulsión de agresión. De este modo, la *vitae necisque potestas*, el derecho sobre la vida y la muerte como fundamento de la soberanía se hace eco del instinto de muerte y el principio de Nirvana.

Es por ello que el pensamiento freudiano se concilia con el de Girard mediante la identificación del *Fort-da* y la violencia sacrificial para apaciguar una violencia original a través de un acto repetido y ritualizado de control y venganza. La conciliación refuerza el vínculo del ámbito de lo sagrado con la pulsión libidinal. Freud observa que el juego del niño es asimismo una forma de imitación artística (*Beyond* 11), debido a lo cual la repetición del *Fort-da* se vuelve un modelo del arte. Juego, arte y religión se aúnan bajo la forma libidinal de una pulsión de repetición para resarcirse de un trauma displacentero; las tres actividades son además satisfacciones substitutas utilizadas como medidas paliativas para sobrellevar la vida (*Civilization* 23-24). La religión también conlleva la inversión libidinal puesto que el juego es para el niño lo que la religión o lo sagrado es para la sociedad: un resarcimiento psicológico de y por la violencia.

2.2.2. Para la promoción de su propio proyecto político, la religión fue fundamental para el peronismo. Loris Zanatta demuestra cómo a partir de los años '30 en la Argentina se comenzó a imponer "la religión católica como elemento fundante de la identidad nacional" (*Estado* 375). El ideario de cuño tomista se asentaba en cuadros nacionalistas para combatir los dos máximos enemigos del cristianismo occidental: el comunismo y el liberalismo. El origen de la doctrina peronista de la "tercera posición" se puede rastrear aquí:

> Se revela evidente cómo la doctrina católica constituyó el cemento del bloque Iglesia, Ejército y 'pueblo' que los gobiernos militares surgidos de la revolución de junio de 1943 se habrían esforzado por consolidar. Ésta influyó intensamente en el lanzamiento de una política de nacionalización e integración social de los sectores populares, que el Estado promovió a través de una dinámica política redistributiva orientada a prevenir la revolución social. (19-20)

En *Perón y la Iglesia católica* (1995), Lila Caimari expone el proceso de "religionización" sufrido por la sociedad, el Estado y la política durante el período 1945-1955. Como es bien sabido, las relaciones entre el gobierno y la Iglesia católica atravesaron una trayectoria que fue desde el idilio rosa del comienzo hasta la ruptura violenta del final. En ese intermedio, explica Plotkin, "la doctrina peronista fue reemplazando a la católica como religión oficial. El peronismo se estaba convirtiendo en una religión política, y esto provocó que las relaciones entre la Iglesia y el Estado se tornaran tensas" (*Mañana* 48). La historia del régimen peronista nos ofrece numerosos ejemplos de su pugna con la Iglesia católica por ocupar un espacio y acaparar un capital simbólico en el imaginario religioso del pueblo. El sexo fue muchas veces un valor de cambio en las transacciones entre estas dos instituciones o regímenes, ofrecido como señal de alianza o discordia. El ejemplo más claro es la legalización de los prostíbulos en 1954, un intento del peronismo de ganarse la confianza de la Iglesia, pero malinterpretado posteriormente (Guy 194-204). Más allá de si Guy tiene razón o no en que no era la voluntad del peronismo ir a contrapelo de la Iglesia, lo relevante es el gesto de comparar el peronismo con la religión católica.

El régimen también se basó en espectáculos, ritos y ceremonias públicas y masivas para instigar la religiosidad (véase Plotkin, *Mañana* y *El día*). La beatificación o santificación de un personaje guarda íntima relación con estas operaciones. La hagiografía, por lo tanto, es un componente fundamental del romance fundacional. Además de la relación amorosa de la pareja arquetípica, su trama relata el proceso de construcción (o deconstrucción) de la santidad de uno o varios de sus personajes—Eva Perón es el caso obvio—, de su superioridad moral, física, política, religiosa, etc.

2.2.3. En el caso del peronismo, es necesario introducir el concepto auxiliar de escatología para complementar el funcionamiento de lo sagrado. Según explica R. H. Charles, la escatología entendida como expectativa es de un orden doble, porque trata de "the future of the individual after death and the future of the nation or world, and these two categories are so interrelated that a study of either one almost necessarily involves a consideration of the other" ["el futuro del individuo después de la muerte y el futuro de la nación o el mundo y estas dos categorías están tan interrelacionadas que un estudio de una de ellas casi necesariamente involucra una consideración de la otra"] (VIII). No obstante, hay que recordar que en Israel, donde nace la escatología, no existía al principio la idea de vida después de la muerte, por eso la frase "después de la muerte" es de uso restringido en algunos casos. La escatología en general es una creencia que puede contener uno o varios de estos conceptos: la vida del individuo después de la muerte, el futuro de bendición nacional, el reino mesiánico, la resurrección de los muertos y la Parousía o segunda venida (VIII-X).

Los dispositivos melodramáticos son escatológicos porque nos hablan del futuro de la nación a través del destino (metafórico/metonímico) de un individuo, y viceversa. El/la protagonista (el *homo sacer* o la *femina sacra*) puede encarnar al Mesías en vida o redivivo/a, luego de su Parousía. Como todo proyecto político, la escatología conlleva implícita una utopía:

> [Eschatology] should not be understood from its later Christian meaning in which this material world is replaced by a spiritual one, this earthly world here below is replaced by a heavenly one there above. In ancient Israelite or Jewish texts eschatological language refers to a divinely established utopia [...]. The eschatological kingdom is the covenantal kingdom brought to its ultimate perfection and ideal consummation, *but here below, upon this earth.*
>
> [La escatología no debería ser entendida desde su significado cristiano tardío en el cual el mundo material era reemplazado por uno espiritual, este mundo terrenal aquí abajo es reemplazado por un celestial en lo alto. En los antiguos textos judíos o israelitas, el lenguaje escatológico se refiere a una utopía establecida divinamente (...). El reino escatológico es el reino de la alianza llevado a su última perfección e ideal consumación, *pero aquí abajo, sobre esta tierra*]. (Crossan y Reed 74)

El aspecto escatológico es uno de los puntales del discurso peronista. Desde el análisis de los mecanismos comunicativos, Sigal y Verón lo perciben en los sermones de Perón dirigidos al pueblo: "Aquél que llega de un exterior absoluto, que pide a su pueblo confianza y fe, porque sus obras hablarán por él, y que concibe su llegada como el estricto cumplimiento de una misión superior, el Bien de la Patria, no es, en efecto, nada más ni nada menos que un Redentor" (34). Éste no es otro sino el "ungido por el óleo de Samuel" que posee el triple cuerpo del soberano.

2.2.3.1. En Laclau existe implícita la idea de que la escatología es esencialmente política ya que integra la noción de emancipación. "A discourse of radical emancipation emerged for the first time with Christianity and its specific form was *salvation*" ["Un discurso de emancipación radical emergió por primera vez con el cristianismo y su forma específica fue la *salvación*"] (*Emancipation* 8). La introducción de una dimensión racionalista con la modernidad produce la separación del discurso emancipatorio religioso del secular (2). La modernidad entonces es "the attempt to interrupt the logic of incarnation" ["el intento de interrumpir la lógica de la encarnación"] (23), aunque es evidente el fracaso de ese intento en vista de la pervivencia de intensas formas de teología política. Siguiendo a Laclau, una posible explicación es que el concepto mismo de emancipación contiene un núcleo teológico en tanto se basa en la "dimensión" de un fundamento ["ground"] trascendental (cap. 1).

Altamirano encuentra el terreno escatológico sobre todo en el peronismo de los '60, que abrevó en la esperanza revolucionaria (*Peronismo* 16). El caso más evidente es el de los Montoneros, que eran simultáneamente antiliberales, marxistas y escatológicos con "una gran sensibilidad para (y una suerte de deseo de) acontecimientos apocalípticos [...y] la disposición a 'forzar el fin'" (158).

La escatología se manifiesta en componentes o sememas escatológicos, que abundan en la literatura de y sobre el peronismo. El modo de reconocerlos es bajo la perspectiva de lo sagrado, o sea la violencia y la muerte, su expresión máxima. Según Girard, para el pensamiento sacrificial no habría distinción entre fenómenos naturales y sociales: el deceso puede sobrevenir por causas fisiológicas (una enfermedad) o por un crimen, pero ambos representan igualmente la violencia. Por lo tanto, el ámbito de lo sagrado abarca los cataclismos meteorológicos (frente a cuyo desamparo radicaba el origen de la religión para Freud) y los sememas escatológicos recurren entonces al ámbito de la naturaleza. Los más corrientes son el fuego, como incendio; el agua, como diluvio o inundaciones; la enfermedad, usualmente como peste contagiosa que remeda el contagio de la violencia social; la sangre; los terremotos; el dolor, como martirio; y la muerte misma.

Hay que agregar también que la escatología aparece bajo dos subtipos: la profética y la apocalíptica (Crossan 31). Sin embargo, Charles parece sugerir que ambas no son sino una. Todo apocalipsis es una profecía y toda profecía contiene un fin apocalíptico en algún sentido: del mundo, de la historia, de los individuos, del tiempo. Ambas aparecen asimismo en el discurso peronista, sobre todo en las palabras de Eva Perón.

2.2.3.2. Sobre el origen de los tabúes, Girard sostiene: "Tout ce que la violence sacrée a touché appartient désormais au dieu et fait, en tant que tel, l'objet d'un interdit absolu" ["Todo lo que la violencia sagrada ha tocado pertenece de ahora en más al dios y se vuelve, debido a esto, el objeto de una prohibición absoluta"] (320). Cuando a partir de 1956 la Revolución Libertadora prohíbe absolutamente toda mención del nombre de Perón y lo reemplaza por el sintagma "el tirano prófugo", especula torpemente con producir la desperonización del país al suponer que la disposición del tabú ensucia al que lo ostenta y lo convierte en un *katharma*, "l'objet maléfique rejeté au cours d'opérations rituelles" ["el objeto maléfico rechazado en el curso de las operaciones rituales"] (429). Efectivamente, los gorilas convierten a Perón en un *katharma*, pero la contaminación maléfica es sólo un aspecto del mismo: el tabú opera sobre lo sagrado, que contiene además un aspecto benéfico. La Revolución Libertadora no hace más que intensificar el carácter sagrado de Perón; en la denegación del aura teológico-divina, afirma de un modo inconsciente la propia creencia en y el terror numinoso al *kudos*, la supremacía, el poder mayestático del líder caído en desgracia y exiliado como un verdadero *pharmakos* u *homo sacer*.

Jugar con lo sagrado es peligroso por su carácter ambiguo y contradictorio, que siempre supera y se vuelve en contra del hechicero que quiere controlarlo. González recuerda que para Derrida la imprecación como deseo de muerte es un acto de conjura *performativo* "con consecuencias reales garantizadas" para el pensamiento sacrificial y mágico (*Filosofía* 50). El tabú del nombre de Perón y Evita impidió su conjuración, su muerte, su olvido; la censura y la prohibición los mantuvieron vivos. Sin embargo, "[p]ronunciar el nombre que hay que apartar [...] siempre deja una impregnación en quien lo ha pronunciado". Verdaderamente, como en el adagio inglés, *damned if you do, and damned if you don't.*

Por eso Perón hizo hincapié en la lealtad, que González define como el "juego entre las afinidades secretas y la obligación de declararla como doctrina sustituta de la dimensión ideológica" (51). La lealtad es el reverso del tabú: la exigencia de que todos declaren su fidelidad a la causa peronista, de llevar luto el día de la muerte de Evita, de exigir "donaciones" a la causa, etc.

2.2.4. A partir de mediados de los '80—el fenómeno podría retrasarse hacia fines de los '60 y comienzos de los '70—los autores y actores que construyen el peronismo establecen un nuevo modo de relación con el hecho de discurso. La estructura del romance nacional melodramático-escatológico se transforma a consecuencia de numerosos factores. Entre ellos se encuentran, en el campo de la producción material, la aplicación de recetas neoliberales en las frágiles democracias latinoamericanas, la globalización y la apertura del mercado. En el campo cultural, el *Boom*, el pos-*Boom* y las nuevas filosofías y herramientas teórico-críticas como el posestructuralismo y la deconstrucción. Se pasa desde la exaltación esperanzada de los '60 a un clima de época que percibe el fracaso de los proyectos utópicos, la crisis de los "grandes relatos" y la crítica de la razón, la verdad, la Historia, etc.

Considero pertinente el concepto de "escatología cómica", formulado por Crossan (*Raid on the Articulate*), para dar cuenta de este cambio. A *grosso modo*, esta teoría afirma la cercanía de la escritura sagrada y la comedia. Crossan no es el primero en percibir el maridaje de lo alto y lo bajo, lo noble y lo innoble, en ciertas manifestaciones culturales; él mismo reconoce su deuda con Mijaíl Bajtín. El concepto de carnavalización permite ver la comedia como una verdad más completa que la tragedia; la visión cómica concibe el mundo como una conjunción de hechos graves y rutinarios, de muerte y necesidades fisiológicas, de fatalidad y absurdo. Para Crossan, la escatología cómica se encarna en un género particular, la alegoría o parábola alegórica:

> An allegory is a story whose plurality of interpretive levels indicate that the original is itself a metaphor for that multiplicity. The multiple levels of reading do not derive from authorial indecision, linguistic incompetence, or critical misapprehension. These various levels developed by analysis are but the obedient reflection of the multiplicity imaged in and by the story itself.
>
> [Una alegoría es una historia cuya pluralidad de niveles interpretativos indica que el original es él mismo una metáfora de esa multiplicidad. Los múltiples niveles de lectura no derivan de la indecisión autorial, la incompetencia lingüística o el malentendido crítico. Estos varios niveles desarrollados por el análisis no son sino el reflejo obediente de la multiplicidad imaginada en y por la historia misma]. (125)

La concepción interactiva, múltiple y móvil que presenta de esta forma narrativa se parece a la que ofrece Ismail Xavier de las alegorías históricas. En el pensamiento crossaniano, la alegoría es metaliteratura, pues es lenguaje que se examina a sí mismo. "Allegory allegorizes allegory" ["La alegoría alegoriza la alegoría"] (124) porque "[a]llegory is the laughter of plot" ["la alegoría es la risa de la trama"] (126). Lo cómico es aquello que yace en contradicción consigo mismo, y este "desapego" del lenguaje es lo que lo hermana con la tradición mística (47). El sentido del mecanismo metalingüístico es "to discover that the way we structure an autobiography may be exactly how we structure an epoch" ["descubrir que la manera en que estructuramos una autobiografía puede ser exactamente como estructuramos una época"].

Cuando el romance fundacional se vuelve escatología cómica está criticando la percepción reduccionista del romance fundacional clásico que interpreta la historia a través de los amoríos y aventuras de alcoba de personajes épicos. En última instancia, es una crítica de la trama de la Historia. "Comic eschatology laughs at the idea of a final ending which, by teleological retrojection, might clarify and justify all preceding events" ["La escatología cómica se ríe de la idea de un final definitivo que, por retroyección teleológica, podría clarificar y justificar todos los eventos precedentes"] (45); cuestiona y duda de "the absolute validity of any cosmic teleology" ["la validez absoluta de cualquier teleología cósmica"] (137). El desafío a la teleología se encuentra en todas las novelas metahistoriográficas, que harán del peronismo uno de sus principales temas, en tanto desafío a la historia como disciplina. No es casual que para Crossan el mayor exponente de este estilo de pensamiento sea Borges, quien realizó una crítica incisiva del peronismo como te(rat)ología política en varios de sus textos cortos.

2.2.4.1. La palabra "escatología" es muy productiva en nuestro caso en particular puesto que, en español al menos, no sólo hace mención al campo semántico de lo sagrado, sino también al ámbito de las sustancias y actos deleznables, bajos y viles, a las heces y a los desechos orgánicos. Se trata de un fenómeno lingüístico especial de homonimia, pues dos palabras diferentes provenientes del griego evolucionaron hasta dar una sola palabra en español. Ellas son *"sjatos"* y *"skatós"*, último (más allá) y excremento. El *Diccionario de la Real Academia Española* da dos entradas. La primera define escatología como "conjunto de creencias y doctrinas referentes a la vida de ultratumba". La segunda, como "tratado de cosas excrementicias".

En el proceso de mitologización del peronismo y sobre todo de Evita están involucrados de un modo substancial elementos escatológicos en ambos sentidos, porque en ellos coinciden lo santo y lo prostibulario, pero también lo necrofílico y la obsesión con el cuerpo muerto, e incluso la tragedia y la comedia, en tanto puesta en escena (*performance* y teatralidad) y travestismo (como un modo de "escatologizar" el discurso de género).

La construcción del peronismo progresa en un sentido que va de lo escatológico a lo escatológico cómico y de lo hagiográfico ["eschatology"] a lo excrementicio ["scatology"]. La teoría crossaniana es una de las herramientas

más útiles para entender la producción literaria en torno al peronismo en las
últimas tres décadas, en tanto se desee entender el componente religioso en
dicho discurso.

En este doble sentido, el populismo es precisamente escatología. Delsol
hace notar que "Herodoto dividía ya el mundo en centros y confines (*escha-
tiai*)" (149), en donde se situaba el *idiotes*, el protopopulista de la Antigüedad.
El sujeto del peronismo (el descamisado, el cabecita negra) es lo marginado
en tanto exterior abjecto y *excrementicio*. Es, para insertarlo dentro del antagonismo elaborado por el pensamiento liberal argentino, la *barbarie*, puesto
que "cuanto más vamos hacia el centro [...] más *civilización* encontramos"
(150, cursivas mías).

Para concluir, hay una profunda identidad entre la escatología, la política y
el populismo, lo cual permitiría explicar una vez más la teología política que
pervive en nuestros días. Esta triple relación sólo puede darse en la modernidad porque el populismo es, en efecto, un fenómeno moderno (Delsol 12) en
donde se verifica una nostalgia por los tiempos del "arraigo". Antes de la Ilustración, se encontraba el sentido en "una religión común" (76), pero a partir
de ese momento la trascendencia queda fuera del alcance del ser humano. "La
ruptura de la modernidad es el paso de lo universal como trascendencia a lo
universal como concepto" (79). El populismo es moderno porque sólo en la
modernidad se puede dar la nostalgia por el "arraigo", por lo que se ha perdido, por la nostalgia de la trascendencia.

2.3. Melodrama y romance fundacional

2.3.1. El género propuesto para estudiar los discursos del peronismo, el romance fundacional escatológico, expresa el triple eje discursivo de la erótica,
la política y la religión, articulado mediante la relación afecto-persuasión política. Las operaciones textuales se manifiestan en dos niveles. En primer término, el centro de interés (el contenido de la obra) está puesto en un amor
sexual; el romance entre una pareja fundacional o ideal canaliza (sublima) las
inversiones libidinales políticas en tanto hegemonía o ideología. En segundo
lugar, el afecto o la inversión libidinal aparece como una satisfacción subs-
tituta en tanto la obra de arte misma es sublimación (en ocasiones no está
clara en Freud la diferencia entre sublimación y satisfacción sustituta, pero en
última instancia las podemos unificar bajo el rótulo de medidas paliativas).
Tenemos entonces una sublimación doblemente articulada, dos métodos de

diferimiento del displacer: el amor sexual y el arte, uno conjugado dentro de otro, que segregan al mismo tiempo lo político y lo sagrado. Si bien la homologación erótica-política reenvía a los romances decimonónicos estudiados por Sommer y les otorga la función de antecesores o modelos, el peronismo abreva por su naturaleza en las expresiones residuales y masivas del siglo XX. Varios críticos han destacado su filiación intrínseca con los productos de la cultura popular y de masas (De Grandis; Ciria; De Ípola). La relación entre melodrama y peronismo ha sido también señalada en relación con distintas obras dentro de diversos abordajes (Monteleone; Susti; Sillato; Pellarolo); para Paola Cortés Rocca y Martín Kohan, la "leyenda blanca" de Evita tuvo la forma de un folletín melodramático (44). La estructura que adquiere el género como propaganda del régimen es la de una historia de amor y muerte, única posible entre Perón y Evita; su romance fundacional fue melodramático, o mejor: fue puesto en escena melodramáticamente.

El *ethos* melodramático es retomado por la alta cultura o la cultura de vanguardia en la polémica político-cultural. En este punto se produce una compleja serie de préstamos culturales antitéticos, que se entrecruzan, se retroalimentan y se fecundan mutuamente en un continuo movimiento de reacomodos ideológicos. Mientras el peronismo, como expresión del malestar (en contra) del liberalismo, ha utilizado para su autoconstrucción una vieja estrategia discursiva que provenía del antiguo Estado liberal antimonárquico decimonónico (el romance fundacional), a partir de 1955, e incluso antes, el campo liberal, gorila y antiperonista recurre al melodrama y a formas populares para generar una respuesta a lo que se consideraba un discurso hegemónico. El romance fundacional es utilizado por distintos actores sociales y políticos como una fórmula privilegiada para moldear el peronismo como fenómeno de discurso y para contestarlo, parodiarlo y deformarlo; por una suerte de efecto autorecurrente, el género mismo es contestado, parodiado y deformado a la vez.

Los melodramas del siglo XX se vuelven antifundacionales debido a que muestran una ansiedad y una incomodidad con los proyectos "populistas" que surgen con el peronismo. Sus amores *contra natura* (necrofílicos, fetichistas, perversos, homosexuales, adúlteros, etc.) van contra el convencional romance heterosexual monógamo decimonónico. Es un malestar con un proyecto, el peronismo, que por primera vez compite con la política tradicional de las élites liberales, antiguamente positivistas y oligárquicas, un proyecto alternativo que abreva en las técnicas de persuasión ideológicas que se habían utilizado en el siglo XIX mediante la literatura, la prensa y los medios masivos que recién comenzaban a emerger y a desarrollarse (los periódicos, la radio, el cine y la televisión). En la reelaboración por parte del antiperonismo, el melodrama modifica muchas de sus características clásicas y se vuelve una especie del "neomelodrama" propuesto por Carlos Monsiváis. Por su parte, la escatología peronista se vuelve escatología cómica, en el sentido en que la usa John Dominic Crossan.

2.3.2. La ecuación erótica-política de Sommer ha resultado altamente productiva, como muestra el éxito de su libro *Foundational Fictions* (1991). A pesar de su aparente simplicidad, permitió entender mejor la función de los romances fundacionales del siglo XIX. Las ficciones ponían en escena amantes que representaban "particular regions, races, parties, economic interests, and the like" ["regiones particulares, razas, partidos, intereses económicos y otras cosas por el estilo"] (5). La trama de estas novelas se articulaba sobre la base de una prohibición u obstáculo externo a la pareja, que impedía la unión. Correlativamente, existía una notable ausencia de conflictos personales entre los amantes; su relación era siempre armónica (47-49). Como en todo folletín melodramático, el destino solía deparar finales donde se consumaba la unión de la pareja. El matrimonio exitoso se volvía una metonimia de la consolidación nacional en el contexto de los proyectos liberales (13, 18).

Sommer expone la moderna reelaboración crítica del género al analizar *La muerte de Artemio Cruz* (1962) de Carlos Fuentes. El fallido romance del protagonista con Regina, que lo lleva a convertirse en desertor del ejército revolucionario, y la posterior traición a la Revolución mediante el casamiento con la oligárquica Catalina Bernal, muestra que "the pretty lies of national romance are [...] strategies to contain the racial, regional, economic, and gender conflicts that threatened the development of new Latin American nations. After all, these novels were part of a general bourgeois project to hegemonize a culture in formation" ["las lindas mentiras del romance nacional son (...) estrategias para contener los conflictos raciales, regionals, económicos y de género que amenazaron el desarrollo de las nuevas naciones latinoamericanas"] (Sommer 29). Sin embargo, en el marco de la tesis de este libro, es necesario distinguir "[t]he great Boom novels [that] rewrite, or un-write, foundational fiction as the failure of romance" ["las grandes novelas del *Boom* [que] reescriben, o desescriben, la ficción fundacional como el fracaso del romance"] (27) de las obras antifundacionales antiperonistas, pues los escritores del *Boom* atacaban implícitamente a los proyectos liberales, mientras que los segundos trasuntan, en su mayoría, un "inconsciente político" incómodo con el antiliberalismo del proyecto populista.

La productividad de la teoría de Sommer se manifiesta también en que diversos críticos han utilizado su fórmula crítica, consciente o inconscientemente, dentro del contexto de la literatura argentina. Por ejemplo, Fernando Reati señala "la confluencia de una retórica de lo sexual y otra de lo político" en su historia (197); Viviana Paula Plotnik coincide con Sommer en la oposición entre las novelas optimistas decimonónicas y "la literatura argentina de[l] siglo [XX que] relata el fracaso y la muerte de tales sueños y proyectos. Donde la relación amorosa era casta, burguesa y platónica, se convierte en perversa, sádica, incestuosa o necrofílica" (173). Coincido mayormente con Plotnik, aunque es preciso enfatizar la prevención anterior con respecto a la diferencia entre las obras del *Boom* mencionadas por Sommer y los melodramas antifundacionales antiperonistas.

2.3.2.1. Hacer extensivo el triple eje ideológico (religión, erótica y política) a cualquier contexto conlleva el inconveniente no menor de incurrir en un posible universalismo, esencialismo o reduccionismo. Es similar al problema que plantea Jacques Derrida con la cuestión de la biopolítica o la soberanía: se nos aparece como moderna, pero una crítica deconstructiva nos muestra que pudo haberse manifestado hace ya más de dos mil años. "What is difficult to sustain, in this thesis, is the idea of an entry (a modern entry, then) into a zone of irreducible indifferentiation, when the differentiation has never been secure [...]; and, above all, what remains even more difficult to sustain is the idea that there is in this something modern or new" ["Lo que es difícil de sostener, en esta tesis, es la idea de una entrada, o sea, una entrada moderna, en una zona de indiferenciación irreducible, cuando la diferenciación no ha estado nunca asegurada (...); y, sobre todo, lo que resta aun más difícil de sostener es la idea de que haya algo moderno o nuevo en todo esto"] (*Beast I* 316). La diferenciación de la indiferenciación (o su reverso) es el problema de la *différance* y, en última instancia, del inconsciente o del mismo *logos*, como el mismo Derrida lo hace notar. Estos conceptos tienen un doble *status* aporético, el de diferencia indiferenciada, algo que no es ni universal ni particular, a semejanza del *homo sacer*, el soberano o el incesto. Todos los elementos analíticos comparten tal espacio de indecidibilidad.

Por esta razón, es posible encontrar la erotización de la política (y viceversa) en los orígenes mismos de la cultura occidental. La guerra de Troya, que se considera un evento histórico ocurrido alrededor del siglo XII a. C., aparece en *La Ilíada*, primer monumento literario de Occidente, como una conflagración catastrófica debido a que Paris, rey de Troya, secuestra a Helena, legítima esposa de Menelao, rey aqueo de Esparta. Las causas políticas y económicas son ofuscadas por el motivo erótico (un verdadero "traffic in women" ["tráfico de mujeres"], para citar a Sommer [29]), cuyo origen yace en una maldición divina. Se puede hacer un recorrido por toda la cultura occidental y encontrar siempre el mismo trastrocamiento; parecería que existe un impulso que lleva sistemáticamente a ocultar las causas materiales de la historia bajo capas míticas de alegoría amorosa y religiosa.

Žižek demuestra el funcionamiento del eje erótico-político en la cultura global de masas con su análisis de la película rusa *La caída de Berlín* (1949) de Mikhail Chiaureli. La trama es la básica de un romance: "the boy has to get his girl" ["el chico tiene que conseguir su chica"] (*Pervert's Guide*). Para ello, el héroe se une al Ejército Rojo y participa en todas las batallas importantes de la Segunda Guerra Mundial. "In a deeper logic of the film, what these battles were about was really to recreate the couple" ["En una lógica más profunda de la película, esas batallas trataban verdaderamente de recrear la pareja"]. Al final, "[it] reconfirms Stalin's role as the supreme divine matchmaker" ["reconfirma el rol de Stalin como supremo alcahuete divino"] porque "it's only through the presence of Stalin that the couple gets reunited" ["sólo a través de la presencia de Stalin la pareja se junta"]. Žižek concluye: "this apparently totally subordinated motive, unimportant in itself, the story of a couple, this is what is the key element which holds the entire film together. That small surplus which attracts us, which maintains our attention. This is how ideology works" ["este motivo en apariencia totalmente subordinado, trivial en sí mismo, la historia de una pareja, es el elemento clave que integra toda la película. Este pequeño *surplus* que nos atrae, que mantiene nuestra atención. Así es cómo funciona la ideología"]. Es necesario el *surplus* libidinal, de otro modo *ningún* mensaje político funciona.

Más pertinente a nuestro caso, *Amalia* (1851) de José Mármol simboliza la nación en su lucha contra la tiranía de Rosas a través del amor entre la heroína epónima y Eduardo (Sommer 17-27). La relación es armónica, pero los amantes sufren un obstáculo externo: el régimen antiliberal rosista. Horacio González menciona un caso curioso, un "drama histórico" póstumo de Paul Groussac, *La divisa punzó* (1937), que es un melodrama fundacional con una mezcla del "juego político y el juego amoroso. De alguna manera, la conspiración amorosa fracasa vencida por los compromisos visibles, públicos, familiares" (González, *Filosofía* 222). En Groussac sucede algo que se repite en los romances históricos: usualmente los protagonistas utilizados para representar la nación son figuras históricas reales o personajes que los disfrazan ligeramente. Por ejemplo, el General Bustos y su esposa, en *Las arenas* (1954) de Miguel Ángel Speroni, personifican transparentemente a Perón y Evita.

La armonía de la pareja y los impedimentos para su relación adquieren distinto sentido según el signo ideológico de la obra. Para el autor properonista, los obstáculos permiten identificar una clase antagónica. En biografías hagiográficas como la de Fermín Chávez (*Eva Perón sin mitos* [1990]), el matrimonio entre el coronel del ejército y la actriz sufre mayor resistencia entre la oligarquía y los militares. En el caso de *La señora Ordóñez* (1968) de Martha Lynch, Perón y Evita se vuelven los benefactores de los amantes. En cambio, para un antiperonista, el presidente y su esposa sostienen una relación conflictiva o pueden convertirse en obstáculos para la unión de otras parejas, como en "La señora muerta" (*Las malas costumbres*, 1963) de David Viñas.

2.3.2.2. En Sommer parece haber un cierto tufillo etnocentrista que va de la mano con un antipopulismo. Al hablar de las novelas de la tierra, afirma que "[f]rom the 1920s on, nativist or populist novels [...] would coincide with the popular fronts of newly founded Communist parties (and of right-wing populism?)" ["desde la década del '20 en adelante, las novelas populistas o nativistas (...) coincidían con los frentes populares de los recién fundados partidos comunistas (¿y acaso del populismo de derecha?)"] (23). La identificación (mediante una insidiosa insinuación parentética) de los movimientos de izquierda con los de extrema derecha por ser ambos "populistas" es similar a la noción expresada por el adagio de que "los extremos se encuentran", una variación de la "teoría de los dos demonios" que tan comúnmente permite la deslegitimación de los proyectos de izquierda en América Latina. Es también la expresión de la despolitización criticada por Schmitt y Žižek tan patente en los artículos periodísticos reseñados antes. La acusación de Sommer llega a proponer que los novelistas formaron parte de una reacción fracasada en contra del imperialismo que reflejó "the patriarchal culture of populism [...] in narratives that recast foundational romances" ["la cultura patriarcal del populismo (...) en narraciones que remoldearon los romances fundacionales"]. La identificación del populismo con el machismo es otra razón por la

que considero al primero como *la ficción del otro* en al menos un sentido, siguiendo a Delsol: como un insulto político. La ficción del otro es *la construcción del doble*, pues ¿en qué sentido se diferenciaría el populismo patriarcal y
machista del liberalismo decimonónico que se caracterizó, en palabras de la
autora, por "affairs of romance [as] rapes" ["romances (como) violaciones"] y
por "power plays [as] traffic in women" ["juegos de poder (como) tráfico de
mujeres"] (29)?

El etnocentrismo, a mi modo de ver, entiende que "in Latin America, romance doesn't distinguish between ethical politics and erotic passion" ["en
América Latina, el romance no distingue entre la política ética y la pasión erótica"] (24). El rasgo *sólo* tiene lugar en el subcontinente; no ocurre en Europa,
ni en ninguna otra época. Parecería que los subdesarrollados latinoamericanos no pueden separar la pasión irracional de la política, lo cual los condena
a un "deadend of perpetual underdevelopment" ["callejón sin salida de per-
petuo subdesarrollo"] (2). De este modo, el imperialismo aparece como un
objeto pasivo y neutro que no tuvo nada que ver con los fracasos "populistas"
de las naciones latinoamericanas.

2.3.3. Existe una notable concomitancia entre el ámbito de lo sagrado, la política (el populismo) y el melodrama.

En función de su teoría, Sommer nota que "[a] certain spiritual investment
in Christendom" ["una cierta inversión espiritual en el cristianismo"] se des-
vió hacia el campo identitario-político para asegurar la soberanía nacional,
luego de que se erosionara la hegemonía religiosa con el racionalismo y la
Ilustración (37). Lo que es el punto de partida para la alegoría entre erótica y
política se corresponde con la era de lo postsagrado que teoriza Peter Brooks
en su obra sobre el melodrama. Este autor propone la existencia de un "moral
occult" ["oculto moral"] en el ámbito de lo melodramático, definido como
"the repository of the fragmentary and desacralized remnants of sacred myth"
["el repositorio de los restos fragmentarios y desacralizados del mito sagrado"]
(*Melodramatic* 5), que infunde los orígenes místico-religiosos del melodrama.
El advenimiento de las grandes revoluciones laicas, la modernidad y la caída
del Antiguo Régimen producen, a fines del siglo XVIII en Francia, una liqui-
dación de lo sagrado que provoca un hueco en la cultura o en la sensibilidad
social, llenado por el melodrama como una forma de resacralización (14-17).
El género expresa el *mysterium tremendum*, lo numinoso y siniestro [*uncanny*]

estudiado por Rudolf Otto (18). Si nace en la modernidad debido a un vacío de religión al igual que el populismo, según vimos con Delsol, y "[l]e religieux dit vraiment aux hommes *ce qu'il faut faire et ne pas faire* pour éviter le retour de la violence destructrice" ["lo religioso dice verdaderamente a los hombres *lo que hay que hacer y no hacer* para evitar el regreso de la violencia destructiva"] (Girard 387), entonces el género manifiesta una nostalgia por la religión como el terror por el regreso de la violencia esencial indiferenciada, al percibir que ya no existe un método u obstáculo que la pueda contener en el momento en que se desata la violencia recíproca.

Introduciendo el nacionalismo como figuración de lo político, varios estudiosos han reconocido en América Latina un vínculo con la postura de Benedict Anderson, para quien la constitución de la identidad nacional está ligada al surgimiento de la imprenta y de los medios masivos audiovisuales (Adriana Estill; Ana M. López, "Our Welcomed"; Monsiváis, "Se sufre"). Más allá de ser un componente funcional en la construcción de la nación, el melodrama comparte con el populismo el repudio por parte de la alta cultura por ser un desecho estético de mal gusto o un medio de colonización y alienación, lo que López considera una "élitist mistrust of mass communication and popular culture" ["desconfianza elitista en la comunicación masiva y la cultura popular"] ("Tears" 148). Según Brooks, "the critical resistance and embarrassment that melodrama may elicit" ["la resistencia crítica y la vergüenza ajena que el melodrama puede producir"] puede tener su razón de ser en que "melodramatic rhetoric [...] represents a victory over repression" ["la retórica melodramática (...) representa una victoria sobre la represión"] (*Melodramatic* 41). El autor afirma que "[t]here is a certain scandal in melodrama" ["hay un cierto escándalo en el melodrama"] debido a la ruptura de los diques de contención sociales, históricos, psicológicos y morales (42). El melodrama o lo melodramático pone en escena lo que no puede ser dicho y "[t]he expressive language acts as carrier or conduct for the return of something repressed" ["el lenguaje expresivo actúa como canal o conducto para el retorno de algo reprimido"] lo cual reenvía al populismo como el retorno de lo reprimido/oprimido en el campo de lo político y de lo sagrado.

El "escándalo" melodramático y su "victoria sobre la represión" también puede ser asimilado a la "brutalidad en las declaraciones" de los populistas que "se atreven a decir en voz alta lo que muchos piensan para sí" (Delsol 63). Para esta autora, la impugnación del populismo revela un aristocratismo según el cual "[l]os mejores son instruidos" (31), lo que lleva a una ridiculización de la cultura de masas. Tal visión se fundamenta en la creencia del *kaloskagathos*, o sea el ideal del "hombre bello y bueno".

2.3.3.1. En todos los textos antiperonistas, como veremos, existe una constante identificación del campo político con el estético y moral, aunado a la concepción del pueblo como irracional o ignorante. Lo estético incluye tanto la esfera del arte (el melodrama o la cultura popular vs. la vanguardia o la alta cultura) como la esfera de la pura belleza (lo sensorio, lo bello físicamente). Altamirano menciona que el número 237 de 1955 de la revista *Sur*, dedicado por completo al debate sobre la caída de Perón, "registra [...] una condena al régimen peronista que no es sólo política, sino igualmente moral e incluso estética" (*Peronismo* 220). El siguiente pasaje, extraído de la primera plana del diario *Crítica* del 17 de octubre de 1945, confirma tal actitud: "Aparte de otros pequeños desmanes, [los peronistas] sólo cometieron atentados contra el buen gusto y contra la estética ciudadana afeada por su presencia en nuestras calles" ("Avanza una columna del Cnel. Perón", reproducido en Torre 32). Recordemos que al día siguiente aparecería la foto con "las patas en la fuente", lo que revela una carga no menor de racismo. El *idiotes* es el cabecita negra abyecto, sujeto de la te(rat)ología política y la no-política que forma la siguiente cadena metonímica:

Populismo = ignorancia = inmoralidad-maldad = fealdad.

La nostalgia por un orden premoderno en el populismo se correspondería con una nostalgia por un orden aristocrático en el campo del Otro del populismo.

El melodrama expresa además un *ethos* maniqueo que usualmente es equiparado a la dicotomía diferencial propia del populismo en particular y de la política en general. Para Brooks, el maniqueísmo es la esencia del mundo melodramático (14) donde "[t]he middle ground and the middle condition are excluded" ["se excluyen el punto medio y la condición media"] (*Melodramatic* 36). El maniqueísmo opera en el plano de la expresión y la representación, que están ligadas al efecto de la vergüenza ajena ["embarrassment"]: "the overstatement and overemphasis of melodrama, its rhetorical excess" ["la exageración y el exceso de énfasis del melodrama, su exceso retórico"]. Curiosamente, esto lo vuelve un género "radically democratic" ["radicalmente democrático"] por su interés en "to make representations clear and legible to everyone" ["hacer las representaciones claras y legibles para todos"] (15). Brooks rescata el melodrama por su carácter de denuncia de clase: "If the social structure of melodramas often appears inherently feudal [...] it is also remarkably egalitarian, and anyone who insists upon feudal privileges is bound to be a villain" ["Aunque la estructura social de los melodramas a menudo aparece inherentemente feudal (...) también es notablemente igualitaria y cualquiera que insista en los privilegios feudales está condenado a ser el villano"] (44). Si para el peronismo el villano aparece encarnado en la figura del oligarca, en la lógica política en general el lugar lo ocupa el Otro, la "élite", el "1%", o incluso el populista mismo. Sin embargo, el maniqueísmo no equivale al antagonismo social de la política y la lógica de distinción entre amigo y enemigo. El primero es estrictamente una forma moral o ética, mientras que la política es un ámbito separado, al cual la ética y la moral se adhieren como un *surplus* libidinal.

2.3.4. El impulso democrático del melodrama de hacerse entendible para todos es de hecho una característica que Umberto Eco hace extensiva a la cultura de masas. Es conocida su designación de apocalípticos e integrados a las posturas enfrentadas en el debate sobre el valor de éstas. Su observación sobre los primeros es similar a la de Delsol sobre los partidarios de la "emancipación":

> no carece ciertamente de motivos buscar en la base de todo acto de intolerancia hacia la cultura de masas una raíz aristocrática, un desprecio que sólo aparentemente se dirige a la cultura de masas, pero que en realidad apunta a toda la masa [...] porque en el fondo existe siempre la nostalgia por una época en que los valores culturales eran un privilegio de clase y no eran puestos a disposición de todos indiscriminadamente. (Eco 60)

El semiólogo italiano matiza más adelante su examen. Si, por un lado, "[e]l error de los apologistas estriba en creer que la multiplicación de los productos industriales es de por sí buena", por otro "[e]l error de los apocalíptico-aristocráticos consiste en pensar que la cultura de masas es radicalmente mala" (75). Su crítica percibe una "situación singular", donde existe una cultura de masas en la que "un proletariado consume modelos culturales burgueses creyéndolos una expresión autónoma propia" y una cultura burguesa que se cree superior "identifica en la cultura de masas una 'subcultura' con la que nada la une, sin advertir que las matrices de la cultura de masas siguen las de la cultura 'superior'" (47). No existe una separación absoluta entre ambas, sino que se retroalimentan productivamente. Es por ello que Brooks percibe "a range from high to low" ["un rango de lo alto a lo bajo"] en el melodrama (*Melo-dramatic* 12).

El análisis de la estructura del mal gusto y lo *kitsch* es particularmente re-levante para el estudio de la cultura de masas, puesto que ambas expresiones tienden a buscar una mayor "entendibilidad", a inclinarse hacia una mayor simpleza o un "mínimo denominador común". Eco define el mal gusto como la "*prefabricación e imposición del efecto*" estético (96), una desmesura, algo que está "fuera de lugar" (95), y lo *kitsch* como la provocación de "*un efecto sentimental*" (98). Martín Kohan afirma la absoluta identificación de ambos: "todo sentimentalismo derivaría en *kitsch*" (9). Si bien Eco no deja en claro la diferencia entre *kitsch* y mal gusto (el primero parecería ser una forma parti-cular del segundo), el melodrama cabe perfectamente en estos moldes. Éste representa el exceso para Brooks y su ausencia de límites provoca embarazo o vergüenza ajena en el espectador o lector. "The heightening and hyperbole" y "the indulgence of strong emotionalism, moral polarization and schemati-zation; extreme states of being, situations, actions" ["La intensificación y la hipérbole" y "la indulgencia del fuerte emocionalismo, la polarización moral y la esquematización; estados extremos del ser, situaciones y acciones"] (*Me-lodramatic* 11) están en función de sentimentalizar la moralidad allí donde el mundo aparece "voided of its traditional Sacred" ["despojado de su tradicio-nal Sagrado"].

¿Pero cómo es que la cultura de masas y el melodrama "prefabrican", "im-ponen" o "provocan" un efecto sentimental? Para Eco, la respuesta es a través de "la técnica de la reiteración del estímulo" con "todas las características del mensaje redundante" (98). La repetición parecería ser indisoluble del arte de masas o "industrial". No es necesario ahondar en la constante regurgitación de tramas, esquemas, líneas, argumentos y personajes ya sea en el cine *mains-tream* de Hollywood, la televisión o la literatura "comercial", con sus innume-rables secuelas, "precuelas" e infinitas derivaciones que se multiplican en un juego de espejos. El exceso y la repetición van de la mano, pues a medida que un mensaje se gasta es necesario intensificarlo la próxima vez que se lo con-suma, como una dosis de droga para un adicto.

Si se entiende que para la industria cultural sea mucho más sencillo o econó-mico meter la mano en el cajón de sastre del pasado y copiar incansablemente fórmulas trilladas, ¿a qué se debe que el público no manifieste cansancio ni agotamiento? Una respuesta tentativa se puede encontrar en la identificación freudiana del *Fort-da* con el juego infantil y el arte. La repetición compulsiva es un instinto y éste es siempre constante y no se agota nunca. Por eso, el melodrama es un resarcimiento doble, pues mediante la repetición del exceso, la moralidad, el sentimentalismo, etc., busca resarcirse de la ausencia de lo sagrado, es decir *la ausencia misma de la capacidad de resarcimiento*. Y este fenómeno sólo puede ocurrir en la ruptura con el orden sacrificial, para el que la modernidad no ha podido encontrar aún una alternativa eficaz.

Freud atribuye la repetición exclusivamente al ámbito infantil: "Novelty is always the condition of enjoyment. But children will never tire of asking an adult to repeat a game" ["La novedad es siempre la condición de goce. Pero los niños no se cansan nunca de pedirle a un adulto que repita un juego"] (*Beyond* 29). Parecería haber entonces una brecha insalvable entre el mundo de los niños y de los adultos en lo que respecta al poder de la reiteración. Es así que los teóricos encuentran en el arte de masas en general y en el melodrama en particular un cierto "infantilismo" propio de una inmadurez estética y emocional (Brooks, *Melodramatic* 35). Lo mismo sucede con el populismo, según Delsol: "el pueblo se caracteriza por una afectividad que se impone" (25). En el pensamiento del arraigo existe un "apego al principio de placer" (24), por lo que "[l]a alegría y la explosión jubilosa de la multiplicidad tienen algo de inmaduro, de inacabado, y a eso se debe que guste a los seres inacabados: las mujeres, los niños" (27). Obsérvese que el dictamen incluye a otros seres "menores" y sujetos abyectos; es conocida la caracterización del melodrama no sólo como un género "femenino" sino también *queer*. La repetición de la performatividad que construye el "gender-as-drag" ["género como *drag*"] conlleva, para Judith Butler, un exceso hiperbólico (*Bodies*, cap. 8) que no está de más en el melodrama.

2.3.4.1. Debido a su ambición de abarcar todo, de devorar toda la cadena equivalencial del campo social y político, el peronismo fue usado también para incluir las sexualidades marginales. Es conocido el proyecto de Néstor Perlongher de utilizar la figura de Eva Perón para prestar legitimación a los movimientos de liberación *gay* en la Argentina, resumido en la apropiación y distorsión de uno de cánticos más famosos de los Montoneros: *Si Evita viviera / sería tortillera*. Más adelante veremos cómo una serie de autores ha sabido percibir la identificación del peronismo con las sexualidades *queer*. No es de sorprender tampoco que para Perón "los únicos privilegiados son los niños".

El populismo comparte con el melodrama la cadena de identificación metonímica niños-mujeres-*queer* a base de los elementos señalados (sentimenta-

lidad, exceso, ritual), propios de sujetos excluidos. La identificación aparece
empobrecida por el estigma que se le adjudica al juego y la repetición; Freud
considera que la novedad como condición del goce es propia de una sensibilidad "adulta" que repararía más bien en el principio de realidad que en el de
placer. Aquí está implícita una ideología estética muy pautada, que establece
una dicotomía férrea entre arte de vanguardia y cultura de masas: la primera
es el ámbito de la originalidad y la innovación constante que apela a un gusto
"maduro", mientras que la segunda es pura igualdad o iteratividad, una operación que descansa en la sensibilidad infantil del control y la venganza. Sin
embargo, no sólo se puede disfrutar la relectura de un buen libro, sino que
todo texto es una cita o repetición de otros, como enseñó Derrida: no existe
el origen, nunca hay una repetición exacta, todo es diferimiento, *différance*. La
originalidad absoluta es parte de la aspiración utópica del proyecto frustrado
de la vanguardia histórica. Lo cierto es que siempre hay una borradura entre
repetición y diferencia, novedad y convencionalidad, lo que está sobrenten-
dido en la opción de rescate de los productos de masas por parte de Eco. De
allí que Fredric Jameson lee el melodrama, en tanto ideología o inconsciente
político, como la solución imaginaria de contradicciones sociales (cap. 1), que
al mismo tiempo puede ser apropiado, sufrir un proceso de neutralización,
cooptación y transformación de clase, para vitalizar las formas de la "alta cultura" (86-87).

2.3.4.2. Es curioso que el máximo crítico de la idea de originalidad, que participa de la genealogía de un discurso en contra de la masa, sus fruiciones estéticas y su sentimentalidad, fue Borges, el antiperonista por antonomasia, en la
figura de Pierre Menard. Como muestra su currículum al comienzo de "Pierre
Menard, autor del Quijote", el protagonista era un escritor perteneciente a
la alta cultura y un *snob* que se codeaba con la aristocracia. La ironía yace en
que la imitación, mediante la copia exacta de una obra canónica por excelencia, fue un acto vanguardista. El hecho de que cada palabra, idéntica a la de
Cervantes, termine *no siendo la misma*, produce prácticamente una paradoja
eleática: la copia repetida se vuelve un acto original, pero esta originalidad radica en que es una repetición exacta, lo cual no lo vuelve original sino copia,
y así sucesivamente. La versión invertida e idéntica de Menard es la del Libro
de Arena, donde uno no puede nunca volver a leer la misma página de nuevo.
Pero esta absoluta originalidad, sin ningún apoyo en la historia, la cita, ni la
intertextualidad, hace que el libro sea ilegible.

2.3.5. Existe también un vínculo íntimo entre el melodrama como cultura de masas, el populismo y la alegoría. Para Sommer, el romance fundacional no es sino una alegoría mutua entre erótica y política. Para develar tal relación, se apoya en las teorías de Paul de Man y Jameson, quienes intentan rescatar el género medieval y transformarlo en una forma de lectura deconstructiva. En mi opinión, el problema que se encuentra en estos autores es similar al del populismo en Laclau: la forma alegórica se vuelve tan amplia que pierde su especificidad teórica. Si todos los textos son alegóricos, ¿qué sentido tiene usar el concepto? Mi propuesta es una lectura de Borges a través de Eco quienes, con herramientas teóricas menos sofisticadas, permiten revelar mejor la relación mencionada.

En su ensayo sobre Nathaniel Hawthorne, Borges reduce la genealogía del concepto a la figura de dos autores: Benedetto Croce y Gilbert K. Chesterton. Ambos evalúan la alegoría de modos diametralmente opuestos. Siguiendo la condena que pesa sobre ella como un "error estético", "Croce acusa a la alegoría de ser un fatigoso pleonasmo, un juego de vanas repeticiones", una "adivinanza" unívoca (Borges, *Obras* 672). Por el contrario, Chesterton afirma que los productos estéticos son pasibles de infinitas interpretaciones y lo mismo sucede con las alegorías. Aparentemente, Borges toma partido por Croce: Hawthorne incurre en el "error estético" debido al "deseo puritano de hacer de cada imaginación una fábula [que] lo inducía a agregarles moralidades" (673). El problema es que en la alegoría *se prescribe* desde el inicio un determinado tipo de lectura, como en los productos de masas estudiados por Eco. La diferencia con el melodrama radica en el contexto de emergencia de ambas formas. Como hace notar el autor italiano, los productos *kitsch* emergen en una cultura donde se considera la fruición estética como "*una contemplación desinteresada*" (101), o sea en el contexto donde ya ha ocurrido la autonomía del arte. La reintroducción de una utilidad moral tanto en el caso de Hawthorne como en los productos de masas lleva a que sean percibidos como "vergonzosos" o "sentimentales".

Sin embargo, hay que observar que Hawthorne está incluido dentro del canon literario, o sea en el extremo *high brow* del rango melodramático de Brooks. Es por eso que Eco, en su estudio de la pareja *midbrow-kitsch*, también pone como ejemplos a autores consagrados de la alta cultura. En su análisis de *The Old Man and The Sea* (1952) de Ernest Hemingway, observa que "los personajes se mantienen envueltos en un aura de generalización (el Muchacho, el Viejo) [...] para subrayar la impresión de que no se trata de individuos, sino de Valores Universales, y, por tanto, a través de ellos, el lector está disfrutando de una experiencia de orden filosófico, una revelación profunda de la realidad" (111). Esta "aura de generalización" es la alegoría que aparece en el melodrama y en toda la literatura peronista. (De hecho, en una conversación personal, Tomás E. Martínez me manifestó en cierta ocasión que un aspecto que le llamaba fuertemente la atención en el peronismo era su tendencia a la alegoría y la alegorización; agregaba que este hecho le parecía no haber sido estudiado ni explicado debidamente).

Volvemos por lo tanto al punto de partida: es imposible establecer una línea diferencial absoluta entre la cultura de masas y la alta cultura. Ambas se sitúan en un espectro del sentimentalismo y la alegoría moral que va de menos a más. Quizá la cuestión radica en que tanto Croce como Chesterton tenían razón: la alegoría ha sido creada con una interpretación unidireccional y moralizante (Dante = alma, Virgilio = teología, Beatriz = gracia), pero esta hermenéutica dirigida no puede evitar que las lecturas futuras del texto se multipliquen *ad infinitum*, debido a la misma esencia diferencial del lenguaje o la literatura. La división vanguardia/cultura de masas se enmarca dentro del dispositivo foucaultiano que distribuye la función de verdad y mentira con un doble *status* ontológico.

2.3.5.1. En una observación con fuertes tonos sexistas, Borges identifica la alegoría con el género femenino. Al tomar partido por Croce, señala que "cuando un [escritor] abstracto, un razonador, quiere ser también imaginativo, o pasar por tal, ocurre lo denunciado por Croce" (*Obras* 673); este tipo de pensamiento "por imágenes, por intuiciones, [es] como suelen pensar las mujeres". El *faux-pas* de relacionar la alegoría con la forma de pensar de las mujeres es homotético a la idea que pregona la identidad entre el melodrama o cultura de masas y las mujeres; en el medio, entre ambos, se sugiere la infiltración del peronismo.

Esto debería hacernos reflexionar si la tan cacareada relación entre melodrama y género femenino no es sino parte del mismo discurso antipopulista que rechaza a la masa y los subalternos. El discurso establece que el melodrama es infantil y femenino por la ausencia de diques de contención, como lo verifica el mismo prejuicio en Freud: "The work of civilization has become increasingly the business of men, it confronts them with ever more difficult tasks and compels them to carry out instinctual sublimations of which women are little capable" ["El trabajo de la civilización se ha vuelto progresivamente una cuestión de hombres, los confronta con dificultades cada vez más difíciles y los compele a sobrellevar las sublimaciones instintivas de las cuales son poco capaces las mujeres"] (*Civilization* 59).

2.3.6. Monsiváis adapta la teoría de Brooks al contexto del siglo XX (y XXI, podría afirmarse) y a la realidad latinoamericana. El crítico mexicano coincide en que el género viene inicialmente a ocupar el espacio dejado por la religión y tiende a la sacralización discursiva ("Se sufre" 8). En un segundo momento—y aquí viene la corrección de Monsiváis—, el melodrama padece un impulso hacia una secularización y amoralización. El "oculto moral" de Brooks se disuelve: "ha variado el énfasis. La nueva telenovela carece de propósitos moralistas y deseos edificantes. No se exalta la sociedad ideal, se idealiza la sociedad real" (18). Las causas del cambio tienen que ver con nuevas realidades socioeconómicas, culturales y geopolíticas: "el fin del aislamiento nacional, la industrialización y el crecimiento urbano ocasionan la caída de la moral antigua. Es la hora de invertir las admoniciones de la imaginería parroquial y darle oportunidad visual al pecado, a la concupiscencia y el deseo" (10).

Mediante un proceso natural de evolución propio de todo género, el melodrama latinoamericano se despoja de los elementos moralistas y éticos y da libre cauce a la parodia. La repetición serializada se renueva introduciendo "el distanciamiento irónico" (14). Los mismos espectadores se ríen de las atrocidades y excesos que las "novelas" (nombre secular de un espectáculo que ha vuelto a ser dramático luego de atravesar por un avatar escrito) asignan a las clases altas. "El *grand-guignol*, con su falta teatralizada de piedad suple belicosamente al melodrama tradicional, con su carencia teatralizada de humor" (15-16). Entre la oligarquía reina la infamia, la traición y las tramas policíacas à la Agatha Christie (18).

El ajuste teórico provoca necesariamente reacomodos ideológicos y problematiza la situación de la conciencia de las clases consumidoras del producto cultural. Quienes disfrutan de las telenovelas "son tradicionalistas que festejan el arrasamiento de las costumbres" (Monsiváis, "Se sufre" 18); "la burla a lo que de veras se quiere es solidaridad (rencorosa) con los orígenes" (14). Aparece aquí, en forma sesgada y un tanto inconsciente, una mención a eso que en el peronismo ocupó un lugar preponderante: el resentimiento social. Altamirano lo considera el tópico más usado por los intelectuales para intentar explicar el "hecho peronista" y "el que antes que ningún otro se desgastaría" ("Qué hacer" 24). Las masas ejercitan una especie de voyeurismo social a

través de las "novelas"; los pobres observan sin misericordia, miran corrosiva-
mente, se burlan de "lo que de veras se quiere" (Monsiváis, "Se sufre" 16). En
una palabra, atacan simbólicamente aquello que desean; odian lo que aman.
Establecen una relación especial con el deseo o con el objeto del deseo: se trata
de destruirlo. El suplemento provisto por el crítico mexicano nos permite entender la ocurrencia de la escatología cómica de Crossan en autores críticos
del peronismo que elaboran un antimelodrama o romance fundacional escatológico a partir de la década del '70 u '80, como Copi y Tomás E. Martínez.

2.3.6.1. Es indudable que esto sigue siendo cierto hoy, a caballo entre el siglo
XX y el XXI. Cuando el presidente Carlos Menem decidió sacar partido de
su fama de donjuán y *playboy* en los '90, se expuso mediáticamente y generó
narrativas alrededor de su divorcio, sus hijos extramatrimoniales y su posterior noviazgo y casamiento con una ex Miss Universo chilena, seguramente
lo hizo con toda la premeditación de un acto político, complejizando el romance nacional y la idea de nación bajo el neoliberalismo globalizador. El
melodrama familiar como romance fundacional permite reflexionar sobre los
sentidos que emitió el menemismo (o cualquier otro movimiento) para ser
aceptado ideológicamente; sólo hay que pensar en los gestos culebroneros o
de telenovela barata que tuvieron lugar. La Casa Rosada se transformó en el
escenario de un *Grand-Guignol* monsivaisiano: expulsión de la primera dama
de la Quinta de Olivos, muerte/asesinato de Carlitos Jr. en helicóptero, múltiples cirugías estéticas y cambios de imagen, numerosas amantes, etc. Cada
uno de estos sucesos fue emitido en función de ser interpretado como parte
de una cadena de significantes sobredeterminados, como metonimias de una
cadena ideológica: la desestatización, la apertura del mercado, la privatización
("vender las joyas de la abuela"), la alianza neocolonial con EE.UU. ("relaciones carnales"), la flexibilización laboral, el "robo para la corona", etc.

Con la administración de Mauricio Macri tenemos una situación anómala:
una familia blanqueada (en todos los sentidos de la palabra) por los medios
de comunicación, que presentan una relación edénica y armónica entre el
presidente y la primera dama, Juliana Awada. Mediáticos ambos, se encuentran no obstante alejados de todo escándalo y papelón mediáticos; tienen una
hija, Antonia, cuyas ocurrencias y encanto se vuelven virales; un pícaro perro,
Balcarce, que se sienta en el sillón de Rivadavia; cumplen el sueño clasista por
excelencia de vacacionar en Punta del Este y Chapadmalal; viven, en fin, su
relación sin ningún tipo de conflicto ni malestar. Es el matrimonio ideal de

la gente *bien* (con pronunciación francesa). (Para completar la tríada, que en otros tiempos estuvo compuesta por Perón-Evita-Pueblo, tal vez se podría agregar la figura emblemática de María Eugenia Vidal, la Heidi de la política, la Lolita virgen casada, el Hada de los oligarcas. Si Perón representaba el Ejército en alianza con la clase baja y los obreros, Vidal vive en una base militar rodeada de militares que le cuidan su pureza: el Hada Lolita retrotrae la política a la década del '30 del siglo XX, o quizá a la del '70, pues la oligarquía ya no necesita ir a "golpear la puerta a los cuarteles"; ahora la tiene abierta, porque *vive adentro*).

Lo que parecería una simple dicotomía entre el vulgar bárbaro populista-peronista Menem y el civilizado y educado (en el colegio Newman) Macri tiene el inconveniente de que ambos responden a los mismos intereses de clase, a la misma alianza neocolonial, a los mismos grupos de poder. Macri reproduce todas las políticas sociales y económicas de Menem: pacto con el FMI, endeudamiento, ajuste, privatización, desindustrialización, desempleo. ¿Cómo es posible entonces que el romance familiar haya cambiado tanto? Si ambos siguen el neoliberalismo, ¿por qué esta diferencia en la díada erótica-política? Lo más extraordinario del caso es que Menem parece representar el neomelodrama definido por Monsiváis, mientras Macri parece regresar al romance decimonónico, que tendía hacia "socially convenient marriages" ["matrimonios socialmente convenientes"] (Sommer 6), donde "lovers almost never quarrel" ["los amantes raramente se pelean"] (48), y que revelaba un "vestigial aristocratic character" ["vestigio de carácter aristocrático"]. Parece obvio que ha habido un reacomodamiento.

Sin embargo, recordemos que Macri ha sido toda su vida el *playboy* multimillonario, joven, apuesto y exitoso que acaso habría querido ser Menem. Su matrimonio con la Awada no es su primero, ni su segundo; su hija Antonia no es su única hija; y la primera dama es dueña de talleres clandestinos ["sweatshops"] con mano de obra boliviana esclava. Menem y Macri son el mismo; el romance perfecto y monogámico de este último es un mito que desmienten sus múltiples esposas, examantes y el exesposo de su esposa. De nuevo, sobre el fondo en negativo del populismo se recorta la figura del (neo)liberalismo, que es su *Otro* y su doble, el mismo. El maquillaje de la imagen en Macri obedece al deseo de distanciarse del peronismo; la verdadera contradicción radicó en Menem, pues ocupó el lugar paradójico de un *populista neoliberal*, un monstruo te(rat)ológico, el reflejo invertido de los liberales comunistas de Žižek.

2.3.7. A modo de observación final acerca del género, quisiera añadir un rasgo al que me remitiré al abordar ciertas obras. Roland Barthes, en su análisis de *Sarrasine* (1831) de Balzac, llega a la conclusión de que en el texto literario "lo simbólico y lo operatorio son indecidibles" (*S/Z* 64). Vale decir, los hechos narrados en una novela o cuento se pueden o se deben interpretar según el valor connotativo y al mismo tiempo en función de la estructura narrativa. Así, en una novela en donde se produce un retraso o malentendido, tal acontecimiento debe entenderse de acuerdo con varios códigos, entre ellos el simbólico y el hermenéutico. Por ejemplo, en *L'Éducation sentimentale* (1869) de Flaubert, en la misma noche en que Marie Arnoux planea entregarse a Frédéric, luego de una larga espera y un largo cortejo, su hijo cae enfermo y el encuentro se frustra (II, 6). Tal hecho, en donde el protagonista llega a los límites de la desesperación, debe entenderse en función del valor de lo "operativo" (si el encuentro se produjera, la novela se acabaría) y también en función de lo simbólico (la desgracia es un evento trágico desencadenado por fuerzas ciegas: lo natural, el azar, etc.). En una obra clásica, el lector, para Barthes, actúa de buena fe y le concede crédito al autor por el uso de tales artificios. Por eso no puede dársele más peso a lo operatorio que a lo simbólico.

Por el contrario, el melodrama—en mi opinión—es aquel texto en el cual el lector no puede concederle crédito al autor, ya que lo operatorio y lo simbólico se encuentran en un desbalance. La siguiente declaración de Brooks autoriza esta postura, al hablar de las posibilidades interpretativas de algunas peripecias: "We are not encouraged to investigate the psychology of the vow or the logic of the deadline but, rather, to submit to their dramaturgy, their functioning as mechanism" ["No estamos animados a investigar la psicología del juramento o la lógica de la fecha límite, sino más bien a someternos a su dramaturgia y a su funcionamiento como mecanismo"] (*Melodramatic* 31). En las obras de la cultura de masas, lo simbólico supera lo operatorio, o viceversa.

CAPÍTULO 3

Escritos fundacionales. *La razón de mi vida* y *Mi mensaje* de Eva Perón

卐

[S]é que muchos no entenderán todo esto. Cuando lean estas páginas comentarán sonriendo con suficiencia, pensando que "esto es demasiado melodramático".
—(Eva Perón, *La razón de mi vida* 144)

3.1. DENTRO DE LA pareja fundacional, la díada soberana *homo sacer-femina sacra*, Evita es el núcleo narrativo por el que circulan las redes de goce y deseo. Su vida proyecta los anhelos de las masas proletarias y los miedos de la oligarquía, catalizando las ansiedades sociales de la primera mitad de siglo. Según Tomás E. Martínez, Evita encarna la nación (ver Figueroa y Coddou). En la Argentina e Hispanoamérica, los textos fundacionales usualmente describen a la patria como una mujer, como si hubiera necesidad de encarnar la identidad nacional en un cuerpo. Conspicua e irónicamente, este cuerpo ha sido proyectado por lo general sobre el del Otro: el de la mujer, el gaucho, el guaso, el mestizo, el indio (azteca, inca, charrúa, guaraní), etc.

3.1.1. Si Ricardo Güiraldes propone en *Don Segundo Sombra* (1926) al gaucho como arquetipo de la argentinidad, Eduardo Mallea, por su parte, presenta en *Historia de una pasión argentina* (1937) a (el mapa de) la Argentina como una mujer embarazada. En *Eurindia* (1924), de Ricardo Rojas, el continente es una mujer mestiza. Para H. A. Murena, Julio Mafud y otros ensayistas seguidores de Mallea a partir de los '30, la nación también es una mujer. En algunos textos, la mujer que representa la nación es una prostituta. Según Donna Guy, muchos autores y letristas de tango compararon a la Argentina y a la sociedad con una puta, entre ellos Enrique Santos Discépolo y Ezequiel Martínez

Estrada (154). Los escritores realistas como Manuel Gálvez y Roberto Arlt iniciaron la reivindicación del rol de la prostituta hacia fines de siglo XIX y primeras décadas del XX. "Sicardi fue el primer novelista en contemplar la posibilidad de que una prostituta se pudiera transformar de víctima en revolucionaria y aliada de la causa anarquista" (Guy 161). El rol y la imagen de la trabajadora sexual están ligados a los conceptos de trabajo, familia, clase, ciudadanía y nación (1-4).

Bajo fachadas narrativas acerca de Evita, se produce la identificación de la nación con el cuerpo de la mujer y la prostituta (cuerpo contaminado que requiere una "cura"), puesto que Eva Perón fue presentada en los textos antiperonistas como una puta, una cualquiera, una bastarda, una resentida, una actriz o una aventurera. En su obra seminal, Julie Taylor demuestra que la imagen de la primera dama como santa o virgen pertenece al mismo esquema ideológico patriarcal y machista que sólo puede ver a la mujer bajo formas dicotómicas. Como resume Plotnik, "[l]a obsesión antiperonista con su presunto pasado promiscuo manifiesta una preocupación respecto a la pureza sexual equivalente al énfasis que los peronistas ponían en su vida conyugal casta" (18).

La razón de mi vida, publicado en 1951 meses antes del fallecimiento de Evita, y *Mi mensaje*, aparecido póstumamente en 1987, constituyen los *Ur*-textos que sientan las bases del arquetipo que propone el peronismo de la primera dama. Casi simultáneamente se publicaron sus dos primeras biografías en el extranjero. *Bloody Precedent* (1951) de Fleur Cowles y *The Woman with the Whip* (1952) de Mary Main fueron las expresiones más tempranas de un rabioso antiperonismo o antipopulismo global que promovían la imagen de una Eva ligera de cascos. En este contexto, *La razón de mi vida* y *Mi mensaje* deben leerse como una respuesta intertextual a la imagen destilada por los enemigos del régimen.

El lazo entre *La razón de mi vida* y el melodrama ha sido señalado por varios autores (Sillato; De Grandis; Susti; Sarlo, *Pasión y excepción*), al igual que la relación de la cultura de masas con el peronismo (Foster, "Narrative Persona"). Los productos de este universo simbólico—las radionovelas, las revistas del corazón y la farándula, el teatro y finalmente el cine entre las décadas del '20 y del '40—compartían el mismo horizonte estético que Evita y sus futuros seguidores. El léxico y la sensibilidad que la primera dama (o más precisamente sus *ghost-writers*, como veremos) imprimió en sus discursos y libros provienen de aquí. Las conclusiones que extrae Beatriz Sarlo en *El imperio de*

los sentimientos (1984) sobre las narraciones periódicas melodramáticas de la
década del '20 se pueden aplicar a *La razón de mi vida*.

Como se mencionó en el capítulo anterior, es conocida también la identificación establecida entre la mujer y las masas, en tanto los sujetos subalternos se reflejan feminizados en la mirada del otro (Sillato 181; De Grandis).
La narrativa melodramática se enfoca en la mujer en dos sentidos: como re-
ceptora y como objeto temático de fascinación (Estill; López, "Tears"). Sarlo
observa que los folletines de la época exaltaban narrativamente el lugar de la
mujer: "Reinas o cautivas, están siempre en el centro del imperio" (*Imperio*
24). No hay género más "femenino" que el melodrama; el uso de efectos melodramáticos es la principal técnica utilizada para remedar la voz de la mujer.
Rita Felski cita a Sigfrid Weigel, para quien "feminist confession generates
the illusion of a 'natural' female self and is both aesthetically and politically
naïve" ["la confesión feminista genera la ilusión de un yo femenino 'natural'
que es estéticamente y políticamente ingenuo a la vez"] (93). Esta literatura,
con la cual se puede asimilar perfectamente *La razón de mi vida*, es "typically
lachrymose and self-indulgent" ["típicamente lacrimosa y autoindulgente"].
Mujer, masas y melodrama forman una tríada inextricablemente unida que se
encarna ejemplarmente en la palabra evitista.

Los libros de Evita conjugan los tres componentes discursivos—la política, la erótica y lo sagrado—como un espacio melodramático de indistinción
libidinal. En las obras se puede apreciar el cruce invertido de motivos que
vuelven al peronismo el otro o el doble del liberalismo. Para su promoción
política, el régimen utiliza el romance fundacional, un género que proviene
de la tradición liberal decimonónica. Uno de sus elementos fundamentales,
la armonía de la pareja sin obstáculos internos, aparece contrastada de un
modo "perverso". La relación amorosa entre Perón y Evita es anómala puesto
que pierde aquello que la constituye como tal: el erotismo genital. Los críticos han notado una evidente desexualización narrativa que necesariamente va
acompañada de una despolitización, ya que erótica y política son dos caras de
la misma moneda. Sin embargo, la estrategia de borramiento de ambos elementos debe leerse en función de la polémica discursiva de la que los textos
forman parte. El antiperonismo, desde Fleur Cowles hasta Ezequiel Martínez
Estrada, también promueve un romance perverso que invierte los principios
del género. En la ingente literatura gorila preocupada por la vida sexual de la
pareja, la armonía decimonónica se trastroca en un arreglo escandaloso para
la mentalidad burguesa convencional. El desacuerdo conyugal se funda en

que Eva es una mujer fálica, un macho, y Perón un impotente feminizado, una hembra. Así, las oposiciones son simétricas: el peronismo recurre a un género típicamente liberal y lo distorsiona mediante la desexualización; el antiperonismo pervierte el género en un antiromance fundacional proponiendo una sexualidad *queer*, una transexualidad o travestismo.

Frente al enredo de los hilos discursivos, mi propuesta plantea una instancia inconsciente que insinúa una resexualización y repolitización en los textos. La función erótico-política del antagonismo textual emerge en la denegación o desmentida psicológica de Evita. El aspecto escatológico-sagrado, como tercer eje discursivo, recaba en un fenómeno religioso milenario, el del pseudoepígrafe, o sea la estrategia de apropiamiento de la autoría en un movimiento opuesto al plagio, basada en una *performance* nominativa y de *drag* que produce a la vez el género sexual y el literario. El recurso a lo melodramático se complementa con la producción de femineidad y autobiografía.

3.2. Hay que hacer una salvedad de entrada: *La razón de mi vida* no es propiamente un melodrama debido a su carencia de un núcleo narrativo. Debería hablarse de rasgos propios del género o de una recurrencia de una retórica melodramática, modalizada sobre la base de clichés, imágenes, tropos, modos de razonamiento, etc. El trasfondo moral, la cosmovisión maniquea y la representación interna del universo son absolutamente melodramáticos.

La crítica destaca dos características en el libro: la despolitización y la desexualización, lo que Zabaleta llama "sublimación político-sexual" (255). Se trata de la supresión de toda referencia erótica en la relación amorosa con Perón y de toda mención a la política y la economía en la existencia social. Según Sigal y Verón, el discurso peronista se caracteriza por el "vaciamiento del campo político" para despojar de historicidad a los sujetos y agentes sociales (parte I). Susti remarca la perspectiva no-histórica en *La razón de mi vida* (xxii). Para ser justos, la cualidad parece ser propia de las manifestaciones culturales masivas. El folletín nunca expresa el conflicto social o político ni cuestiona la realidad (Sarlo, *Imperio* 25-26) y la telenovela, aunque reproduce alegóricamente la nación dentro del reducido círculo de la comunidad que pone en escena, usualmente deja de lado los aspectos colectivos como el trabajo o la política (Estill 177-79).

Reflejando esta actitud, Evita se instala en un limbo ahistórico, neutro, fuera de todo conflicto social o económico. En el mundo excesivamente polarizado que pinta, en donde la clase media no existe, ella no es ni rica ni pobre:

"Recuerdo muy bien que estuve muchos días triste cuando me enteré que en el mundo había pobres y ricos; y lo extraño es que no me doliese tanto la existencia de los pobres como el saber que al mismo tiempo había ricos" (*Razón* 16). Amén del efecto cómico de la *gaffe* de reconocer que lo más punzante para su espíritu fuera la existencia de los ricos (declaraciones como ésta deben haber dado aliciente a las acusaciones de "resentida"), es raro que no se enterara de la existencia de los pobres, cuanto que ella misma lo era. "En el lugar donde pasé mi infancia, los pobres *eran* muchos más que los ricos" (23; cursivas mías). Obsérvese la tercera persona del verbo, que excluye a la hablante. Su actividad profesional también es desconocida o negada. Ella no fue actriz, sino que tuvo "vocación artística".

La desexualización ocurre de forma paralela. Su relación con Perón sufre un blanqueo sexual: ni pobre ni rica, sino casta. El siguiente pasaje, que da la tónica para las futuras referencias biográficas que destacaban la disparidad de horarios del presidente y su primera dama, probablemente está puesto para despejar toda duda acerca de la vida sexual de la pareja edénica: "muchas veces para que el Presidente se duerma tranquilo le he prometido terminar pronto el trabajo y llegar temprano a casa. Ahora ya no me cree [...] me acostaré cuando él está por levantarse o aún después" (*Razón* 157). La siguiente es tal vez la única mención al contacto físico entre ambos: "[Perón] suele premiarme con un beso en la frente" (166). O sea que el erotismo melodramático es un amor desgenitalizado.

La pasión por su hombre es espiritual; el cuerpo no aparece por ningún lado, a excepción de las abundantes metonimias cardíacas que substituyen amor por corazón. Evita es pura y "virginal". El valor que predomina es la honra, ausente en los melodramas y telenovelas de la segunda mitad del siglo XX, según la opinión de Monsiváis. No hay adulterio, no hay chismes, no hay mancilla que debe ser vengada por el héroe (Perón). Perón y Eva son la pareja edénica arquetípica (Adán y Evita), fundacional, representante de la familia que es la Nación y que encarna las atribuciones de la felicidad y de los roles familiares Padre y Madre. El núcleo del deseo tanto vital como literario es el amor, "la más interesante de las materias narrativas" para el público de clase baja (Sarlo, *Imperio* 22). El conformismo es la ley que rige este mundo: "La felicidad es la medianía del deseo satisfecho en el marco del matrimonio y la familia" (162). Para William Katra, la imagen idealizada de la sociedad que se desprende del libro "resembles a traditional bourgeois marriage" ["se asemeja a un matrimonio tradicional burgués"] (7). Los elementos del romance fundacional decimonónico se imponen naturalmente, puesto que es el medio más adecuado para transmitir una naturalización del *ménage-à-trois* entre política, erotismo y religión. Si introducimos la observación de algunos críticos de que Perón produce un sistema enunciativo que identifica la Nación y el Estado con su propia persona (Plotkin, *Mañana* caps. 3 y 4; Sigal y Verón, parte I), entonces tiene sentido lo que dice Domínguez a propósito de Evita: "Amor por el hombre y amor por la patria arman un entramado subjetivo y político" (164); el sujeto que irradia ese amor es una mujer. El texto mismo produce una autodefinición de romance fundacional: "el pueblo puede estar seguro de que entre él y su gobierno no habrá divorcio posible. Porque, en este caso argentino, para divorciarse de su pueblo, el jefe de gobierno deberá empezar por divorciarse ¡de su propia mujer!" (*Razón* 68).

3.2.1. Era verdad que Evita y Perón no hubieran podido divorciarse nunca, porque en ese momento en la Argentina no existía la ley de divorcio. A partir de 1888, con la Ley 2.393, el matrimonio dejó de estar regido por el derecho canónico de la Iglesia católica, pero sin que fuera posible la separación conyugal, por considerarse un delito (Santander s/p). Sólo con el peronismo, en 1954 y habiendo quedado Perón viudo, se dictó la Ley 14.394 que establecía por primera vez el divorcio vincular en el país. Sin embargo, la ley fue derogada dos años después por la Revolución Libertadora. La declaración de Evita podría entenderse como parte de la tesitura deshistorizante del texto y cargada de un cierto cinismo. Pero también podría verse como una expresión *de facto* que se anticipa a la ley *de jure*. Tal especulación conduce a la conjetura de que ya hacia 1951 hubiera discusiones en la pareja sobre la legalización del divorcio, que a la postre fue una de las cuñas que produjo la ruptura total entre el peronismo y la Iglesia, anticipada también en *Mi mensaje*, como se verá en su momento. Entonces, con la Ley 14.394, Perón profundiza un movimiento que venía desde la Generación del '80, la época liberal considerada usualmente anticlerical, pero que no había osado realizar un quiebre absoluto con la Iglesia y por lo tanto no había completado la transición hacia una soberanía liberal moderna, o sea la separación de la Iglesia y el Estado, al menos en el ámbito del matrimonio. Y he aquí la ironía de la historia: el que completa un acto liberal por excelencia es un populista.

A pesar de todo, hay que dar crédito a Martínez de Richter por una observación que permitiría matizar ligeramente la hipótesis de la desexualización o al menos percibir cierta sutileza en el enunciado evitista. Al comentar una efusión laudatoria más de Eva acerca de su esposo, la estudiosa se pregunta: "¿Al definir a Perón como un 'hombre en toda la extensión de la palabra', se intenta tal vez desmentir rumores sobre la impotencia del General?" (63). La ausencia de hijos en la pareja representa un dilema: por un lado, es la perfecta señal de la ausencia de sexo (obviamente, los antiperonistas lo interpretan como señal de frigidez, impotencia u homosexualidad), cumpliendo el rol opuesto al de la sábana manchada en sangre virgen luego de una *prima nocte*. Por otro lado, es difícil imaginar una familia satisfecha sin hijos. Qué mejor solución que hacer del pueblo un hijo putativo. El reaseguro de que jamás habría divorcio entre Perón y Evita es la palabra de fidelidad dada por los padres a sus vástagos. El proletariado ocupa tanto el lugar del hijo en una tríada hogareña y el rol pasivo de una mujer en la alianza de clases, como uno de los fundamentos ideológicos del peronismo. El sentimiento edípico en el pueblo se afianza por la falta de coincidencia en el lecho conyugal de los padres. El exceso de trabajo de Evita asegura la fidelidad de la Madre al Hijo.

3.3. De acuerdo a lo expuesto hasta el momento, las estrategias principales de *La razón de mi vida* son la sublimación sexual y la ahistorización. Quisiera proponer ahora la reinscripción de los componentes borrados, lo que conlleva serias consecuencias.

La maniobra del borramiento de la sexualidad y de la historia genera una complicación estructural: la armonía conyugal y familiar elimina la peripecia narrativa. "El matrimonio [...] si es feliz, no tiene, como los hombres felices, historia y, en consecuencia, no tiene literatura" (Sarlo, *Imperio* 161). Ésta es una de las razones de la ostentosa ausencia de trama y datos biográficos en el libro. Por lo tanto, una dosis no menor de tensión debe invertirse en el texto y por ello hay un retorno a la política gracias al maniqueísmo típico de todo melodrama. Bajo la figura de la "injusticia social" surge la elaboración dicotómica amigo/enemigo en la oposición peronismo/oligarquía o pueblo/oligarquía. Sillato señala correctamente que la segunda juega el papel del villano melodramático; sin embargo, ¿quién es la heroína virtuosa? Se podría suponer inmediatamente que es Evita, pero para Brooks la heroína es el personaje que requiere el reconocimiento de su virtud. Si a lo largo de todo el libro Evita proclama continuamente la excelencia de Perón, ¿no sería acaso él la heroína? La figura de un Perón feminizado, de larga trayectoria en la literatura antiperonista, aparece paradójica e inconscientemente en el corazón de un *Ur*-texto populista. Los tres personajes (Perón, Evita y la oligarquía), más el pueblo, que cumple el rol de espectador del melodrama porque es a él a quien se le debe probar la virtud de la heroína, producen la suficiente fricción para generar la energía cinética del enunciado en movimiento. A la ausencia de historización, le corresponde el retorno de la política.

En cuanto a la sublimación de la que habla Zabaleta, habíamos visto que el concepto, para la psicopolítica freudiana, representaba un desplazamiento de la libido que servía como "medida paliativa" o resarcimiento psicológico. En ella se encuentra el fundamento de la unión erótica-política que sirve como ideología o hegemonía en tanto genera un afecto, una inversión libidinal. También se observó que en el romance fundacional el amor sexual sublima (substituye metonímicamente) la política a través de la relación de pareja. En Evita parecería existir una situación inversa, que en realidad se ajusta más estrechamente a las teorías de Freud: la política sublima el sexo. Debido a la índole de su trabajo, la primera dama y el presidente no se encuentran nunca en el lecho conyugal. El psicoanálisis sugiere que tal situación no se debe únicamente a la necesidad del pensamiento populista de arraigo de presentar la imagen de una Madre pura y desexualizada sino que estamos en presencia de un fenómeno más complejo, como en el caso de la subversión de la masculinidad de Perón. Y si es así, ¿cuál es su función y qué relación orgánica existe entre ambos hechos?

Al intentar insertar la noción lacaniana de "sujeto descentrado" dentro del marco de la filosofía hegeliana, Žižek observa que "the gap between my immediate stupid being and my symbolic title" ["la grieta entre mi ser estúpido e inmediato y mi título simbólico"] (*Less* 420), o sea la duplicación o descentramiento del sujeto, es o representa la castración simbólica. Por eso, "each authority has to protect itself from situations in which this gap becomes palpable" ["cada autoridad tiene que protegerse a sí misma de las situaciones en que esta grieta se vuelve palpable"], pues tal revelación sería un síntoma de impotencia. Žižek encuentra en la *Filosofía del derecho* (1821) de Hegel un pasaje en que los dos momentos del sujeto se unen para constituir la "majestad" del monarca, lo que requiere una unidad indivisa, "the Idea of something against which caprice is powerless" ["la Idea de algo contra lo cual el capricho es impotente"] (Hegel, cit. por Žižek, *Less* 422). Esta "Idea" asegura que el soberano no sea impotente. Obviamente que Marx se mofa de esto, lo que a su vez es criticado por Žižek. Marx sostiene: "what is the ultimate fixed difference of one person from all others? The body. And the highest function of the body is sexual activity. Hence the constitutional act of the king is his sexual activity" ["¿cuál es la diferencia definitiva inalterable entre una persona y las demás? El cuerpo. Y la más alta función del cuerpo es la actividad sexual. De aquí que el acto constitucional del rey sea su actividad sexual"] (cit. por Žižek, *Less* 423). El corolario cáustico es que el monarca no es más que "un apéndice de su pene". Más allá de que Marx presenta otro fundamento para la relación erótica-política, la relevancia de la actividad sexual del soberano radica en que por ella sobreviene la legitimación de la monarquía, puesto que el derecho hereditario se da por el nacimiento y éste es para Marx una mera contingencia de la naturaleza. La crítica de Žižek es que precisamente esto mismo es lo que quería decir Hegel: "the institution of hereditary monarchy is for Hegel the solution to the problem of caprice and of factions, the problem, in short, of the contingency of power" ["la institución de la monarquía hereditaria es para Hegel la solución al problema del capricho y de las facciones, el problema, en suma, de la contingencia del poder"] (*Less* 423). Esto significa lo siguiente: a lo largo de la filosofía política y sus teorías de la soberanía, desde Hobbes hasta Schmitt pasando por Hegel, el mayor problema que se planteó fue cómo eliminar la "guerra civil" del cuerpo político, o sea la contingencia (el "capricho") de la lucha de facciones por el poder. La estabilidad que permitiera la supervivencia del Estado sólo podía lograrse por la sucesión hereditaria, algo que ya había hecho notar Hobbes (II.XIX) antes que Hegel. El derecho hereditario es "an even more radical contingency" ["una contingencia aun más radical"] (Žižek, *Less* 423), puesto que "the contingency of birth is exempted from social struggles" ["la contingencia del nacimiento está exenta de las luchas sociales"].

Con este esquema teórico en mente, tratemos de centrarnos en la situación política argentina hacia mediados de siglo pasado. En la contingencia (en el sentido en que la usan Hegel, Marx y Žižek, pero también Laclau) de la "caprichosa" lucha de facciones por el poder estatal entre gorilas y peronistas, parece lógico que los liberales acusaran a Perón de ser impotente. "Un elemento común [en el campo antiperonista] es que Evita es una mujer fuerte y Perón es invariablemente un hombre débil", afirma Navarro ("Mujer Maravilla" 35). Como esta misma autora opina, el antiperonismo es un "retrato psicologizado pero despolitizado" (37), en donde, entre otras cosas, se siente la necesidad de oponer caracterológicamente la mujer al hombre. Obviamente, la piedra de toque aquí es el citadísimo epigrama de Martínez Estrada acerca de que ella era el macho y él la hembra. Según Sebreli, el primero en colgarle a Perón el sambenito de cargar con un *membrum puerile* fue Raúl Damonte

Taborda (*Eva Perón* 14). De ser verdad, para un liberal que consideraba a Perón un tirano antidemocrático, el hecho debía ser un alivio, pues ¿qué mejor reaseguro de que el régimen no iba a dejar herederos y transformarse en una "monarquía" tiránica o dictatorial que la esterilidad? Sin embargo, la preocupación o ansiedad por el pene del otro no sólo revela un solapado machismo u homofobia o una inconsciente homosexualidad, sino también la perduración latente en la modernidad de un lazo identitario entre la forma de la soberanía democrática y la monárquica. Si el liberalismo todavía le concede poder al pene e intenta reintroducir en el Otro la grieta de la castración simbólica, es porque todavía le concede personería a la "majestad" soberana. Es una seña paradójica, homóloga a la de prohibir el nombre de Perón y generar un tabú.

3.3.1. No es casual que Raúl Damonte Taborda, antiperonista empedernido y director del diario *Tribuna Popular*, haya sido el padre tanto de la frase sobre el miembro pueril de Perón como del escritor y dramaturgo Copi. Como veremos a su debido momento, en la obra *Eva Perón*, el vástago de Damonte Taborda presenta debidamente a una Evita "macho" y a un Perón feminizado. No hay que pasar por alto la ironía de que Copi era conspicuo por su homosexualidad, lo que no le debe haber hecho mucha gracia a un *pater familias* antiperonista que se burlaba de la falta de masculinidad de su adversario político.

Es lógico entonces que, en un gesto reflejo al del liberalismo, Evita pretenda sustraerse de la castración mediante una serie de encubrimientos que cumplirían la función de *ocultar la ausencia de pene no sólo de Perón sino de ella misma*. La desexualización por medio de la sublimación en la política se convierte en una estrategia de ocultamiento. En mi opinión, se encubren tres cosas: 1) se encubre la ausencia de pene; 2) se encubre la ausencia de heredero; y 3) se encubre, en última instancia, la imposibilidad de encontrar una contingencia radical que resuelva la contingencia de facciones, es decir la imposibilidad de estabilidad en la vida política democrática. Cada uno de estos encubrimientos comporta una contradicción correspondiente: 1) la misma sublimación es reveladora de la ausencia de pene porque es el síntoma de la ausencia; 2) Evita misma coincide al fin con la ideología de sus adversarios al concederle valor al pene y a la herencia, en una actitud semejante a la que analiza Taylor; y 3) Evita niega la contingencia y la lucha de facciones como (a pesar de ser) populista. La razón de estas contradicciones yace en un dilema al que la enfrentan sus enemigos precisamente por la condena de su mismo carácter de mujer: la invectiva proveniente de los gorilas la marcaba a ella no por la ausencia de pene sino precisamente porque actuaba como si lo tuviera, por ser "macho", la "mujer del látigo". Por lo tanto, si Evita niega su pene, niega su agencia política; si no lo niega, afirma la acusación de ser "macho". Desde el psicoanálisis se puede decir entonces que la sublimación es una medida paliativa para resarcimiento de una ansiedad o trauma: la castración simbólica a la que la someten sus enemigos. La trasposición de lo sexual por la política es un índice de la intensidad con que ambos factores se encuentran encadenados en el peronismo.

La respuesta a la impotencia pasó entonces por afirmar la filiación hereditaria en el pueblo-hijo. En el testamento o última voluntad de Evita, leído por Perón el 17 de octubre de 1952, la fallecida primera dama deja todas sus posesiones al pueblo (Fraser y Navarro 161), como si la entelequia fuera un miembro de su propia familia. Hay aquí una nueva falla o fractura en la constitución recíproca y bidireccional del liberalismo y el populismo. Recordemos que, según Foucault, el poder disciplinario, que nació en el siglo XVII o XVIII como una forma de extracción de tiempo y trabajo, se opuso al poder soberano que provenía del derecho romano, atravesaba las teorías jurídico-políticas de la Edad Media y llegaba hasta Bodin y Hobbes; es decir, una forma netamente moderna y capitalista frente a otra antigua y feudal. Sin embargo, debido a que Hobbes introdujo la noción de contrato o alianza social, le fue posible a Rousseau construir "an alternative model to authoritarian or absolute monarchical administration: that of parliamentary democracies" ["un modo alternativo a la administración monárquica absoluta o autoritaria: el de las democracias parlamentarias"] (Foucault, *Society* 35). Gracias a la idea del contrato social, de raigambre monárquica, había nacido la soberanía popular. El poder disciplinario moderno superpuso este modelo a su sistema de derecho para ocultar la dominación implícita en la vigilancia y las técnicas disciplinarias. El pueblo moderno fue creado entonces por el liberalismo del siglo XVIII con auxilio de las teorías de la soberanía divina. No es extraño que sea reapropiado por el peronismo como un "hijo" putativo en la tríada Perón-Eva-Pueblo debido a la infertilidad de la pareja, que es además un reaseguro para la democracia liberal. Engendrado por el liberalismo, el pueblo *es* verdaderamente hijo del populismo en tanto Otro del liberalismo. Esto ayuda a entender también cómo fue posible que todo el arco de oposición al peronismo desde al menos 1944 intentara hegemonizar el significante "pueblo", lo cual manifiesta la complejidad de los intercambios ideológicos y polinizaciones cruzadas entre todos estos discursos. Su presencia revela a la vez el componente religioso y escatológico debido a su ascendencia genética. La teología política que se transmitió como un virus desde la soberanía divina a la popular aparece forzosamente en los *Ur*-textos peronistas.

3.3.2. Debo hacer hincapié en esta frase: *engendrado por el liberalismo, el pueblo es el hijo putativo de Perón y Evita*. O sea, el pueblo es un bastardo cuyo verdadero padre es el Otro del populismo. El ideologema de la bastardía es axiomático en la teología política; de hecho, es lo que la construye y está prácticamente en sus fundamentos y orígenes. Es sabido que la mayoría de los fundadores de religión y de ley, como Moisés o Jesucristo, fueron ilegítimos o bastardos. De hecho, el caso de este último parece ser una respuesta crítica intertextual a la teología política romana, que se remonta al nacimiento divino de Rómulo y Remo, hijos de la unión de Marte con una virgen sacerdotisa, mito del cual se hicieron eco posteriormente los nacimientos de Alejandro Magno y César Augusto. Como el hijo incestuoso, el bastardo fundador de religiones y estados, divino y soberano, es un *homo sacer* que encarna la aporía en la unión de lo legítimo e ilegítimo. Eva María Ibarguren (nombre legítimo de Evita) era, como sabemos, una bastarda.

3.4. No hay ningún lugar donde se manifieste de mejor manera la grieta entre el "ser estúpido" y el "título simbólico" del sujeto descentrado que en la firma o el nombre. El hecho ha sido omitido usualmente en los debates sobre la ideología de *La razón de mi vida*. Su reintroducción deja en evidencia el carácter teológico-político del texto a través del pseudoepígrafe o la pseudonimidad, que es una marca de la escritura divina.

Como en el caso de Pierre Menard citado en el capítulo 2, el recurso a la falsificación, la apocrificidad, la cita equivocada y el plagio es un producto típico de la alta cultura y de la vanguardia del siglo XX con fines subversivamente estéticos. No obstante, la función *opuesta al plagio* es un fenómeno milenario con raíces religiosas. Según Charles, el pseudoepígrafe surge hacia el año 160 a. C. en Israel debido a la prohibición de la profecía bajo pena de muerte por parte de los Hasidim (cap. III). Toda profecía debía hacerse pseudoepigráfica, vale decir atribuirse a un profeta antiguo; el autor debía ocultar su verdadero nombre. La razón de la censura radicaba en que la doctrina de la Ley (inspirada e infalible) no dejaba espacio para representantes independientes de Dios. Esto da origen a manifestaciones afines, como la anonimidad, la pseudoepigrafía y la pseudonimia.

Al hablar de Eva Perón y sus escritos, se debe tener en cuenta el hecho de que ella no escribió en realidad *La razón de mi vida*, sino que Perón le encargó a varios *ghost-writers* la ejecución de la obra, sobre todo al catalán Manuel Penella de Silva (Borroni y Vacca 255; Page 24-25; Fraser y Navarro 139; Dujovne Ortiz 413-20; Martínez, "Segundo nacimiento"). Luego de que Penella le presentara una primera versión con la que Perón quedó insatisfecho, le pasó el manuscrito a dos de sus ministros para que lo revisaran: Raúl Mendé, de Asuntos Técnicos, y Armando Méndez de San Martín, de Educación. Evita no escribe; *le* escriben, *la* escriben y la convierten en un personaje verdaderamente ficticio (como en toda biografía).

La maquinaria propagandística del peronismo produce una estrategia compleja de apocrificidad opuesta al plagio: firmar un texto propio con nombre de otro. Es la ruptura del pacto autobiográfico tal como lo concibe Philippe Lejeune. El juego textual crea distintas capas autoriales enmascaradas detrás de un nombre. En *La razón de mi vida* hay *otro* autor, y ésta es tal vez la estrategia máxima de la obra, cuya misma publicación se convierte en una especie de *happening* o acto estético vanguardista. Están los autores que escriben el texto y está la autora cuyo nombre aparece en la tapa y a quien le pertenecen los derechos de autor. Al producirse la modificación del género sexual (de Eva a Penella), el texto sufre la modificación del género literario (de autobiografía a biografía).

Sobre Evita se puede decir lo mismo que afirma Smith sobre la autobiografía: "the narrator is both the same and not the same as the autobiographer, and the narrator is both the same and not the same as the subject of narration" ["la narradora es y no es a la vez la misma que la autobiógrafa y la narradora es y no es a la vez la misma que el sujeto de la narración"] (109). Evita, como la demostración perfecta del dilema, es y no es la autora de *La razón de mi vida* al mismo tiempo. Evita *no es* la autora, en tanto el Autor ha muerto y la firma que lleva su nombre no puede ligarse a determinación biográfica alguna (y aunque se pudiera, se sabe que el texto no fue escrito por el personaje histórico, sino por Penella de Silva). Pero Evita *es* la autora, en tanto significante, nódulo de discursos que se nombra "Evita", tal como la define Beatriz Sarlo (*Pasión y excepción* 9-13), firma y producto de la ficción política, cuyo rótulo designa la hipóstasis formada por Penella y Perón. Por un derecho editorial [*copyright*] que la Ley exige que sea respetado, cada vez que el libro se reproduce en todo o en parte, se debe hacer constar que ha sido "escrito" por Eva Perón. Le pertenece por cuanto escribir significa otorgar autoría a un texto. Como consecuencia, la escritura es una tarea *performativa*: el texto es suyo (está escrito por ella) porque lleva su firma. Eva "escribe" en cuanto su nombre se liga a y se apropia de cierto discurso. "Eva Perón" se convierte en nombre de autor y su escritura, en posesión.

3.4.1. El problema que plantean *La razón de mi vida* y su autora es volver a hablar de determinaciones materiales y sociales, reinsertando la agencia y la persona del autor "real" e histórico, sin incurrir en la falacia intencional y el biografismo añejo de la vieja crítica. Ambas creencias manifiestan el gesto de remontar la firma al origen biográfico y concebir la escritura sólo como una tarea de inscripción y omitir el acto de posesión o poder. Sobre este tema se han explayado Foucault ("Author") y Barthes ("La muerte"). Sin embargo, en tanto dispositivo de poder, el Autor persiste en nuestra época como la latencia efectiva de una esencia trascendental que tiene efectos en la realidad. O sea que comparte con el populismo el doble carácter óntico propio de los objetos conceptuales.

La propensión al biografismo, que se agrava en el caso de la autobiografía puesto que se supone que el género es una confidencia del autor mismo, está muy extendida en el asunto que nos compete. Por ejemplo, Sebreli señala que "[*La razón de mi vida*] refleja auténticamente la personalidad y la visión del mundo de Eva Perón, y [...] sin duda ella misma dirigió su confección" (*Eva Perón* 12). Zabaleta opina que "the most convincing witness" ["el testigo más convincente"] acerca de la vida de Evita es... Evita misma (252); en otros pasajes, aparenta creer que fue ella quien escribió su "autobiografía" (277 y 286). Para Sillato, el *ghost-writer* de Evita fue un mero amanuense que recogía un testimonio oral (184). Martínez de Richter descalifica la autenticidad de la versión de Evita que devuelve el libro, en contraste con la persona "real" que ella parece conocer (61). Ni siquiera escritores intachables como Joseph Page (26) o Tomás Eloy Martínez quedan libres de toda sospecha. Martínez sostiene que "Perón le permitió [a Evita] representarse a sí misma. Cuando pregonaba su amor superlativo por su marido, Eva no mentía. Estaba lejos de ser una hipócrita" ("El segundo nacimiento"). Pero, ¿cómo sabe él esto?

Por su parte, Nora Domínguez es consciente del proceso de "simulación de la autoría" cuyo interés político es crear la ilusión de una verdad que "postula un entrelazamiento directo y transparente entre texto y vida, lenguaje y representación" (161). No obstante, supone que la "verdad" que el texto "busca imponer" ha sido "acordada con [Evita] y con cuya voz, tono e idea su autora se identificaba". Para añadir más confusión al asunto, Domínguez hace constar en una nota al pie que "según Penella, poco tuvo que ver Eva Perón en [la escritura], lo que demuestra que el libro debía conformar más a Perón que a Evita". ¿Cómo prestar acuerdo sin voz ni voto? No carece de ironía, entonces, la conclusión de que *La razón de mi vida* cuenta una "histori[a] de poder femenino, de una potencia para la afirmación" de la mujer (164).

Eva Perón es entonces una anti-Menard que, de un modo involuntario e inconsciente, se apropia de un recurso escatológico y convierte su palabra en un pseudoepígrafe que reenvía a una Autora inspirada e infalible. Se establece un fenómeno similar al tabú, por el cual se sacraliza no lo prohibido sino lo oculto, lo encubierto; el "oculto moral" de Brooks adquiere aquí un significado literal. Estamos en presencia de una teología política en tanto hagiografía de una soberana-*femina sacra*. De allí que el objetivo de la escritura del libro es la explicación del "incomprensible sacrificio" a favor del pueblo (Eva Perón, *Razón* 13). Si el pseudoepígrafe remite a un "origen" autorial sagrado, el gesto produce al mismo tiempo una herejía con respecto a la religión establecida, por lo cual no es de sorprender el escándalo manifestado en la Iglesia católica a partir de 1951 o 1952, cuando se volvió evidente un culto cuasi-religioso a la personalidad, como lo demuestran Caimari, Zanatta y Plotkin. Al volverse monólatra o henoteísta, *La razón de mi vida* se revela como una obra místico-religiosa que concuerda con una ideología pagana premonoteísta.

3.4.2. La crítica ha visto en *La razón de mi vida* una apelación religiosa imbuida de escolasticismo para canonizar a la pareja fundacional (Martínez de Richter 41-44). Katra cita a Ernesto Goldar, para quien el libro era el "catecismo" peronista (7) y Caimari anota que "Eva Perón estableció un paralelo entre el advenimiento de Jesucristo y el de Perón, entre los pastores de Belén y los 'descamisados' peronistas" (228).

En tanto pseudoepígrafe, el problema de la apocrificidad del texto y el tema de la autoría son constituyentes esenciales en la construcción del discurso como escritura sagrada, texto hagiográfico y escatología. La preocupación por autentificar es genealógica. Como enseña Foucault, los primeros que se preocuparon por discriminar criterios para autentificar textos fueron los Padres de la Iglesia, más precisamente San Jerónimo ("Author" 127-29). Tal tradición define las "modalidades críticas" usadas por los críticos modernos en el análisis de la obra de determinado autor.

El caso de *Mi mensaje* es paradigmático. El texto mecanografiado que apareció varias décadas después de la muerte de Eva Perón (luego de habérselo considerado perdido o inexistente) provocó polémica durante algunos años hasta que su autenticidad fue ratificada por varios estudiosos y testigos calificados (Fermín Chávez, Antonio Cafiero, Tomás Eloy Martínez, Marysa Navarro y Joseph Page). En vista del doble carácter óntico de la autoría, los debates acerca de la obra póstuma se revelan gratuitos. La legitimación es redundante, puesto que se limita a sancionar el acto *performativo* de la toma de posesión por la aplicación del nombre propio a la obra. O sea, es vicioso discutir si Eva Perón es o no la autora "auténtica", puesto que el libro lleva su firma. Sin embargo, desde un punto de vista histórico, es obvio que Evita tampoco pudo escribir este libro, por dos simples razones. Evita jamás escribía nada (como Martínez señala) y ni siquiera lo hubiera podido hacer de haberlo deseado debido a las circunstancias por las que atravesaba. En ese momento se encontraba en la etapa terminal del cáncer y pesaba 38 kilos, como apunta Chávez (Introducción 10).

Vale decir, cuando los especialistas ratifican la autenticidad, lo hacen en el sentido jeronimiano y exegético de autentificación. Su escritura se ajusta a los criterios escolásticos cristianos: *Mi mensaje* posee una cierta homogeneidad estilística con *La razón de mi vida* y es factible que haya sido escrito en vida de la "autora". En ambos libros, "Evita" es y no es el origen del texto. Lo importante aquí y lo que debemos resaltar es que la pseudoepigrafía es en sí misma un rasgo de canonización hagiográfica y contribuye a generar ese proceso. Sólo puede estar en cuestión la autenticidad de aquellas obras consideradas sagradas, ya que nadie se preocuparía por calificar de apócrifo un texto cuya relevancia no implique sacralidad.

3.5. Como un travesti, Penella imposta su voz para ocupar mediúmicamente la voz de una mujer. Ejercicio de ventriloquismo, escritura de un autómata gobernado desde dentro o a distancia por un demiurgo maquiavélico, el pseudoepígrafe reproduce *performativamente* la tradición escolástico-aristotélica: la mujer es el cuerpo, el hombre es el cerebro. La escritura queda embebida del dictamen tomista: el autómata-escritor tiene sexo de hembra, pero cerebro de macho. En esta instancia, el discurso populista reproduce el discurso de arraigo tal como es definido por Delsol. Es un verdadero discurso del Otro construido en el cuerpo poseído e invadido de Eva, que se dice "yo" pero es la palabra de otro. La explicación que dieron unos estudiantes de Tomás Eloy

Martínez adquiere una extraña resonancia: "no tenía otro remedio que hablar en nombre de Perón" ("Segundo nacimiento"). Ella puede hablar porque su voz es la del poderoso; por eso en ella no se encuentra más que "la figura, el alma y la vida del General". Si por boca de la primera dama hablan Penella/ Perón, entonces su enunciado está en tercera persona.

La razón de mi vida, texto sospechosamente sencillo, ofrece bien mirado una serie de resistencias en su recepción, al producir una compleja red de relaciones entre autoría, género, auto/biografía, travestismo y *performance*. Es evidente que la cuestión de la autoría se halla ligada a la cuestión de género. La teoría feminista ha hecho notar que la apropiación de una obra por parte de una mujer produce diferencias sustanciales en el modo de funcionamiento de un discurso. En el caso de *La razón de mi vida*, el enmascaramiento genérico proyecta el interrogante acerca del carácter de este travestismo discursivo—la pregunta más pertinente es si se puede denominar de este modo—, pensado desde la teoría de la *performance*.

El género de Evita es doble, masculino y femenino, como el de Genet en su autobiografía: "the 'female' figure. Jean Genet is both male and female. Young, poor, a criminal and a beggar—he was female [...] Older, distinguished by fame, wealthy and secure, he became a male" ["la figura 'femenina'. Jean Genet es a la vez masculino y femenino. Joven, pobre, criminal y mendigo—él era femenino (...). Viejo, distinguido por la fama, rico y seguro, se volvió masculino"] (Millett 327). Su género varía según las circunstancias de recepción. "Evita" es una subjetividad o identidad textual ficticia confeccionada por distintos discursos en circulación que llegan hasta nosotros. La propuesta de Stanton viene como anillo al dedo: "the 'feminine' [is] a modality open both to men and women" ["lo 'femenino' (es) una modalidad abierta tanto a los hombres como a las mujeres"] (141). Poco importaría entonces el sexo del que escribe, pues el yo-enunciador se atribuye los roles tradicionales del género femenino, roles impuestos externamente. Tanto su género como su autoría son una *performance* (aquí radica en gran medida el *happening*). "Ella" puede "escribir", a pesar de ser "mujer", porque ostenta poder. Su acto de discurso se reviste de una forma premoderna: un procedimiento ritualizado de adquisición de conocimiento, discurso y poder.

3.5.1. *La razón de mi vida* tiene una tirada inicial de 300.000 ejemplares (Borroni y Vacca 268) y su lectura es obligatoria. Sus principales lectores son, durante unos breves años, los estudiantes primarios y secundarios. La Ley

14.126 de 1952 lo declaró texto obligatorio en todos los niveles y único en 5°
y 6° (Plotkin, *Mañana* cap. 6). Foster subraya la función propagandística y
de adoctrinamiento del texto: "it circulated widely not because of the inhe-
rent eloquence of its rhetorical strategies but because it was imposed on one
group of readers" ["circuló ampliamente no por la inherente elocuencia de sus
estrategias retóricas, sino porque fue impuesto sobre un grupo de lectores"]
("Narrative Persona" 65). Para Plotkin, fue parte de una "maquinaria genera-
dora de símbolos", utilizada para ganar consenso y "monopolizar el espacio
simbólico-público" (78). El libro es así un acto de cultura o de política cultural y propaganda del populismo. Sistema de escolarización, dispositivo de
un aparato ideológico del Estado, es el uso de una técnica idéntica a la que se
realizó en la Argentina desde la Generación del '80 con la elaboración de una
historia oficial liberal paralela a los procesos de modernización y construcción
nacional, pero con fines divergentes.

En tanto la *performatividad* es reiteración (Butler, "Introduction" 376), los
ghost-writers sagazmente remedan o citan—para usar un término butleriano—
el género. No obstante, el contenido del libro conlleva una carga fálica consi-
derable. Esta inconsistencia de gestos sugiere una *performance* travestida mediante el exceso. Penella pone demasiado énfasis en impostar la voz, menciona
en exceso las cosas del corazón y el sentimiento, tanto que da la sensación de
ser una parodia de la voz femenina. Por eso Foster denomina al libro un au-
torretrato "unconsciously parodic" ["inconscientemente paródico"] ("Narrative Persona" 68). Esta repetición es aparentemente síntoma de apocrificidad.
Como diría Borges: "en el Corán no hay camellos". Leído en clave psicoanalítica, la repetición es el *Fort-da* que pretende restaurar un objeto ausente, la
mujer, y simultáneamente es una típica estrategia del melodrama en tanto
producto de masas.

La teoría de género y la de *performance* coinciden con Barthes y Foucault
en señalar que no hay una voz "auténtica". Esto nos conduce a otro problema
teórico: si, como afirma Smith, "there is no gender identity behind the ex-
pressions of gender" ["no hay identidad de género detrás de las expresiones
de género"] (109), ¿cómo acusar ideológicamente a *La razón* de ser una *performance* travestida, puesto que no existiría una sustancia sólida que pueda
transmutar su apariencia? Judith Butler proporciona una posible solución
al intentar definir lo *drag*, que rechaza la idea de un origen: "To claim that
drag is an expropriation of a proper gender is to miss the point that gender
is always already expropriated" ["Afirmar que el *drag* es una expropiación un

género propio es pasar por alto el hecho de que el género está siempre expropiado"] ("Lana's" 2). Sin embargo, el "original" existe de un modo fantasmático que emerge a través de las múltiples reiteraciones del género. Ese punto de partida es por lo tanto un ideal original "always lost and only fantasized" ["siempre perdido y sólo fantaseado"] (2). El género es una conjura constante por recuperar lo irrecuperable, el origen. La diferencia con lo *drag* está dada en que éste expone el artificio de aquél.

Entonces *La razón de mi vida* puede verse más bien como un discurso *drag* antes que uno travestido. Si el género nos dice (parafraseando a la duquesa de Windsor) que nunca se puede ser demasiado macho y nunca se puede ser demasiado hembra, lo *drag* es el *locus* de lo imposible: sí se puede ser demasiado hembra. Es una suma inverosímil de rasgos que citan el "original". Su perfección es su fracaso (objetivo buscado, al fin y al cabo). La multitud de atributos muestra su irrealidad. Si en el Corán no hay camellos, como decía Borges, en la vida "real" no hay mujeres perfectas. Sin embargo, Evita es esa mujer perfecta e imposible, la *Queen* de los Descamisados que es puesta en escena por "hombres". Si "Eva Perón" es una *performance*, el lugar que ésta ocupa puede ser el cuerpo o un discurso, pero en cuanto *drag*, ese lugar es otra *performance*. O sea: lo *drag* sería una *performance* de mujer sobreimpresa en una *performance* de hombre, cuyo último lugar "original" es el cuerpo del autor: una *performance* dentro de otra. La base de la reivindicación de la figura de Eva Perón por parte de movimientos LGBTQ en la Argentina en las últimas décadas ("Si Evita viviera, sería tortillera") acaso encuentre su razón de ser en el motivo de Evita como la "*drag-queen* de los descamisados".

3.6. Conforme lo hace notar Ana M. López, el cristianismo es una constante en el melodrama de las culturas hispánicas ("Tears" 150). Susti destaca el lugar que ocupa la religión en el evitismo (2-3). *La razón* y *Mi mensaje* cumplen la función, además de todas las otras ya señaladas hasta el momento, de sustentar la construcción del peronismo como "religión política". Con ese fin, se intenta erigir a Evita en una santa para suplir en el imaginario colectivo las funciones de los ángeles, los santos, los Reyes Magos y Papá Noel (Plotkin, *Mañana* 200-01, 240-41).

A diferencia de los textos posteriores que recabarán en el tema, la escatología en Evita es unívoca. Sólo se refiere a lo alto, a la hagiografía; es religiosa y nacionalista. El *eskatón* es nación. En tanto Eva Perón ocupa el rol de poderoso investido por la jerarquía religiosa, su escritura es sagrada, lo divino habla por boca de Eva. Por su parte, "Perón no se parece a ningún genio militar ni político de la historia […] se parece más bien a otra clase de genios, a los que crearon nuevas filosofías o religiones" (*Razón* 202). Los clichés melodramáticos pueden ser invertidos en su rol y jerarquía; o sea, pueden ser leídos en función de este discurso escatológico, en vez de a la inversa. De hecho, la religión es más antigua que el melodrama. El discurso de Eva abrevaría en la letra del corazón para constituirse en palabra sagrada. Las poderosas metáforas-clichés escatológicas de *La razón* y *Mi mensaje* (sangre, fuego, enfermedad) ocupan el lugar de la *performance* mística, del éxtasis. Al hablar de las influencias textuales, Katra afirma que "she probably became familiar with the lexicon of the religious mystics" ["ella probablemente se familiarizó con el léxico de los místicos religiosos"] (7). La autobiografía femenina en numerosas oportunidades toma el camino de una confesión pronunciada en nombre de o a través de Dios o un esposo.

Los dos libros son la autocanonización junto con la canonización (de Perón). La escritura hagiográfica confesional al estilo de los místicos, los padres y monjas de la Iglesia da cuenta del "camino ascensional" en sus tres vías místicas: iluminativa, purgativa, unitiva. La conciencia de este "camino" cuesta arriba no está ausente en el libro:

> Muchos me reprocharán que haya escrito todo esto pensando solamente en él; yo me adelanto a confesar que es cierto, totalmente cierto […] yo no era ni soy nada más que una humilde mujer […]. Y él era y es el cóndor gigante que vuela alto y seguro entre las cumbres y […] me enseñó a volar de otra manera […] ni mi vida ni mi corazón me pertenecen y nada de todo lo que soy o tengo es mío […]. Si a veces casi toco el cielo con mis alas, es por él. (Eva Perón, *Razón* 7-8)

En gran medida, la construcción hagiográfica depende de dos factores: el complejo de martirio y el poder para generar milagros. Plotkin señala ambos elementos y destaca el sufrimiento físico: "La imagen de Eva trabajando más allá de los límites de su resistencia física—'quemando su vida'—a favor de los humildes fue uno de los componentes más importantes de la maquinaria propagandística oficial para generar una mística alrededor de su persona" (*Mañana* 240-41). Es notable el impulso masoquista que se advierte en Evita. El 17 de octubre, cuando fue agredida por unos muchachos en la calle, reconoce que "a cada golpe me sentía nacer. Algo rudo pero al mismo tiempo inefable fue aquel bautismo de dolor que me purificó de toda duda y de toda cobardía" (Eva Perón, *Razón* 38). Esta crucial festividad peronista curiosamente no aparece mencionada por su nombre, sino mediante una perífrasis: el "día" en que el pueblo "reconquistó" a Perón "para él—¡y para mí!" (35). Este tipo de situaciones se asemeja a la mortificación de los santos. Ella se da cuenta de que "no debe ser muy difícil [...] morir por amor" (38).

Una de las más recurrentes metáforas de la escritura mística es la del fuego y en Evita esto no es una excepción. El fuego está presente para simbolizar la pasión, el sacrificio y, por una suerte de afinidad cromática, el corazón y la sangre. Asimismo, es usado para identificar la santidad de Perón y el poder de "contagio" de su bondad: "el loco [Perón] incendiaba y [...] el incendio se propagaba por todas partes" (33). En *Mi mensaje*, es pasión irracional: el "fuego sagrado del fanatismo" (26). Al hablar de los supuestos predecesores o adversarios del General, Evita declara: "Otros gritaban 'fuego' y mandaban avanzar. Él gritaba 'fuego' y avanzaba él mismo" (31). Más tarde, reafirma el aspecto benéfico del fuego: "El incendio seguía avanzando..." (a favor del pueblo) y la oligarquía reacciona. Es interesante observar cómo el fuego se relaciona con Perón en un sentido activo: es el hombre el que lo enciende. En cambio, la mujer padece pasivamente sus efectos: Evita quería "ofrecerle un poco de mi vida [a los descamisados], quemándola por amor" (41). La función de sacrificio o de acto pasivo se aplica entonces a la mujer; la de foco dispersivo de poder benéfico, al hombre. No obstante, en *Mi mensaje* se constata por primera vez un uso activo del fuego por parte de la mujer: "Quiero rebelar a los pueblos. Quiero incendiarlos con el fuego de mi corazón" (14). Otra de las metáforas místicas que se utilizan en ambos libros es la del vuelo, concomitante al "camino ascensional". El Prólogo de *La razón* ha sido citado numerosas veces, con su comparación de Perón y Evita con el cóndor y el gorrión. *Mi mensaje* la retoma ("Yo ya sabía que él como los cóndores volaba alto y solo... ¡y sin embargo tenía que volar con él!" [18]), agregándole el buitre para referirse a los enemigos y oligarcas.

Existe otro componente esencial en la escatología: la profecía como recurso discursivo propio de los pseudoepígrafes (escatología profética). Sobre la base de los estudios de Charles, propongo tres tipos de formas proféticas utilizadas en el libro: 1) simulación de enunciación pasada, 2) profecía de un futuro individual inexorable y constatable y 3) profecía de un futuro colectivo inexorable. Las dos primeras se superponen y articulan mutuamente en *Mi mensaje*. Evita "escribe" el libro un par de meses antes de su fallecimiento y "profetiza" su trágico desenlace. La mención a la enfermedad de Evita al comienzo cumple evidentemente este objetivo, que se satisface plenamente con la muerte. Las siguientes citas dan una idea de la progresión de este tópico: "El fanatismo convierte a la vida en un morir permanente y heroico [...]. Daría mi vida por Perón" (*Mensaje* 25); "No quisiera morirme por Perón y por mis descamisados. No por mí que ya he vivido todo lo que tenía que vivir" (67); "La enfermedad y el dolor me han acercado a Dios; y he aprendido que no es injusto todo esto que me está sucediendo y que me hace sufrir" (71); "Pero si Dios me llevase del mundo antes que a Perón yo quiero quedarme con él y con mi pueblo, y mi corazón y mi cariño y mi alma y mi fanatismo seguirán en ellos" (77).

He aquí el germen del mito de que la enfermedad de Evita tuvo como origen el exceso de trabajo y de devoción por los pobres ("quemar [...] la propia vida [...] por amor" [79]), que ya aparecía en *La razón* a través de la metáfora del fuego (31). La lucha por los descamisados desgastó a Evita y provocó su mal. Por lo demás, no hay profecía más fácil de emitir que la de que uno se va a morir, sobre todo con un diagnóstico de cáncer a mano. Sontag nota que esta enfermedad, junto con la tuberculosis, es un mal "de pasión" (20), además de estar "identified with death itself" ["identificada con la muerte misma"] (18). Otro de los rasgos que esta autora enumera es particularmente útil para la creación de la imagen de Evita como una santa angelical: "Cancer is considered to be de-sexualizing" ["El cáncer se considera de-sexualizador"] (13). La referencia a la enfermedad también puede cumplir otro fin. Para Sontag, nuevamente, "cancer is a disease of middle-class life, a disease associated with affluence, with excess. Rich countries have the highest cancer rates" ["el cáncer es una enfermedad de la clase media, una enfermedad asociada con la abundancia, el exceso. Los países ricos tienen las tasas más altas de cáncer"] (15). El cáncer de útero es síntoma de ascenso, de éxito social. De Evita se podría decir: nació pobre y murió de cáncer. No se puede negar importancia a este factor como medio de seducción de las masas, que podían identificar de este modo al peronismo con la movilidad socioeconómica. Al depararle esta enfermedad a la primera dama, el destino jugó a favor del peronismo. Todo esto hace suponer que el libro fue escrito muy poco después de su muerte o en los momentos de la agonía, cuando ya se sabía que no podría sobrevivir mucho más.

Respecto al tercer tipo de profecía, deben considerarse dos características observadas ya por todos los estudiosos que analizaron *Mi mensaje*, pero que no fueron juzgadas lo suficientemente importantes como para negarle el carácter de auténtico. Es sabido que el libro critica fuertemente a la Iglesia católica y al estamento militar—las "jerarquías militares y clericales" (27)—: "yo sé también que a los pueblos les repugna la prepotencia militar [...] y que no concilian la humildad y la pobreza de Cristo con la fastuosa soberbia de los dignatarios eclesiásticos que se atribuyen el monopolio absoluto de la religión" (41). No por casualidad ambos fueron los responsables máximos de la organización y el apoyo del golpe militar que provocó la caída de Perón (Potash; Caimari). La Iglesia y las Fuerzas Armadas "son casi siempre carne de la oligarquía" (Eva Perón, *Mensaje* 47).

Estilística e ideológicamente, *Mi mensaje* posee algunas diferencias con respecto a *La razón de mi vida*, pasadas por alto por los especialistas que lo autentificaron. En primer lugar, es notoria la tendencia "izquierdosa" que se puede constatar en algunos de sus enunciados, que lateralmente tienen cierta resonancia marxista: "Los políticos clericales de todos los tiempos y en todos los países quieren ejercer el dominio y aún la explotación del pueblo por medio de la Iglesia y la religión" (57); "conozco a los hombres en sus grandezas y miserias [...] la miseria de las grandezas y las grandezas de la miseria" (15). Hay aquí una consonancia notable con la respuesta de Marx al libro de Proudhon: filosofía de la miseria, miseria de la filosofía. Este doble paralelismo invertido, juego de antítesis propio del Barroco, es un progreso retórico en comparación con *La razón de mi vida* y su simplicidad tomista-reduccionista del "no A, sino B", que subraya Foster ("Narrative Persona"). Un barroquismo escatológico-místico se manifiesta en imágenes de luz y oscuridad: la "frialdad" de los tibios que apoyan a Perón se compara con el "fanatismo" a través de un "inmenso contraste de luces y sombras" (Eva Perón, *Mensaje* 27).

Cotejado con *La razón de mi vida*, *Mi mensaje* es mucho más escatológico. Las líneas iniciales son una declaración de principios; esos "últimos tiempos" a los que alude es el *eskatón*, la expectativa del más allá temporal y espacial. El libro en su conjunto está presentado como un testimonio: "yo he presenciado", "yo sé lo que ha sufrido" (74). Es decir, Evita es prácticamente una apóstol evangelista. Las citas o paráfrasis bíblicas se vuelven más explícitas y sacudidas por la violencia: "Ellos que hablan de la dulzura y del amor se olvidan que Cristo dijo: '¡Fuego he venido a traer sobre la tierra y qué más quiero sino que arda!' Él nos dio un ejemplo divino de fanatismo" (26). El libro recaba en la te(rat)logía política: los oligarcas son "víboras" (animal bíblico por excelencia), que se arrastran pegajosas, "buitres" (18), "sapos" y "culebras" (24) o son una "raza que nunca morirá" (en transparente referencia evangélica a la

"raza de víboras" condenada por Cristo). Los peronistas son "cóndores" (18),
como ya se señaló, o "ruiseñores" (24). Los "fanáticos" (25) se oponen a los
"fríos" e "indiferentes", también en consonancia con la sentencia de Jesús "vo-
mitaré a los tibios". La conclusión de tales imágenes armagedónicas y te(rat)
ológicas desemboca en el tiempo futuro: "Y esto sucederá en este siglo... y
aunque parezca ya una letanía de mi fanatismo sucederá 'caiga quien caiga y
cueste lo que cueste'" (30). En este punto, la escatología profética se toca con
la apocalíptica. El nuevo reino será obviamente el mundo de la justicia social
por la purgación violenta.

Otra estrategia muy hábil, casi vanguardista, es la fragmentación tipo-
gráfica que ostenta el libro. Las oraciones son cortas y en presente o futuro,
los párrafos se limitan a una o dos oraciones a lo sumo. El capítulo 26, por
ejemplo, sólo consta de una frase: "¿Sabrán mis 'grasitas' todo lo que yo los
quiero?" (69). El texto se aproxima en su conformación visual a un salterio o
libro de las horas, una serie de plegarias o versículos, que en su brevedad remeda la condensación de una sabiduría milenaria, oriental o sagrada. La vaciedad de la página provoca extrañamiento y una exacerbación de los sentidos
(físicos y textuales).

El perfil del autor o autora de *Mi mensaje* es distinto al de *La razón mi vida*
y, por lo tanto, la epigrafía sugiere que no fue Penella quien acuñó aquella
obra. Es evidente que el o los *ghost-writers* que tuvieron que ver con la composición de *Mi mensaje* provenían de una izquierda social-cristiana, con alguna
formación religiosa que lo/s llevó a tener contacto con el misticismo barroco
y el lenguaje de la hagiografía. Pero la verdadera profecía de este libro es la década del '60, con su resistencia clandestina, el surgimiento de los Montoneros,
la juventud peronista y la canonización final de Evita como una mártir de la
izquierda revolucionaria y la lucha armada.

3.7. El melodramático "querer morir" y el complejo de martirio hacen emerger tanto el principio de placer masoquista como el carácter propiciatorio de
una *femina sacra* cuyo cuerpo se entrega para paliar la violencia social. Ambos conjugan la te(rat)ología política con la psicopolítica freudiana, con lo
cual emergen los tres componentes axiológicos: lo sagrado en tanto cuerpo-
cadáver (monstruoso, *queer*) de la soberana como víctima emisaria; lo político
en tanto lo sagrado como operación sobre el cuerpo político-social mediante
el uso de un cuerpo-cadáver que encarna la comunidad; y lo erótico, porque
el cuerpo-cadáver aparece investido de múltiples campos libidinales. El ele-

mento en común que aglutina las tres líneas discursivas es la violencia sobre el cuerpo-cadáver de Eva. El horizonte discursivo final de todos estos procesos es lo que denomino la soberanización; es decir, la construcción de la identidad política del peronismo en un cuerpo determinado gracias a la condensación de los tres ejes teóricos: lo sacro-erótico-político. La operación subyacente e inconsciente de todo esto es algo que aparecerá más claro paulatinamente en los siguientes capítulos: para que ocurra el proceso de soberanización, para que Evita se transforme en *femina sacra*, debe sufrir. La soberanía en el populismo, o sea la soberanía popular, sólo parece adquirirse mediante el dolor y el sufrimiento.

　　Como se ha señalado en la introducción teórica, si la violencia es contagiosa, es porque también lo son la enfermedad y la muerte, ya que esta última es la peor violencia que pueda ocurrir. La obsesión necrofílica en la primera dama, sobre todo en *Mi mensaje*, contagia todo el texto y la muestra como víctima emisaria que pretende ofrendar su cuerpo como el de un *pharmakos*. Si tenemos en cuenta que el sacrificio tiene por objetivo purgar la violencia del cuerpo social, detrás de las declaraciones de Evita de dar "mi vida por Perón" o "por mis descamisados" debemos entender la expresión inconsciente o involuntaria de lograr dicho objetivo. Dar "la vida por Perón" tendría por meta no sólo lograr un estado de armonía social o de triunfo político del movimiento peronista, sino también cancelar la violencia social justo en el momento (hacia 1951 y 1952) en que comenzaban los ataques y atentados en contra del régimen por parte de la cúpula católico-militar, que culminarían en el golpe de Estado de 1955. La manifestación evitiana del "bautismo de dolor" como un acto de "purificación" es parte del discurso de lo sagrado como violencia purgativa o emética. Es por ello que las metáforas de la violencia que señala Girard, como el fuego, la peste, la tempestad, el diluvio y los terremotos (51), son las más usadas por el discurso místico-teológico, tal cual aparecen en *Mi mensaje*. Veremos más adelante, en el análisis de la obra de Erminda Duarte y el Dr. Ara, cómo el cadáver, o más precisamente la momia, de Evita produce sorprendentes efectos catárticos.

　　Hay dos impulsos libidinales que operan notoriamente en el discurso evitiano. La voluntad de muerte o la aspiración a ofrendar la vida deben entenderse indiscutiblemente como una pulsión necrofílica. El sacrificio personal no conduce sólo o únicamente a la purificación, sino que también es una manifestación del principio de placer, el cual debe entenderse como una modificación del principio de Nirvana (Freud, "Pulsiones" 117n6). La necrofilia opera sobre el objeto, uno de los cuatro componentes de la pulsión sexual señalados por Freud, o sea el elemento por el que se puede alcanzar la meta (el placer). La desviación se canaliza hacia el cuerpo muerto o, en el caso de *Mi mensaje*, el cuerpo agónico o *in articulo mortis*. En la necrofilia se halla una paradoja que Freud sugirió implícitamente. Si la meta del placer es el Nirvana o la *stasis*, las desviaciones (o perversiones) parecerían alejar o dilatar la llegada del placer y, por lo tanto, de la muerte; estas "vicisitudes" serían una "*defensa contra las pulsiones*" ("Pulsiones" 122). Lo irónico de la necrofilia radica en que el mecanismo que intenta oponerse al instinto de muerte lo hace mediante la fijación en un cuerpo muerto, en la muerte misma.

La segunda pulsión libidinal es el masoquismo. El complejo de martirio y las numerosas expresiones que abrazan el dolor y el sufrimiento en Evita son tantas otras perversiones que también forman parte del principio de placer. Freud no menciona, que yo sepa, la necrofilia como uno de los "destinos" o "vicisitudes" de la pulsión, aunque sí estudia el masoquismo como una de ellas. En éste parecería existir una doble o triple inversión: la pulsión masoquista no sólo busca un incremento de displacer sino que también se convierte en una vuelta del objeto hacia sí mismo y, por lo tanto, en una transformación del amor en odio. En Evita, el masoquismo va ligado entonces a la necrofilia, a la búsqueda de ese "morir permanente y heroico". Ambas pulsiones son dos caras de la misma moneda sobre la que se imprime el principio de Nirvana o de muerte.

La pregunta que surge es si la aparición del masoquismo no sería una suerte de método para neutralizar la contradicción implícita en la necrofilia; es decir, se introduce el dolor y el castigo hacia el propio cuerpo *in articulo mortis* y sobre él se opera una doble desviación, o sea una doble negación que redundaría en una instancia afirmativa. Con respecto a la díada amor-odio, la consideración del "erotismo del odio" se basa en la percepción del amor como componente positivo de la polaridad, como el fundamento o terreno sobre el que se marca o surge su opuesto. En el caso del *Fort-da*, el amor a la madre (positivo y *a priori*) se transforma en odio y el sujeto intenta un *resarcimiento hacia el otro* mediante un juego de control y *venganza* (el espacio de la violencia purgativa y catártica de Girard). ¿Qué pasa si invertimos la polaridad y el orden? El amor sería entonces no ya un proceso de identificación del sujeto con el otro, sino un *resarcimiento hacia el yo* para obtener algún tipo de catarsis o purificación. Si ese resarcimiento adquiere formas violentas, tenemos entonces masoquismo. De tal modo, llegamos a ver en la pulsión masoquista una violencia (una venganza) igualmente sagrada y social, sobre todo porque el cuerpo propio es considerado sagrado, el cuerpo de una *femina sacra*. He aquí el núcleo de la soberanización.

La teoría de Girard nos dice que lo sagrado tiene una doble connotación aporética y que el bien y el mal se hallan dentro de él, como la doble y única cara de una cinta de Möbius. Simultáneamente, el masoquismo va siempre ligado al sadismo y la opción por la violencia purgativa es doble: el cuerpo propio y/o el cuerpo del Otro. Si Evita aspira a "dar la vida por Perón" o a "quemarse" en amor por su pueblo, a un *querer morir* que implica el Nirvana de la destrucción del propio cuerpo, para lograr la armonía social sirve igualmente el Nirvana de los otros, los cuerpos de los enemigos. Exige entonces la muerte de los "buitres", "víboras" y "culebras" oligarcas, tanto como la del "ruiseñor" o "gorrión" peronista. La introducción de tales bestias antropomórficas o humanos zoomórficos indica que la te(rat)ología política nunca se halla apartada de la psicopolítica y la violencia sagrada.

Según se mencionó más arriba, en este esquema se destaca, por un lado, la conjugación de los tres componentes axiológicos (lo sacro-erótico-político) y su unificación en una te(rat)ología psicopolítica; por otro lado, se puede ver cómo el maniqueísmo atribuido usualmente al populismo posee torsiones, distorsiones e inversiones que lo vuelven más complejo de lo que parece. Si utiliza clichés binarios, es porque en gran medida ellos provienen de una tradición milenaria que manifiestan un trasfondo cultural, social y político que se presenta siempre como enigmático y que el análisis debe esclarecer.

3.8. En el presente capítulo, he intentado mostrar cómo se articulan los tres componentes axiológicos consabidos en los dos pseudoepígrafes evitianos, que conforman los *Ur*-textos peronistas. En la construcción del discurso populista se produce un diálogo intertextual con el antiperonismo gorila, que antecede al peronismo bajo la forma del discurso del liberalismo. Se han podido comprobar entonces la serie de dobleces barrocos, reflejos e inversiones que surgen típicamente cuando se debe responder a *la ficción del Otro*. En la explícita deshistorización y desexualización de Evita se pueden hallar las marcas de una historicidad y sexualización encubiertas, productos de una ansiedad por la castración simbólica, con la que se intenta responder al antipopulismo. El análisis genealógico revela la identidad o concomitancia de las dos soberanías antagónicas (la liberal y la populista) o más bien cómo la tan cacareada construcción del significante "pueblo" proviene en realidad de la

tradición liberal iniciada por Hobbes y continuada por Rousseau. Otro encubrimiento ocurre con la cuestión de la autoría, cuya pseudoepigrafía enlaza
la política con el ámbito de la teología, que introduce el aparato de lo sagrado
bajo la forma de un monstruoso doble: el *ghost-writer* que transforma a Evita
en una *drag-queen*, otro sujeto abyecto (en el sentido de Butler) y, por lo tanto,
sacrificial. La necrofilia peronista y el masoquismo martirológico provienen
de este ámbito y terminan por elaborar la respuesta al discurso liberal para la
soberanización de la *femina sacra*. Hemos visto, igualmente, cómo ambos textos contienen no sólo estrategias discursivas provenientes de la literatura residual, el melodrama y los folletines, sino que también abrevan o crean efectos
(cuasi)vanguardistas provenientes de la alta cultura, como el plagio literario,
el borramiento del autor, la página en blanco, la fragmentación, etc.

Por todas estas razones, Evita provoca enormes problemas teóricos y analíticos para los críticos, quienes incurren en una serie de negaciones y actos
fallidos. Se podría establecer una tipología de sus apologistas o detractores,
según se encuentren en la izquierda o en el campo del liberalismo, lo que produce cuatro cuadrantes. Para la izquierda revolucionaria de los '60 y '70 (la
corriente más cercana ideológicamente a *Mi mensaje*) apologista de Eva, ella
era una "Che con polleras" (Feinmann, "Morir joven"), por lo cual debían
pasar por alto sus actitudes reaccionarias, autoritarias y machistas, es decir su
pensamiento de arraigo, pero resaltaban su voluntad por la lucha armada anticlerical, subversiva y violenta. En el segundo grupo defensor, ubicado en el
liberalismo, entran muchos críticos académicos para quienes dichas actitudes
no eran sino una "táctica" que disfrazaba una instancia emancipadora (Hollander; Abeijón y Lafauci; Sillato; Pellarolo; Navarro, "Sparrows and Condors"; Sebreli, *Eva Perón*; Martínez de Richter; Sarlo, *Pasión y excepción*). La
defensa de todo discurso que provenga de una minoría o de un género es parte
de una "izquierda liberal" que opta por la corrección política y que se podría
denominar, como lo hace irónicamente Žižek, "liberal comunista".

En el sector de los detractores, tenemos a críticos liberales que ven en Evita
una amenaza antidemocrática por sus tendencias autoritarias y el culto a la
personalidad (Zanatta, *Eva Perón*, cap. 1). Los cargos acumulados en contra
de la autora y su libro consisten en la acusación de ser parte del aparato propagandístico del régimen peronista y de sostener un pensamiento machista,
patriarcal y conservador. Su libro recicla los arcaicos binarismos atribuidos
repetidamente al hombre y a la mujer, a saber: actividad-pasividad, poder-
sometimiento, mente-cuerpo, abstracto-concreto, razón-intuición, afuera-

adentro, teoría-práctica, producción-reproducción (Katra 7; Zabaleta 4, 25; Page 26; Foster, "Evita" 535-36; Navarro, "Sparrows and Condors" 210; Carlson 189-97; Gillespie 100-03; Sebreli, *Deseos* cap. II). Finalmente, la izquierda tradicional o marxista ha considerado a Evita como un instrumento en la cooptación de los obreros y la izquierda. Esta mirada se remonta prácticamente al surgimiento del peronismo, con autores como Rodolfo Puiggrós o Milcíades Peña que lo identificaron como una forma nacional del capitalismo burgués (Altamirano, cap. 1 y 4). Aunque posterior, Horowicz es un claro ejemplo de la postura en su análisis de la figura de la primera dama, a quien considera una imitación de la burguesía, "la versión que las clases dominantes imponen como modelo y que paradigmáticamente rechazan cuando se la enfrentan como producto" (134). Su función fue la de una "válvula de seguridad" "sin eliminar las causas del rencor", "una suerte de descarga catártica, de higienización colectiva" (140) que le impidió a la clase obrera tomar revolucionariamente el poder (141). El examen de Horowicz resulta muy atractivo por cuanto resalta algunas ideas presentadas en este trabajo: Evita como doble, imitación y espejo del liberalismo y Evita como catarsis colectiva. Horowicz le atribuye a la catarsis un valor conservador por cuanto reduce sus efectos a las clases dominadas, pero ya se verá cómo se hizo sentir también (aunque de un modo fallido) en las clases dominantes, el ejército y la oligarquía.

Sin tomar partido necesariamente por las ideas evitianas, no es posible ignorar (a diferencia de lo que hacen muchos de sus detractores y, acaso, sus apologistas) que parte de su discurso conservador se basaba en un pensamiento de arraigo que era, por un lado, una respuesta discursiva a las acusaciones típicamente gorilas de la época y, por otro lado, un gesto reflejo, o sea que imitaba y reproducía los principios discursivos del liberalismo. Si se le puede atribuir a Evita una nostalgia conservadora en su visión de género, también hay que señalar que el intento gorila de inocular una castración simbólica de raigambre sexista y te(rat)ológico-política revela una concordancia refleja con el populismo.

Pero el problema con Evita es el del peronismo mismo, o más bien el de la izquierda misma, o acaso el de todo el campo político: es el problema de la contingencia en la construcción de las identidades políticas. La creencia de que Evita o Perón habían "cooptado" a la clase obrera y la izquierda se basa simplemente en un esencialismo de clase; es aquí donde las teorías de Laclau muestran su perspicacia. Nadie puede decir cuál es la izquierda "verdadera" o "realmente existente". La figura de Evita encarna la verdadera contingencia de la política, la contingencia de una izquierda impura que se alía con el pensamiento de arraigo conservador, o el de la contingencia de un impulso fascista o derechista que condesciende a satisfacer las demandas del pueblo, demandas insatisfechas de enormes sectores de la población. El vaciamiento de la política mediante "significantes vacíos" y la deshistorización con que se acusa usualmente al peronismo, ¿no son acaso afines a la despolitización del liberalismo? La contingencia evitiana marca las contradicciones de un populismo que le ofrenda al liberalismo democrático un espejo donde el monstruo se alarma de sus propias inconsistencias.

CAPÍTULO 4

Incesto y fuga en "Casa tomada" de Cortázar

❦

4.1. "Casa tomada" se publicó por primera vez en 1946 en la revista *Anales de Buenos Aires*, dirigida por Borges, y en 1951 en el libro *Bestiario*. Las dos cifras enmarcan el primer gobierno de Perón y llegan hasta un año antes de la muerte de Evita. Hacia mediados de los '60, Juan José Sebreli propuso una lectura del cuento que se volvió canónica: la narración es una alegoría del peronismo que explora los miedos y la paranoia inconscientes de la clase media argentina. En sus ya célebres palabras, "Casa tomada" "expresa fantásticamente, aunque el autor no se lo haya propuesto, esta angustiosa sensación de invasión que el cabecita negra provoca en la clase media" (*Buenos Aires* 104). Para Ricardo Piglia, la interpretación es hoy "un lugar común" en la crítica, de tal modo que incluso el cuento "Cabecita negra" de Germán Rozenmacher se vuelve "un comentario al comentario de Sebreli" (91). Posteriormente, Carlos Gamerro aclaró que en realidad el relato de Rozenmacher es anterior al libro de Sebreli, aunque las fechas sean indiferentes en última instancia (*Ficciones* 80).

Lo cierto es que la propuesta sebreliana (o rozenmacheriana) resultó extremadamente productiva y provocó una diseminación de intervenciones que introyectaron el componente histórico-político en el texto cortazariano. Hoy es imposible ignorar la relación, tanto que para Andrés Avellaneda "[l]a influencia de la situación político-social argentina sobre los primeros textos de Cortázar parece evidente" (*Habla* 100). Brett Levinson, por su parte, considera "Casa tomada" una alegoría del peronismo o del populismo (102), puesto que "a reader implicitly identifies the figure who takes over the house [as] the worker and/or the migrated campesino, politicized by Peronism" ["un lector implícitamente identifica la figura de quien toma la casa (como) el trabajador y/o el campesino migrante politizado por el peronismo"] (100).

Existen no obstante claras vacilaciones en los mismos críticos. Para Piglia, la opinión de Sebreli "define mejor a Sebreli que al cuento de Cortázar" (91); Gamerro arriesga que "la lectura Rozenmacher-Sebreli [...] se ha convertido en *la* mala lectura o lectura fuerte" del texto y que "es evidente que el cuento *no* es una alegoría del peronismo" (*Ficciones* 81); y Avellaneda sostiene (contradiciéndose con el resto de su sólido trabajo) que "[n]o se trata de probar que lo invasor es el 'cabecita negra' porque el relato no da pie para tal clase de prueba" (*Habla* 114).

Una de las posibles razones, insinuada por Gamerro entre otros, es que la escritura de "Casa tomada" tuvo lugar en el verano de 1945 como transcripción de una pesadilla que sufrió el autor en ese momento o poco antes y, por lo tanto, la "hermenéutica" del antiperonismo no figuraba en el horizonte creativo de Cortázar.

4.1.1. ¿Es posible insertar en la "hermenéutica" de un texto literario un evento histórico que ocurrió *a posteriori*? ¿Está permitido introducir un *avant la lettre* que le otorga a la obra una cualidad premonitoria y mistificadora, como si los sucesos históricos hubieran venido a ocupar un espacio predeterminado, que sólo esperaba ser llenado a su debido momento?

Žižek cuenta que en 1898 un escritor británico, Morgan Robertson, publicó una novela titulada *Futility*, en donde se describía el viaje inaugural por el Atlántico de un navío gigantesco que era una maravilla técnica de la época. En todos los detalles (tonelaje, cantidad de hélices, velocidad, capacidad de pasajeros, etc.), era exactamente idéntico a otro trasatlántico que catorce años más tarde haría su propio viaje inaugural, el *Titanic*. Al aproximarse a los Estados Unidos, el *Titán*—nombre con que había bautizado Robertson su barco—choca contra un iceberg y se hunde. "D'où provient cette coïncidence, cet effet-choc où un morceau de la 'réalité effective' vient occuper un lieu fantasmatique?", se interroga Žižek ["¿De dónde proviene esta coincidencia, este efecto-choque donde una parte de la 'realidad efectiva' viene a ocupar un lugar fantasmático?] (*Ils ne savent pas* 210). En nuestro caso, la pregunta acerca del asombroso acomodamiento de avatares es la misma. La respuesta es el síntoma, una "surdétermination signifiante" ["sobredeterminación significante"] que como una metáfora captura ajustadamente el "Idéal du Moi de la société" ["Ideal del Yo de la sociedad"] (211). El análisis a operar sobre los nódulos narrativos de sobredeterminaciones debe tratar de atrapar ese "encadenamiento significante" del síntoma, su red simbólica, a pesar de que siempre persista un resto inatrapable, según advierte Žižek, lo "real del goce" (212). Como asegura finalmente Gamerro, "el peronismo engendró la pesadilla [de Cortázar] y la pesadilla inspiró el cuento" (*Ficciones* 82). Pero si Perón aún no se hallaba en el imaginario del autor de "Casa tomada", sí existían ya indicios o sobredeterminaciones sociales que le permitieron otorgar al relato el carácter de una profecía.

Complementando a Sebreli, Avellaneda introdujo la idea de la *invasión* como semema axiológico del cuento. Pero Cortázar no fue el único aquejado por esta obsesión; el crítico hace extensiva la percepción de una "acometida" por parte de los cabecitas negras a todo un sector de la sociedad: "El sentimiento de invasión es típico en la clase media opositora al peronismo en la época [...] con la dicotomía sarmientina de civilización frente a barbarie" (*Habla* 114). El fenómeno se manifestó en la obra de los escritores "usualmente clasificados como 'liberales'" (10). Desde este campo sociopolítico se sembró la semilla de los binarismos (el Ideal del yo) que impregnaron la literatura de entonces y cuyos remezones llegan hasta nuestros días: la noción de cultura como ámbito exclusivo de los antiperonistas o liberales, identificada con la inteligencia, evolución y armonía, y la no-cultura o naturaleza como instinto, primitivismo y animalidad pertenecientes a los peronistas. Avellaneda también hace notar cómo los peronistas, en su intento de dar una respuesta, no pudieron evadirse de estos tropos e incurrieron en una "duplicación espejada" (21).

El análisis de Avellaneda demuestra el éxito de la intuición de Sebreli y parecería dar por cerrado el debate sobre el cuento, si no fuera por las vacilaciones o contradicciones mencionadas y por la obvia proliferación de otras interpretaciones reseñadas también por Avellaneda: los invasores ya no como cabecitas negras sino como ancestros, "símbolos de un pasado que está asfixiando al presente" (111); la casa ya no como un lugar geopolítico o social, sino como útero en el que intentan perdurar los protagonistas (110), en una versión psicoanalítica; o la expresión de un "miedo a la muerte" dentro de "una atmósfera de religiosidad" (112).

En función de mi aparato teórico, propongo revisar y conciliar las variaciones interpretativas e interrogantes que existen sobre el cuento. El componente erótico-libidinal manifiesto en la relación entre los hermanos protagonistas es la puerta de entrada a la comprensión de la "atmósfera" religiosa y el miedo a la muerte que algunos señalan, o sea la irrupción de lo sagrado. El motivo del incesto introduce la aporía del *homo sacer* (en este caso, *homo* y *femina sacri*) que hace emerger la te(rat)ología política y la psicopolítica. Ambas explican la ambivalencia de los "invasores" de la casa, lo que permite ver el juego de inversiones que provoca el cuento, un espacio con un anverso y un reverso que se corresponde a las posiciones antagónicas peronismo/antiperonismo. Esto apunta a una posibilidad no prevista aún por la crítica, pero sustentada sobre la base de una coyuntura socioeconómica específica: "Casa tomada" ya no o no sólo como el relato de una invasión, sino como de una fuga o escape.

4.2. En primer lugar, la hipótesis del incesto. Desde la teoría del romance fundacional como mecanismo productor de discursos, el cuento se puede leer como una historia de amor o romance entre dos hermanos, en el cual la eró- tica, la política y lo sagrado se conjugan en el espacio del tabú del incesto. Como punto de partida, en tanto fundacional, la relación entre Irene y el narrador sería una metáfora de la familia como nación en el momento en que apunta un nuevo tipo emergente de soberanía o de poder político en la sociedad argentina. (Más adelante veremos cómo esta lectura puede delimi- tarse aun más y reducir los significantes familia-casa a una mínima expresión, que desmetaforiza y contextualiza su uso). Muchos críticos hicieron notar el motivo del tabú. Por ejemplo, Levinson menciona una "possible incestuous relation" ["posible relación incestuosa"] entre los hermanos (100), Gamerro afirma que los protagonistas viven "en incestuosa soltería" (*Ficciones* 80) y Valentín Pérez Venzalá profundiza el análisis desde una perspectiva psicoana- lítica en comparación con "The Fall of the House of Usher" de Edgar Allan Poe y prueba persuasivamente la existencia del tópico.

La interpretación del incesto comienza a insinuarse a partir del segundo párrafo, cuando se nos dice que los dos protagonistas vivían solos en la casa, de la cual "llegamos a creer que era ella la que no nos dejó casarnos. Irene re- chazó dos pretendientes sin mayor motivo, a mí se me murió María Esther an- tes que llegáramos a comprometernos" (Cortázar 9-10). Es por eso que "nues- tro simple y silencioso matrimonio de hermanos era la necesaria clausura de la genealogía asentada por los bisabuelos en nuestra casa" (10). La frase es obviamente clave, no sólo por la mención al matrimonio, sino también por la idea de "clausura de la genealogía" que apunta a la *esterilidad* de la pareja (el matrimonio estéril, ¿no le recuerda al lector *otra* pareja muy famosa?).

Varios estudiosos, entre ellos Pérez Venzalá, reparan en las connotaciones míticas del relato. Destaquemos, por ahora, la actividad principal de Irene: "A veces tejía un chaleco y después lo destejía" (Cortázar 10). Más adelante, el narrador observa: "Me pregunto qué hubiera hecho Irene sin el tejido" (11). Irene había rechazado dos pretendientes; tanto este hecho como la actividad absurda de tejer-destejer la identifican con Penélope, esposa de Odiseo-Ulises, que recurría a la labor doméstica como una excusa para rechazar candidatos y dilatar el tiempo, en espera del regreso de su esposo. El tejido entonces es símbolo tanto de la fidelidad conyugal como de un cierto *diferimiento*.

Cerca del final, el narrador declara: "Cuando Irene soñaba en voz alta yo me desvelaba en seguida. Nunca pude habituarme a esa voz de estatua o papagayo" (16). El pasaje es significativo por varias razones. Para comenzar, se sugiere que los hermanos duermen juntos (¿de qué otro modo puede el narrador oír a su hermana hablar en voz alta durante la noche, en una casa tan "espaciosa" y "profunda"? [9]), aunque el narrador se apresura sospechosamente a tratar de impugnar tal impresión: "[n]uestros dormitorios tenían el living de por medio, pero de noche *se escuchaba cualquier cosa* en la casa. Nos oíamos respirar, toser, presentíamos el ademán que conduce a la llave del velador, los mutuos y frecuentes insomnios" (16, subrayado mío). El intento de explicación abre otros interrogantes y posibilidades: los cuartos debían estar enfrentados y tener las puertas abiertas, amén de que la enumeración de ruidos incluye el presentir un "ademán" silencioso, previo al encendido de la luz del velador. La hermana, por su parte, también oye a su hermano: "Irene decía que mis sueños consistían en *grandes sacudones* que a veces hacían caer el cobertor" (subrayado mío). Los "sacudones" inexplicables y el desnudamiento por la caída del cobertor no hacen sino intensificar las lecturas maliciosas. Unas líneas antes el narrador menciona que "[n]os divertíamos mucho [...] casi siempre reunidos en el dormitorio de Irene" (15). Todas estas observaciones convierten al dormitorio o la cama en un espacio central dentro del espacio mayor que es la casa. Obsérvese igualmente cómo la conducta de los hermanos es *exactamente la inversa* de la que manifiesta la *otra* pareja muy famosa que recordé antes: "muchas veces para que el Presidente se duerma tranquilo le he prometido terminar pronto el trabajo y llegar temprano a casa. Ahora ya no me cree [...] me acostaré cuando él está por levantarse o aún después" (Eva Perón, *Razón* 157). Al encuentro de los hermanos cortazarianos en la cama o la habitación de Irene le corresponde el desencuentro conyugal de Evita y Perón y a la diversión ociosa, la ocupación laboral.

¿Por qué ocurre la aparición subrepticia del incesto en el relato? En el primer capítulo cité a Plotnik, quien complementó las ideas de Sommer proponiendo que la literatura argentina del siglo XX deconstruía las relaciones amorosas decimonónicas liberales, que eran castas, burguesas y platónicas, al ofrecer relaciones perversas, sádicas, *incestuosas* o necrofílicas (173). Por lo tanto, la situación ahora se halla invertida irónicamente, como en la "duplicación espejada" de Avellaneda: Cortázar brinda en "Casa tomada" el perfecto ejemplo de una relación perversa desde la postura de un intelectual liberal de clase media y Evita, por su parte, se retrotrae al siglo XIX para hacer lo opuesto, desde lo opuesto del liberalismo. El entrelazamiento de erótica y política apunta a un terreno sobredeterminado por capas ocultas de sentido, síntomas que constituirían el inconsciente de la "realidad efectiva" argentina. Al introducir el tercer código axiológico, lo sagrado, podemos ir más allá de una interpretación psicoanalítica como la que presenta Pérez Venzalá y enfocarnos en el uso (sociopolítico e histórico) del tabú del incesto en el cuento.

4.2.1. En su lectura de las teorías de Claude Lévi-Strauss, Derrida expresa que el incesto constituye un "escándalo" pues es una "condición" que está fuera del sistema de la diferencia, en el sentido de que es algo universal y particular (como norma cultural) a la vez. El análisis deconstructivo derridiano demuestra que el incesto funda la diferencia entre naturaleza y cultura y, al mismo tiempo, revela la inexistencia de tal diferencia (*Grammatologie* 152). O sea, es la *différance* misma en tanto sutura [*couture*] que posee un doble estatuto (afuera y adentro del sistema) que aparece como escandaloso. (Por cierto, el tejer como *diferimiento* se vuelve símbolo de la *différance* que opera en el relato). El doble carácter aporético y fundador del incesto se corresponde exactamente con la naturaleza excepcional del *homo sacer*: el espacio de indistinción último y absoluto del *homo sacer* como aporía es concomitante con la estructura del incesto. El tabú es la marca, el estigma del soberano, que lo muestra dentro y fuera de la ley a la vez. En la fórmula expuesta en el capítulo 1, donde intenté conjugar las teorías de Girard, Derrida y Agamben, establecí la igualdad entre el *homo sacer* y una larga serie de figuras examinadas por estos autores (el soberano, el criminal, la bestia, el monstruo, el doble, etc.). Hay que agregar aquí al ser incestuoso, el sujeto que rompe el tabú.

De hecho, el núcleo exegético y hermenéutico de la teoría de Girard yace en el análisis de la figura de Edipo. Cuando la *polis* de Tebas se ve afligida por una plaga (una violencia indiscriminada), la comunidad se siente obligada a producir una purga: "[p]our délivrer la cité entière de la responsabilité qui pèse sur elle [...], il faut réussir à transférer cette violence sur Oedipe" ["para librar a la ciudad entera de la responsabilidad que pesa sobre ella [...], es necesario lograr transferirle esta violencia a Edipo"] (119). Sorpresivamente a Girard se le pasa por alto que la peste tebana es una plaga de *infertilidad* (señal posible de incesto) que afecta tanto a la gente como a los animales y las cosechas; nosotros podemos fácilmente remitir la peste a los personajes de nuestro cuento (y a la *otra* pareja igualmente estéril). Entre los candidatos para ser víctima expiatoria, "l'accusation décisive finit par se fixer sur l'un d'entre eux" ["la acusación definitiva termina por recaer en uno de ellos"] (120), precisamente en aquél que es acusado de incestuoso, el crimen más repugnante para la comunidad. Edipo se erige en *pharmakos* por el incesto y así adquiere la connotación de lo sagrado: impuro y benéfico simultáneamente (131).

"L'inceste"—continúa Girard—"est violence, lui aussi, violence extrême et par conséquent destruction extrême de la différence" ["El incesto es violencia, él también, violencia extrema y por consecuente destrucción extrema de la diferencia"] (115). En esta instancia, el incesto queda relacionado con la monstruosidad, puesto que "l'indifférencié ne surgit que sous la forme d'une différence extrême, la monstruosité des jumeaux, par exemple" ["lo indiferenciado no surge más que bajo la forma de una diferencia extrema, la monstruosidad de los gemelos, por ejemplo"] (100). (El cuento no lo dice, pero es factible conjeturar: ¿no podrían ser mellizos acaso Irene y su hermano?). Si lo monstruoso parece la mezcla de cosas diferentes (por ejemplo, hombre y toro), es porque se pierde la diferencia entre lo humano y lo animal: una mujer, Pasífae, es fertilizada no por un hombre sino por un toro, y el toro se vuelve su hombre y su hijo la mezcla de ambos. Girard también da pie para interpretar el semema de la invasión desde lo sagrado:

> Les phénomènes dits de *possession* ne sont qu'une *interprétation* particulière du *double monstrueux*. Il ne faut pas s'étonner si l'expérience de la possession se présente, fréquemment, comme une *mimesis* hystérique. Le sujet paraît obéir à une force venue du dehors; il a les mouvements mécaniques d'une marionnette. Un rôle se joue en lui, celui du dieu, du monstre, de l'autre qui est en train de l'envahir.
>
> [Los fenómenos llamados de *posesión* no son más que una *interpretación* particular del *doble monstruoso*. No hay que asombrarse si la experiencia de la posesión se presenta, frecuentemente, como una *mímesis* histérica. El sujeto parece obedecer una fuerza venida del exterior; tiene los movimientos mecánicos de una marioneta. Representa un rol, el del dios, el monstruo, el otro que está a punto de invadirlo]. (244)

Hay que destacar dos nociones fundamentales en este párrafo. En primer lugar, aquí hace su aparición un *leitmotiv* de larga data en el peronismo y que exploraremos a su debido momento: la marioneta o muñeca, estudiada también por Derrida como símbolo de la soberanía en tanto simulacro de vida, o sea en tanto umbral entre el *logos* y el *no-logos*, entre cultura y naturaleza, o entre vida y muerte. En segundo lugar, la invasión de la casa es una posesión probablemente histérica que marca un fenómeno sociohistórico: "Dans les pays colonisés, ou les groupes opprimés, il est intéressant de le noter, ce sont parfois les personnalités représentatives de la puissance dominante qui servent de modèle" ["En los países colonizados, o en los grupos oprimidos, es interesante notar que son a veces las personalidades representativas de la potencia dominante las que sirven de modelo"] (Girard 244). Vale la pena hacer hincapié en esta declaración: los grupos dominantes son quienes sirven de modelo de invasor en la posesión (que puede ser demoníaca, como en el caso de los exorcismos) y *no a la inversa*, como en el caso de "Casa tomada". Es decir, de acuerdo al consenso crítico, el semema invasión apunta a los cabecitas negras (grupo dominado o colonizado) como los invasores, pero Girard sostiene que lo usual es que suceda lo contrario. Si hay alguna duda con respecto al significado de "posesión", el autor francés lo deja en claro en seguida: "L'opération bénéfique est toujours conçue sur le mode de *l'invasion repoussée*, de l'intrus maléfique chassé hors de la place" ["La operación benéfica (el sacrificio de la víctima emisaria) se concibe siempre bajo el modo de *la invasión rechazada*, del intruso maléfico expulsado del lugar"] (433, subrayado mío). En el caso de Edipo, el rey-soberano es expulsado de la ciudad, enviado al ostracismo, lo que lo deja en la posición de un criminal sin refugio ni protección. En "Casa tomada", la supuesta posesión-invasión precede también a una expulsión.

Este esquema teórico nos permite iluminar mejor varios componentes narrativos que se han mostrado refractarios hasta ahora. Para comenzar, existe un lazo sagrado intrínseco entre lo monstruoso y el incesto, lo cual explica la "atmósfera religiosa" o "sagrada" percibida en el texto. Hemos visto que una de las referencias mitológicas de Cortázar es la historia de Penélope y Odiseo-Ulises; la segunda es el mito del Minotauro, analizada por Pérez Venzalá desde su perspectiva psicoanalítica. Para nuestra tesis, es suficiente exponer los elementos narrativos en función de su simbolismo básico. Hacia el final de "Casa tomada", cuando los invasores toman la segunda mitad de la casa y los protagonistas son expulsados, Irene se queda con su tejido en las manos "y las hebras iban hasta la [puerta] cancel y se perdían debajo" (Cortázar 18).

Aquí, el hilo que parece haberla guiado afuera de la casa, o que ella parece haber ido dejando a propósito, evoca la idea del laberinto y el Minotauro; Irene sería desde luego Ariadna y el narrador, por ende, un Teseo cobarde que no le hace frente. Pero el relato entrega una anomalía: a diferencia del mito, quienquiera que sea el monstruo, permanece vivo. Asimismo, la te(rat)ología política no se reduce sólo al monstruo más conocido de la mitología. Cité antes cómo Irene tenía "voz de estatua o papagayo" cuando soñaba en voz alta. La estatua reenvía al tópico de la muñeca-marioneta; el papagayo reviste a Irene del carácter de un animal, pero no cualquiera: es aquél que puede imitar la voz del ser humano. Es un animal con palabra o *logos*, o sea un ente monstruoso.

4.2.2. El motivo del monstruo y de la casa como laberinto tiene pues su fundamento en lo sagrado, en la te(rat)ología política que impregna a los discursos sobre el peronismo como vimos en 1.4.5. No es de sorprender que Avellaneda, Gamerro y otros incluyan en sus análisis de "Casa tomada" comparaciones con diversos textos te(rat)ológicos. De la obra de Cortázar, los más explícitos en tratar el peronismo y el cabecita negra son *El examen* y "Las puertas del cielo", pero la referencia ineludible es "La fiesta del monstruo" de Borges y Bioy Casares, que no es sino una reescritura de "El matadero", que encarna a la perfección la dicotomía civilización/barbarie mencionada por Avellaneda. Pero lo que ocurre en el cuento de Echeverría (como en "Las puertas del cielo") es el reverso de una invasión como la soñada en los textos del siglo XX; es decir, son el joven unitario y el protagonista del cuento de Cortázar quienes invaden el territorio del Otro. Recordemos que el cuento decimonónico de Echeverría no sólo introduce el tema de la invasión, sino que también establece un paralelismo entre la figura de un animal, un *toro* precisamente, y el joven unitario. La obra presenta, *avant la lettre*, la temática pervertida de los romances del siglo XX: en "El matadero" ya no se trata de una típica historia de amor burguesa, casta y pura, sino de un intento de violación homosexual y castración que termina con la muerte del joven efebo (y del toro).

La confluencia de los dos mitos (el de Penélope y el del Minotauro) encuentran su razón de ser en la conjunción incesto-monstruo. Es decir, si Penélope inscribe el incesto en tanto fidelidad conyugal (entre hermanos), el Minotauro remite al monstruo que conlleva en sí un doble: animal y humano. Como vimos en Girard, el incesto es monstruoso, es un monstruo, y es lo que se halla dentro de la casa, lo que permanece vivo en el centro del laberinto. Es por eso que Avellaneda habla de una "interioridad" (*Habla* 97) como una clave del cuento y Pérez Venzalá ve en el interior un símbolo de lo inconsciente o preconsciente freudiano. De hecho, Avellaneda llega incluso a mencionar al *pharmakos* en relación a este interior, sin mayor elucidación: "El origen de la presencia ajena es *enigmático* y puede ser tanto el interior del 'pharmakos' [...] como también el mundo que lo rodea" (98, subrayado mío). Lo que no está claro es quién o quiénes son el *pharmakos*. ¿Es el invasor o el expulsado? ¿Es la pareja de hermanos o la "presencia ajena"? ¿Es la "presencia" una manifestación de la interioridad, de la psiquis, de los hermanos que actúan de un modo histérico, como en la teoría de Girard? ¿O son los cabecitas negras una "presencia"? Si la respuesta a esta pregunta es positiva, en tanto "presencia" interior, ¿son los cabecitas negras creados mentalmente por los dos hermanos, como insinúan algunos? Aquí nos enfrentamos a las sobredeterminaciones sintomáticas traídas a colación al comienzo, las cuales vuelven opaco y contradictorio el relato y a las que se debe deslindar para construir un enunciado o modelo hermenéutico del mismo.

    ¿Quién es entonces el *pharmakos* u *homo sacer*? No sólo son el incesto y lo monstruoso equivalentes, sino dobles a la vez, como unión indiferenciada y encarnaciones de la violencia sagrada. He aquí la "duplicación espejada" de Avellaneda y he aquí por qué "uncanny doppelgangers abound" ["los doppelgangers siniestros abundan"] como afirma Levinson (101). Hay que destacar la propuesta de este último, por cuanto se anticipa a la lectura de "Casa tomada" como la manifestación de lo sagrado, aunque desde lo *Unheimliche* freudiano, que no es otro que lo sagrado girardiano. Su artículo sigue a Sebreli, pero mantiene la vacilación sobre la identidad de la presencia invasora. Levinson argumenta que "[w]hen the ego experiences an alien entity as its replica, and that double as its repressed essence or secret truth, it encounters the uncanny" ["cuando el ego experimenta una entidad extraña como su réplica y ese doble como su esencia reprimida o verdad secreta, encuentra lo siniestro"] (101). Si ese *ego* es el yo de los hermanos, la presencia invasora es el doble o la réplica de ambos. Desde el psicoanálisis, Levinson asevera que "when doubled the ego confronts the fact that, because it can be duplicated, [...] it is dispensable not necessary" ["cuando se desdobla, el ego confronta el hecho de que, porque puede duplicarse, (...) es dispensable y no necesario"]. Debido a esto, "the *unheimlich* [sic] is not the double as such but the self's death, which doubling, repeatability, and encounter mark" ["lo *Unheimliche* no es el doble como tal sino la muerte del yo, marcado por el desdoblamiento, la repetibilidad y el encuentro"]. Para este autor, la muerte sería el tema del cuento, puesto que lo *Unheimliche* representa la ansiedad de una clase social, a la que pertenecen los protagonistas, que ven amenazado no sólo su estilo de vida sino su misma existencia: "death haunt[s] the house's—and the bourgeoisie's—very foundation" ["la muerte ronda la fundación misma de la casa y de la burguesía"]. Es decir, la invasión es una amenaza mortal, como para Sebreli, pero su origen se halla en los mismos hermanos. No obstante, el mismo Levinson había señalado que el invasor era "el trabajador y/o el campesino migrante" (100), o sea el cabecita negra.

Lo que la crítica no aprecia lo suficiente es que los dos hermanos ya son en sí un doble, acaso los gemelos monstruosos de Girard. Y a la vez el doble de los hermanos es la *otra* pareja fundacional, Perón y Evita, dobles de sí mismos, que constituyen asimismo un matrimonio estéril: dos dobles duplicados. El paralelismo llega aun más lejos: ya vimos que los antiperonistas habían representado a Evita como macho y a Perón como hembra (otro tipo de monstruosidad o abyección); si la esterilidad, uno de los elementos que dio pábulo a tal difamación, es un signo de incesto en tanto connota lo improductivo, lo mismo y lo indiferenciado, no debe asombrar la observación de Horowicz: "Su relación [de Evita] con todos los otros está mediada por él [Perón] [...] y casarse con la mediación es como casarse con el padre (Perón tenía 49 años, Evita 24): es decir, *incestuoso* y conveniente, *deseado y terrible*" (133, subrayado mío). Lo que permite la sobredeterminación textual es no sólo el juego de espejos y duplicaciones, sino también de inversiones: si Evita y Perón aparecen como el doble de los hermanos y cada pareja es un doble en sí misma, los dos primeros muestran en su dormitorio una conducta inversa a la de los otros dos. Como ya señalé, el romance antifundacional de Cortázar muestra una relación pervertida, mientras que el discurso peronista evoca el siglo XIX para escribir lo opuesto, desde lo opuesto del liberalismo.

Presentar la sobredeterminación como ambivalencia textual (que no sería sino otra expresión más de la aporía del carácter de lo sagrado y del *homo sacer*) es una opción atractiva para abrazar todo tipo de contradicciones. El carácter monstruoso del doble explica la vacilación en discernir exactamente quién es el *pharmakos* y quién el invasor. Esto disolvería la incompatibilidad entre la teoría de Girard, para quien los grupos dominantes son los que usualmente invaden y los grupos dominados los expulsados, y la lectura de Sebreli, que siguen Avellaneda y Levinson, donde ocurre lo inverso. La idea de que el invasor es el doble del ego burgués se concilia con que sea simultáneamente el cabecita, si postulamos la ambivalencia bajo la fórmula que hemos propuesto para definir el populismo: el *otro* del liberalismo. O sea, el cabecita *es* el doble del burgués, es su interioridad y su otro. Este esquema tiene sentido si considera-ramos además el carácter del *homo sacer* o del *pharmakos*; por Girard, sabemos que éste es tanto el soberano como el marginal o criminal, el grupo dominante o las clases abyectas. Lo mismo da entonces cuál es la identidad del invasor o incluso del *pharmakos*: es el otro y el mismo, para utilizar la fórmula borgeana. En este punto del análisis, podríamos sostener que la intersección del incesto con la soberanía en una obra específica (o incluso un texto-amo dentro de una cultura determinada, como "Casa tomada"), constituye el síntoma de un momento transicional o quiebre fundamental en el concepto de soberanía y todo lo que éste conlleva, como el sujeto de la política o la biopolítica, verbi-gracia, la constitución del sujeto "pueblo" dentro del marco del populismo.

Si se objeta que la inscripción en el cuento de dos personajes históricos pertenecientes a la "realidad efectiva", Perón y Evita, ha ido demasiado lejos desde un punto de vista hermenéutico, hay que tener en cuenta que ambos son la representación de los cabecitas negras (los "significantes vacíos" que permiten la constitución del "pueblo") y, por lo tanto, resulta indiferente si las características que definen la te(rat)ología política (monstruosidad, esteri-lidad, incesto, etc.) se aplican a unos o a otros; lo relevante es la atribución de esos rasgos a un doble populista. La pesadilla de Cortázar había tenido lugar a mediados de 1945 y Evita había hecho su entrada en el escenario político hacia enero de 1944, cuando conoció a Perón a consecuencia del terremoto de San Juan, amén de haber pisado el escenario artístico mucho antes. Lo que presenta el cuento en definitiva es el parangón del antagonismo político pero-nismo/antiperonismo como una oposición "uncanny", sagrada o siniestra. La te(rat)ología política se halla en el centro de la escritura liberal, lo que viene a sumar una nueva prueba al postulado de Schmitt.

Sin embargo, dispensar una respuesta precisa a las preguntas hechas más arriba, mediante el recurso de anularlas bajo una apelación a ambivalencias o indeterminaciones textuales, conlleva un cierto facilismo. No quiero decir que no exista una sobredeterminación de sentidos, pero creo que se podría arriesgar todavía una interpretación más, utilizando un modelo de análisis materialista, por llamarlo así, el cual permita introducir, o leer más bien, el contexto histórico dentro del cuento, mencionado en ocasiones sin mayor clarificación. La idea del doble que usa Levinson, basada en Freud, es la de una copia exacta, una repetición, un desdoblamiento, y no la de una construc-ción invertida. Por lo demás, ¿cuál sería el carácter ontológico del cabecita en tanto invasor y doble? Para que funcione la interpretación, el cabecita debería ser una presencia espectral o fantasmática, como una proyección mental del inconsciente y la imaginación de los hermanos, y no un monstruo material o un fantasma incorpóreo y real dentro de la mímesis del relato. O sea, el cabecita como determinación o actor material y social, como manifestación de una clase específica, perdería agencia: el cabecita existiría en tanto los burgueses o la clase media le tuvieran miedo a su propia construcción mental, y se disolvería si dejaran de temerlo. Pero sabemos que el miedo al cabecita tenía bases sociales, políticas y económicas (e incluso raciales) muy firmes. ¿Se puede encontrar en el cuento una determinación material de este tipo? Para responder la pregunta sobre el cabecita es menester responder antes una pregunta sobre la índole de los protagonistas: ¿quiénes son efectivamente Irene y su hermano?

4.3. Cuando Girard habla de posesión e invasión se refiere a hechos históricos específicos y no a fenómenos mentales, aunque aquéllas se pueden manifestar psicosomáticamente mediante la "mímesis histérica", o sea un acto sintomático que oculta (y revela) un trauma. Hay en realidad en el cuento varios signos histéricos o neuróticos que permiten unificar lo te(rat)ológico con lo psicoanalítico, o sea que establecen el espacio de la psicopolítica, que a su vez remite hacia un más allá de la ambivalencia o incertidumbre textual.

Para pasar el tiempo, la hermana se dedica a la actividad absurda del tejido inútil y el hermano a la colección de estampillas. Existe asimismo un acto compartido en el que se esmeran constantemente: "Hacíamos la limpieza por la mañana, levantándonos a las siete, y a eso de las once yo le dejaba a Irene las últimas habitaciones por repasar" (Cortázar 9). El narrador agrega: "Nos resultaba grato almorzar pensando [...] cómo nos bastábamos para mantenerla limpia". A lo largo de todo el cuento, los personajes muestran su obsesión por limpiar y sacar el polvo: "Hay demasiada tierra en el aire, apenas sopla una ráfaga se palpa el polvo [...]; da trabajo sacarlo bien con plumero" (12-13). Esta tercera actividad incesante se muestra paralela a las otras dos: ellas son una especie de *Fort-da* freudiano que posee la cualidad repetitiva de los instintos.

Según Freud, los estímulos pulsionales, de origen *interno*, impulsan al sujeto a modificar el *mundo exterior* para satisfacer la fuente interior de estímulo ("Pulsiones" 116). Al mismo tiempo, el *Fort-da* apunta a una venganza (un tipo de violencia) que opera como resarcimiento psíquico del estímulo exterior o trauma (otra forma de violencia) sufrido por el sujeto. La meta final es, por supuesto, conservarse exento de toda fuente de estímulo; o sea, el principio de Nirvana procedente del principio de placer. El miedo a la muerte del que hablaba Levinson, o la muerte misma, se verifica en el placer que los personajes extraen de la repetición: tejer-destejer, coleccionar, limpiar y volver a limpiar. Freud propone que "the signs of cleanliness and order" ["los signos de la limpieza y el orden"] son los signos de la civilización (*Civilization* 46) porque "[b]eauty, cleanliness and order obviously occupy a special position among the requirements of civilization" ["belleza, limpieza y orden ocupan obviamente una posición especial entre los requisitos de la civilización"] (47). Al mismo tiempo, "[o]rder is a kind of compulsion to repeat" ["el orden es una especie de compulsión de repetición"]. Del mismo modo en que el incesto es el origen de la diferencia entre naturaleza y cultura, o sea creador de cultura, el orden y la limpieza son formas de la "renunciation of instinct" ["renuncia del instinto"] (43n4) que crean la civilización. Por lo tanto, el *Fort-da* de la obsesión histérica o neurótica, como se quiera llamarla, señala una sublimación libidinal, un modo de operar contra cierto trauma o estímulo *exterior*.

En esta instancia la interpretación psicoanalítica anuncia la te(rat)ología política: por un lado, la histeria o neurosis como obsesión por la limpieza comunica una búsqueda de pureza; por otro lado, hace emerger la existencia de un *mundo exterior* que explica la *interioridad* de la pareja y que conduciría hacia una posible disolución de las ambivalencias textuales (nos marcaría con mayor precisión quién es el *homo sacer* y quién el invasor). La histeria por la pureza, que estaría en la base del miedo a la invasión, remite al incesto como pureza absoluta de sangre. La disolución de la ambivalencia radica en que la pureza, como la limpieza, es el rechazo de lo otro, que se supone sucio; por lo tanto, los hermanos percibirían al invasor monstruoso como un ser sucio, ergo impuro, opuesto a ellos. (En este caso, el incesto tendría una doble connotación aporética: representa lo puro porque impide la mezcla, pero también representa lo impuro, por su anormalidad repugnante). Los hermanos se ven como representantes de una civilización o cultura frente a una sucia y desordenada barbarie *exterior*, o sea son la representación de la soberanía por excelencia y, al mismo tiempo acaso, la representación del instinto de muerte. No es casual que Delsol señale que la élite "[p]ractica la endogamia" (159) y "producen" así la cultura y la civilización. La crisis que narra el cuento es cuando *lo exterior* se introduce en *lo interior*. Lo irónico del caso, que forma parte de la "duplicación espejada" del antagonismo peronismo/antiperonismo, es el hecho de que los dos personajes aman la repetición, como los niños aman los juegos o los cuentos repetidos según Freud, o como las clases bajas y menos educadas o las mujeres aman las formas espurias y trilladas de la cultura de masas como las telenovelas o el melodrama: el principio de placer es el síntoma de que la civilización es el doble de la barbarie.

La psicopolítica engloba entonces las pulsiones libidinales, la obsesión neurótica o histérica, el *Fort-da* y el incesto hasta llegar al establecimiento político de la civilización. Su itinerario se completa con otro hecho anunciado simbólicamente por los procesos del psiquismo, pero que ya no son de índole psicológica, sino que tienen que ver con la materialidad de la producción económica. Ambos hermanos se dedican a actividades repetitivas e *improductivas* (tejer, coleccionar estampillas, limpiar), o sea que ambos son ociosos, parte por lo tanto de una clase ociosa. Efectivamente, el narrador indica que "[n]o necesitábamos ganarnos la vida, todos los meses llegaba plata de los campos y el dinero aumentaba" (Cortázar 11). En este punto debemos resolver el interrogante planteado sobre la identidad de los hermanos, es decir, quiénes son verdaderamente ellos: ¿a qué clase social pertenecen?

Delsol nos dice que la élite se caracteriza como incestuosa. Para Sebreli y Avellaneda, los protagonistas del cuento representan la clase media, lo cual no califica exactamente como una élite en la sociedad argentina (tampoco calificarían como encarnaciones de un *homo sacer* y *femina sacra* incestuosos). Levinson ve en ellos a la burguesía, opuesta a una nobleza o aristocracia de sangre (101-02), y también nos dice que son terratenientes ["landlords"] (100). El problema es que en la Argentina no existe una nobleza de sangre o aristocracia en el sentido recto del término, así que utilizarla para definir por contraste a la burguesía no tiene mucho sentido. Sin embargo, hay en el país una clase social que sí hace ostentación de su pasado y sus antepasados remotos, que se retrotraen prácticamente a la época de la colonia o a comienzos del siglo XIX, cuando adquirieron la fuente de sus fortunas: los dueños del "campo". Ésta es la "nobleza" criolla que fue definida célebremente por Sarmiento como la "aristocracia con olor a bosta" (obsérvese como el escritor sanjuanino "ensucia" jocosamente a los representantes del orden y la limpieza), enorgullecida de su rancia y pura alcurnia de no más de un siglo y medio de duración. Por eso el narrador señala que la casa guarda "los recuerdos" (Cortázar 9) de "la genealogía asentada por los bisabuelos" (10). Calculemos: siendo los hermanos cuarentones confesos, su nacimiento ocurrió alrededor de 1900. Sus padres se remontarían a antes de la Generación del '80, sus abuelos hacia mediados del siglo XIX y sus bisabuelos habrían nacido poco después de la

Revolución de Mayo, hacia 1820 o 1830, sino antes. Los números cuadran: los protagonistas no descendieron de los barcos. Asimismo, hay otro dato importante que nos ofrece Cortázar: la casa está sita en la calle Rodríguez Peña (12). Ésta es una de las arterias más tradicionales porteñas: nace en el barrio de Montserrat (uno de los primeros barrios de Buenos Aires), atraviesa todo el centro, paralela a la avenida 9 de Julio, y desemboca en la zona cheta (en la época de Cortázar se diría "paqueta") del barrio de la Recoleta. Los hermanos de "Casa tomada", que reciben su dinero del campo y para el que no tienen que trabajar, no son parte de una alta burguesía moderna, capitalista e industrial, tampoco son empresarios ni comerciantes ricos, y mucho menos clase media: son *oligarcas con olor a bosta*, lo cual desmiente la teoría de Sebreli.

Pero, en definitiva, ¿qué es la oligarquía? Para Ricardo Sidicaro, ser oligarca significa ser parte de "la gran burguesía agraria" que era "el sector social con más capacidad política" hasta la llegada del peronismo (65). Su definición es la siguiente: "El término oligarquía, ya usado anteriormente en el lenguaje político vernáculo, más allá de su carácter difuso y multívoco, era empleado por los peronistas para referirse, en general, a sus más disímiles adversarios, pero la *propiedad de la tierra* era el atributo material que más inmediata y fuertemente se asociaba a esa palabra" (subrayado mío). Irene y su hermano viven en una zona privilegiada de Buenos Aires, tienen rancios antepasados criollos (no inmigrantes), no trabajan, viven de rentas y son propietarios de tierra: ésta es la respuesta a la pregunta por su identidad. Nuestra conclusión ilumina mejor uno de sus síntomas histéricos: aunque la fuente de su riqueza es la tierra, eso es precisamente lo que intentan eliminar repetitivamente de su casa, porque había "demasiada tierra" (Cortázar 12). La limpieza podría ser no sólo una obsesión neurótica por la pureza de sangre (oligarca) sino también una señal de culpabilidad, como la de un asesino que se lava continuamente las manos con las que cometió el crimen: la suciedad ya está en la tierra.

4.4. Levinson hace notar "an odd absence within the house: that of a servant. The typical bourgeois Argentine family of the period surely would not conduct, by itself, all the cleaning and cooking duties" ["una extraña ausencia dentro de la casa: la de un sirviente. La típica familia burguesa argentina del período seguramente no haría todas las tareas de limpieza y cocina por sí misma"] (101). El crítico explica este extraño fenómeno debido a "a desire to keep paid workers outside the household. For via the exclusion, the pair can present its household/social status not as bound to other positions" ["un deseo de mantener a los trabajadores asalariados fuera del hogar. Pues a través de la exclusión, la pareja puede presentar su hogar/estatus social como no atado a otras posiciones"]. Un punto en contra de esta idea es que las clases ociosas requieren precisamente de sirvientes para marcar su estatus socioeconómico (toda la obra de Thorstein Veblen atestigua esta hipótesis). Ellos jamás considerarían su posición "atada" a *la exclusión* de sus empleados domésticos. Por el contrario, si están "atados" a sus sirvientes, lo están de otro modo.

Mi explicación abreva nuevamente en la conjunción de te(rat)ología y psicopolítica para abarcar las determinaciones materiales. La hipótesis consta de dos planos no excluyentes. Por un lado, no contratar servidumbre les permite a los hermanos continuar en la tarea sublimante del *Fort-da*, la repetición traumática de la búsqueda de pureza. Por otro, la ausencia denota una consideración de orden práctico, no de tipo financiero (el dinero para contratar sirvientes no debería ser un problema para dos oligarcas austeros): la servidumbre está ausente precisamente porque *no la hay*, porque escasea o falta la mano de obra.

4.4.1. Es sabido que, paralelamente al peronismo, se produjeron en la sociedad argentina grandes cambios demográficos en la década del '40. El más notorio fue la llegada de los migrantes del interior (los cabecitas negras) a la capital, atraídos por mejores oportunidades de trabajo debido a la incipiente industrialización causada por la Segunda Guerra Mundial. La interpretación de "Casa tomada" como sentimiento de invasión se sustenta en este hecho. Podría decirse fácilmente que mano de obra no faltaba, sino que abundaba.

Juan Carlos Torre y Elisa Pastoriza refieren que entre 1943 y 1947 entraron 117.000 provincianos anualmente a la capital, lo cual incrementó en más de un millón de habitantes la población de Buenos Aires (262). Avellaneda informa que, entre 1943 y 1950, la participación en el PBI de las clases bajas subió desde el 43 al 60%, debido al incremento de su capacidad adquisitiva, y se borraron los límites entre los trabajadores calificados y no-calificados (*Habla* 32-33). El fenómeno era irritante para la clase media, como afirma el autor, y probablemente también para la oligarquía y la clase alta, pero, ¿en qué medida se veían estos últimos afectados directamente?

Torre y Pastoriza sostienen que durante el peronismo se expandieron nuevas formas de empleo y el sector que más absorbió la mano de obra fue el secundario (la industria y la construcción), mientras que muchos pudieron convertirse en cuentapropistas (274-75) o pasaron a trabajar en el Estado (275-

76). Hubo además una "formidable expansión de los salarios reales", del orden del 62% entre 1945 y 1949 (279). Y esto es lo revelador: en el período entre 1947 y 1960, la composición del personal doméstico "tuvo variaciones significativas ya que el sector mayoritario, integrado por mujeres que se desempeñaban en el servicio doméstico, perdió posiciones: del 63,5% del total en 1947 descendió al 53,6% en 1960, reflejando los nuevos horizontes que se abrían para aquéllas en el mundo del trabajo fabril y los servicios" (277). Simultáneamente, "[d]entro del mismo estrato dependiente, otro 40% había pasado de empleos no calificados a ocupaciones calificadas". Éstas son las cifras de la enorme movilidad social de la época.

Los datos permitirían sostener que hubo una disminución de las posiciones en el servicio doméstico, aunque también se puede objetar que las cifras no respaldan la idea de un completo vaciamiento o ausencia. Sin embargo, los números se deben complementar con otros factores. El peronismo acompañó la mejora económica con logros sociales y nuevos derechos civiles. Se dictó el Estatuto del Peón, se estableció el aguinaldo y se dotó a los trabajadores de vacaciones pagas, beneficios mutuales y jubilaciones, que debían ser solventados en parte por los patrones. O sea, se hacía más difícil ahora contratar empleados personales "en negro", que es usualmente el destino de aquellas "muchachas", "Marías" o empleadas domésticas que se ocupan de mucamas y cocineras. En la Argentina, parte de la oferta del servicio doméstico es trabajar "cama adentro", obteniendo así un techo donde vivir como parte del pago, pero el peronismo también facilitó el acceso a la vivienda con planes sociales, préstamos mediante el BHN y el congelamiento de alquileres (Torre y Pastoriza 282-84), lo cual probablemente debió disminuir el "atractivo" de servir como mucama.

Por lo tanto, además del factor demográfico en la cuestión del miedo, se debe tener en cuenta el factor económico: era mucho más caro y difícil agenciarse alguien que limpiara la casa. Si la invasión del "aluvión zoológico" provocó angustia en la clase media, las medidas del peronismo perjudicaron a la oligarquía de diversos modos, no sólo por la instauración del IAPI y las retenciones impositivas que pretendieron beneficiar a la industria, sino también por el efecto en su vida diaria doméstica.

La actitud de odio y resentimiento (paralela a la de los cabecitas) por la nueva situación social aparece claramente en una frase de Ezequiel Martínez Estrada en ¿Qué es esto? Catilinaria (1956): "están tan infatuados que nos humillan con su arrogancia de analfabetos cuando les preguntamos por sus honorarios" (cit. por Altamirano, *Peronismo* 237). La cita no sólo desnuda el gorilismo, el racismo y el elitismo del autor, más allá de su preocupación pedagógico-civilizatoria, sino que ofrece un interesante juego de desconocimientos inconscientes. En efecto, ¿por qué dice Martínez Estrada "nos humillan", si el que está tratando de humillar al otro es él mismo? A primera vista, la "catilinaria" va hacia la ignorancia, hacia el lado podiátrico de la dicotomía alpargatas/libros, puesto que se supondría que el cabecita no entiende lo que se le dice cuando se usa la palabra "honorario". Martínez Estrada requiere un servicio del trabajador y lo ve paradójicamente como arrogante al expresar desconocimiento de una palabra que no se usa corrientemente y que él esgrime precisamente para humillar al cabecita. Pero el cabecita no se da por enterado y es por eso que quizá el que se siente humillado en realidad es Martínez Estrada. He aquí una verdadera dialéctica del amo gorila y del obrero esclavo cabecita: en el intento de humillación del otro por la ignorancia, la misma índole del objeto de humillación (la falta de cultura y vocabulario) llevan a un desconocimiento de ese "titeo" y chicanería de niño bien, pícaro y petulante, que al fin se ve (burlador) burlado y obtiene su castigo (verdadera justicia poética) cuando su broma humillante falla como petardo mojado y lo humilla por haber perdido el tiempo, el esfuerzo y la pólvora en un ignorante chimango peronista. El acto fallido trasunta una posibilidad inquietante: el autor se siente humillado porque el cabecita desconoce la palabra *a propósito* (o sea, *finge no saber*, que es una treta del débil según Josefina Ludmer), se niega a ser interpelado y de ese modo el contrato de trabajo se vuelve imposible. Martínez Estrada ya no puede hacerlo trabajar al otro, porque su honor(a-rio) ha perdido el sentido.

Es plausible entonces que la ausencia de los sirvientes se deba una disminución en la oferta de la mano de obra debido a la acción del peronismo. Si nuestra lectura de la inscripción de datos históricos en el cuento desmiente de una vez por todas la caracterización de los protagonistas como miembros de la clase media, esta consideración debería al menos advertir acerca de la posibilidad de que *no hay invasión, sino un escape o fuga.* Los cabecitas negras "invasores" están marcados por su ausencia en el interior doméstico de la oligarquía. La angustia ante lo *Unheimliche* es semejante al efecto de un espejo que no devuelve imagen alguna al mirarlo. (Bien mirada, la posición conservadora o reaccionaria de las clases altas en contra del aborto o los métodos contraceptivos, o sea, en contra de la *esterilidad*, podría tener su razón de ser en el miedo a perder servidumbre; la hipocresía radica en que ellos son los mayores consumidores de contraceptivos y abortos. Ellos pueden permitirse la *infertilidad*, pero no se la pueden permitir a las clases bajas. Que Evita y Perón no tuvieran hijos fue siempre un escándalo, o sea un mal ejemplo). Esta hipótesis permite conciliar o explicar todas las ambivalencias que existen sobre la indecidibilidad de la cualidad ontológica del invasor: los cabecitas (acaso en la imagen de Perón y Eva) son los dobles y el otro de la pareja de hermanos y son efectivamente el invasor, la presencia ajena, pero como *ausencia fantasmática*, como un miembro fantasma que ha sido mutilado y que aún sigue doliendo o picando (es decir, es la ontología del fetiche freudiano). Si la casa es tomada, lo es por un "espectro": el vacío del otro, la ausencia del trabajador rural y sirviente *cuya ausencia ocupa* la casa (y produce la *ocupación* de los hermanos en tareas repetitivas). El exterior ocupa el interior como un hueco; en un sentido, los cabecitas como dobles son creados mentalmente por los hermanos, pero en otro sentido no lo son. Los efectos del fenómeno son la última y mayor mímesis histérica de los protagonistas: hacer presente la ausencia mediante ruidos, movimientos de muebles y el abandono de la casa. La histeria se agrava o se completa con su pasividad o parálisis ante los fenómenos.

En "Casa tomada" (como en toda la literatura antiperonista), el melodrama o romance está invertido o negado: el matrimonio fundacional oligarca es estéril porque los protagonistas son hermanos. Según Sommer, en las alegorías erótico-políticas, el obstáculo que impide la unión amorosa es externo a la pareja. La invasión expulsa a los hermanos de la casa-campo-tierra-nación, pero el invasor no impide la historia de amor, sino que narrativamente sirve para remarcar la esterilidad de la pureza. Como también se verá en el capítulo dedicado a Beatriz Guido, era un tópico muy común en la historiografía nacionalista a partir de los '30 la adjudicación de una "culpa" o "pecado original" a la nación para explicar las crisis o problemas políticos, económicos, sociales, etc. Sus máximos exponentes fueron quizá Eduardo Mallea y Héctor Murena, entre otros, que publicaron ensayos pseudosociológicos de raigambre mítico-esencialistas. Uno de los pecados más comunes era el de la endogamia, como vimos en la acusación cursada por Delsol a las élites. No por casualidad, la atribución se remonta a los orígenes de la cultura occidental. Como lo ratifica la teoría de Girard, el incesto es la peor imputación que se le podía hacer a alguien y resultaba en la elección de la víctima expiatoria y su carácter de *homo sacer* o *pharmakos*.

Así, leído en clave política, "Casa tomada" produce un discurso coherente con la percepción de la oligarquía como representante de la Argentina, como dueños del país o como "soberanos" creadores de civilización y cultura: la familia-casa-nación liberal, rica y europeizada, que leía libros en francés, se degeneró paulatinamente debido a sus impulsos incestuosos o endogámicos, o sea un impulso políticamente centrípeto. El escape o fuga de los cabecitas negras de su posición de sirvientes marca el momento que Girard denomina crisis sacrificial, que en términos políticos podríamos traducir como el *interregnum* o transición entre dos momentos de soberanía. La convulsión produce el desalojo del Estado de una clase por otra. Irónicamente, la clase desalojada (que se ve ensuciada e invadida) se había legitimado por medio de un sistema político, el liberalismo, que inventó la noción de soberanía popular y la clase que la desalojó del Estado se arrogó precisamente la representación del "pueblo". Toda crisis sacrificial, según Girard, desemboca en violencia sacrificial. En el cuento, se resuelve con los hermanos abandonando la casa (el ostracismo de raigambre edípica es violencia) y tirando "la llave a la alcantarilla" (18) para que no entre nadie más. "Casa tomada" anticipó el sino de su autor: al asumir el peronismo el poder, Cortázar decidió irse a Europa y tirar también la llave a la alcantarilla. Los antiperonistas que vendrían después no serían tan corteses ni pasivos.

CAPÍTULO 5

Violencia sagrada y fetichismo en
"Esa mujer" de Walsh

ॐ

5.1. SI CORTÁZAR REPRESENTA en su obra la posición antiperonista gorila, "Esa mujer" de Rodolfo Walsh presenta una posición paradójica. Desde
la vereda de enfrente, desde la izquierda peronista (el autor fue parte de la
resistencia juvenil y Montoneros), ofrece un relato con no pocos puntos en
común con "Casa tomada".

"Esa mujer" se publicó en *Los oficios terrestres* en 1965 y "se refiere, desde
luego, a un episodio histórico que todos en la Argentina recuerdan" (Walsh
7). El cuento se presenta como una transcripción minimalista de una entrevista realizada al coronel encargado de ocultar el cadáver de Evita luego de la
Revolución Libertadora. Más que de una obra ficticia, estamos en presencia
prácticamente de un testimonio, un cuento de no-ficción al estilo de *Operación Masacre* (1957), el libro que le daría a Walsh la fama. No es necesario decir explícitamente de qué se trata, puesto que "desde luego" todos lo saben: el
coronel es Carlos Moori Koenig, el narrador es Rodolfo Walsh, "esa mujer"
es Evita Perón (o mejor su momia) y el episodio es la expropiación de la momia. Los nombres de los protagonistas o interlocutores están ocultos, porque
siguen la tesitura que le da título al cuento: la circunlocución, la referencia
velada, la elipsis. "Desde luego", sabemos igualmente que se trata de una estrategia discursivo-política para superar la censura que la dictadura de Aramburu
había instaurado en 1956 prohibiendo siquiera la mención de los nombres del
"tirano prófugo" y su esposa muerta. Ya habíamos dicho que tal operación no
hace sino convertir el nombre de ambos en un tabú y, por lo tanto, los sacraliza y les impone el aura mayestática de la divinidad sacrificial y del *katharma*.

El relato juega entonces con la figura política de la censura para revelar el acto fallido de los gorilas dictatoriales, porque los verdaderos significados de las perífrasis quedan marcados a fuego en la mente del lector: Moori Koenig, Walsh, Evita. "Esa mujer", cuyo título no censurado o no tabuado podría haber sido "Esa momia", refuerza la institución del *katharma*, que es un verdadero sitio de lo sagrado porque es un cadáver y la muerte es la peor violencia que le puede ocurrir al hombre, o a la mujer en este caso.

John Kraniauskas ha percibido el esquema básico del romance o melodrama antifundacional perverso en la fertilización cruzada de "la erotización de la política y la politización del deseo" (114). El *locus* de la intersección es el "fetiche político", el cuerpo embalsamado. El fetichismo, nos advierte Kraniauskas, es el síntoma del desconocimiento o desmentida [*disavowal*], lo que traducido por Žižek sería la fantasía ideológica. La fórmula del desconocimiento o denegación fetichista, según éste, es "I know very well, but still..." ["yo lo sé muy bien, pero sin embargo..."] (*Sublime Object* 18). A modo de prótesis, el fetiche es la sustitución de una pérdida (el falo freudiano), aunque debido a su carácter de conmemoración artificial el ocultamiento revela continuamente la ausencia. No es de extrañar la proliferación de fetiches en los cuentos sobre el peronismo, ya que su estructura es idéntica a la de la venganza del *Fort-da*: el resarcimiento por una falta. O sea: "desde luego, yo sé muy bien que soy yo quien trata de humillar al cabecita negra, pero..."; "desde luego, yo sé muy bien que no hay cabecitas en mi casa, pero..."; "desde luego, yo sé muy bien que somos hermanos, pero..."; y finalmente, "desde luego, yo sé muy bien que todos saben que 'esa mujer' es Eva Perón y que ella está muerta, pero...". En definitiva, es la estructura misma del tabú nominal creado por los militares y por ello, a semejanza de "Casa tomada", el cuento de Walsh ofrece numerosas instancias de denegación fetichista.

5.1.1. Al analizar las obras de Eva Perón, se ha mostrado cómo la dialéctica desexualización-resexualización opera mediante la desmentida o desconocimiento inconsciente tanto de la primera dama como de los gorilas antiperonistas. En "Casa tomada" de Cortázar, la ausencia-presencia fantasmática del invasor cabecita negra manifiesta igualmente la ontología del fetiche freudiano. En *The Sublime Object of Ideology* (1989), Žižek demostró la identidad de éste con la fantasía ideológica marxista; ambos comparten la misma estructura del desconocimiento o desmentida inconsciente. Para que una parte reemplace al todo mediante una traslación metonímica, o sea para que el fetiche reemplace efectivamente al falo ausente (o a cualquier otro objeto o miembro), se requiere que el sujeto desconozca la sustitución: "yo sé muy bien que el pie (o el zapato, o la ropa interior) no es el sexo, y sin embargo...". En el *Fort-da*, el juguete del niño es el fetiche con el que se reemplaza la ausencia de la madre. El niño sabe muy bien que el juguete no es la madre y sin embargo actúa como si lo fuera. En lo sagrado, se produce la emergencia del mecanismo de idéntico modo. "La substitution sacrificielle implique une certaine méconnaissance" ["La sustitución sacrificial implica un cierto desconocimiento"] (15), dice Girard. La comunidad sabe que la víctima sacrificial no es la causante de la violencia primaria u original, pero para que la catarsis tenga efecto se debe desconocer que una parte (un representante de la comunidad) reemplaza al todo. Por lo tanto, el *pharmakos* u *homo sacer* se erige en fetiche y juguete al mismo tiempo. En esta instancia, la te(rat)ología política se constituye como psicopolítica y viceversa. Por eso, en el estudio de los procesos discursivos de soberanización se rastreará a partir de ahora, con especial cuidado, la aparición de fetiches como desconocimiento inconsciente tanto ideológico como psicoanalítico.

Kraniauskas interpreta el cadáver-fetiche como la "amenaza" de "desbordar lo que contiene: la 'barbarie' política" (114). La diseminación de la imagen de la momia a través de los medios de comunicación y "los aparatos ideológicos del Estado" son parte de "un espectáculo melodramático y visual de masas", que es la "prefiguración del cinismo menemista", con el que se intenta contener esa amenaza (115). Existen varios problemas con esta postura. En primer lugar, el crítico reproduce acríticamente varios de los clichés antiperonistas de los '40: el peronismo como barbarie, por ejemplo, o como depositario *exclusivo* de lo espectacular y visual. En segundo lugar, si el peronismo es barbarie, ¿cómo es posible que una parte se contenga a sí misma y al mismo tiempo "amenace" con desbordarse? No veo clara cuál es la razón para esta amenaza. En tercer término, ¿a qué se refiere Kraniauskas con "desborde"? Si bien el autor utiliza la dialéctica de la contención-desborde como equivalente de la dialéctica fetichista del ocultamiento-revelación, no veo una clara justificación del paralelo. Si por "desborde" se entiende la violencia política de la resistencia peronista (representada en el cuento por los "roñosos" que le ponen una bomba al coronel), ésta es precisamente una respuesta como *resarcimiento*, parte de la cadena de violencia iniciada por el golpe de Estado de 1955, anunciada por los bombardeos de Plaza de Mayo y precipitada posteriormente por los fusilamientos de José León Suárez, que el mismo Walsh había denunciado en *Operación Masacre*. (Nótese la extraña indiferencia e insensibilidad del periodista cuando el coronel le cuenta sobre la bomba y los efectos sobre su hija de doce años: "Me importa un carajo" [Walsh 11]). Por último, es bastante cuestionable la comparación del primer régimen peronista con el menemismo neoliberal de los '90, del que lo separa una enorme distancia en muchos aspectos.

El problema radica en que Kraniauskas lee "Esa mujer" basándose explícitamente en el Sebreli tardío (el de *Los deseos imaginarios del peronismo* [1983]) cuyo análisis le parece "sumamente valioso" (106). El sociólogo argentino expresó una rígida postura antiperonista, desde la cual se ve al peronismo como bonapartismo y fascismo (que es lo que intentaría autocontener, según Kraniauskas), lo cual ha sido refutado por varios teóricos e historiadores, entre ellos Laclau (*Politics*), Horowicz, Feinmann (*Peronismo*, Introducción) y Alejandro Grimson (11-33 y 53-106). Seguir a Sebreli, que en su libro repitió numerosos prejuicios recocidos de los '40 y '50, descuenta un aparato teórico que permita definir mejor al peronismo (o al menos a su antagonista). De allí que se asume implícitamente que la "barbarie" es una parte fundamental de la ontología del peronismo y no parte de una dicotomía creada por el liberalismo en su proceso de construcción del otro (aunque el autor da pruebas en otras partes de saberlo perfectamente), o se atribuye al populismo *exclusivamente* el rótulo de "espectáculo" político. En un análisis alternativo, Plotnik especifica mejor la idea de "amenaza" que también percibe en el cadáver. Recurriendo a las teorías de Elizabeth Bronfen (*Over Her Dead Body* [1992]), sostiene que "la muerte y la mujer son desestabilizadoras y a través de procesos de negación como la fetichización y la estetización se trata de encubrir la amenaza" a un orden patriarcal (52). Desde una perspectiva de género, señala que la figura de la mujer es en verdad ambivalente y "representa simultáneamente la vida y la muerte" (51).

Con estas prevenciones, lo que cabría agregar para entender mejor "Esa mujer" es, por una parte, el componente de lo sagrado y, por otra, una revisión de la función de la fantasía ideológica mencionada (tabú-fetiche-desconocimiento), en relación con mi tesis general. Lo sagrado permite abarcar más globalmente la interpretación de Plotnik en términos políticos y no limitarla tan sólo a un discurso de género. Es decir, si la mujer es una "amenaza", un *Unheimliche* para el resto del cuerpo político o la comunidad, si es una figura ambivalente, lo es precisamente por su carácter de *pharmakos* o de *femina sacra* que se halla en el umbral no sólo entre la vida y la muerte, sino también entre naturaleza y cultura, ley y no-ley, civilización y barbarie. La posesión del cadáver de Eva sí es, como afirman Kraniauskas y Plotnik, un intento de contención o encubrimiento, pero de una *violencia indiferenciada en la comunidad*. En tanto objeto de la te(rat)ología política que impregna al liberalismo y al populismo, su cuerpo se revela sagrado y exuda atracción libidinal no sólo para los peronistas (los "roñosos") sino también para los antiperonistas como Moori Koenig. Simultáneamente, y debido a esto, el relato connota el desconocimiento inconsciente del "deseo del otro" bajo la siguiente fórmula fetichista: "yo sé muy bien que el liberalismo es absolutamente lo opuesto del populismo, pero...".

5.2. Es evidente que "Esa mujer" es parte de un discurso amoroso perverso: "no es ninguna forma concebible de amor lo que nos ha reunido" (Walsh 9). La necrofilia es lo inconcebible; el objeto del amor, la momia, tiene varios pretendientes que se ven "reunidos" en su pasión equidistante. O sea, los pretendientes al amor de "esa mujer" aparecen igualados, *indiferenciados*. Los candidatos son tres: Moori Koenig, Walsh y "ese gallego asqueroso" que "[e]staba enamorado del cadáver, la tocaba, le manoseaba los pezones" (14). Este último, que aparece innominado como los otros, es el doctor Pedro Ara, el embalsamador encargado de cuidar la momia. Los tres personajes encarnan a la perfección tres *profesiones liberales* por excelencia: el militar, el intelectual y el médico (esta tríada se repetirá en *Santa Evita* [1995] de Martínez, que es una reescritura novelística del cuento).

En los tres casos, la inversión libidinal es bastante clara para el lector, aunque no lo es para los personajes, lo cual da pie para que Kraniauskas les atribuya correctamente el desconocimiento fetichista. En el periodista narrador, la denegación se encuentra en estas conocidas líneas: "Ella no significa nada para mí, y sin embargo iré tras el misterio de su muerte, detrás de sus restos que se pudren lentamente en algún remoto cementerio. Si la encuentro, frescas altas olas de cólera, miedo y frustrado amor se alzarán, poderosas vengativas olas, y por un momento ya no me sentiré solo, ya no me sentiré como una arrastrada, amarga, olvidada sombra" (Walsh 10). Es clara aquí la fórmula žižekiana "yo sé bien, pero...": "Ella no significa nada para mí, y sin embargo...". Claro que inmediatamente vuelve explícito lo que sucedería en caso de un encuentro con el cadáver: "frescas altas olas de cólera, miedo y frustrado amor se alzarán".

El "frustrado amor" es típico de los romances fundacionales del siglo XX, pero resulta opaca e incómoda la enumeración de emociones, la metáfora de las olas y la confesión del narrador de su soledad e identificación con una sombra. Desconozco si alguien ha dado una explicación plausible a estas palabras; no obstante, sugeriría que una fuente de la relativa frustración que provocan es debido a la disonancia estética dentro del cuento. El tono general es contenido y parco, pero este pasaje peca de sensiblero por la confidencia personal y la gravidez de los sentimientos que evoca. Walsh nos sitúa aquí en el ámbito de lo melodramático. Al repasar las observaciones de Brooks sobre el género, vemos que las "olas" sentimentales se ajustan a "the indulgence of strong emotionalism" ["la indulgencia de un fuerte emocionalismo"] e hipérboles propias del melodrama (*Melodramatic* 11). La última parte ("y ya no me sentiré solo [...] como una arrastrada, amarga, olvidada sombra") parece incurrir en "the pleasures of self-pity" ["los placeres de la autocompasión"] (12) por el histrionismo de la expresión pura de la interioridad. Las emociones inexplicables (cólera, miedo, soledad) podrían entenderse incluso como el desborde de lo simbólico sobre lo operatorio, atribuido al melodrama en la sección teórica 2.3.7. Es imposible evitar lo melodramático, que implica que "nothing is left unsaid; the characters stand on stage and utter the unspeakable, give voice to their deepest feelings" ["nada queda no-dicho; los personajes se paran sobre el escenario y pronuncian lo innombrable, dan voz a sus más profundos sentimientos"] (Brooks, *Melodramatic* 4). Un tema como la necrofilia conlleva el contacto con deseos prohibidos que son por ello extremadamente íntimos: "la fantasía perversa que algunos sospechan que podría ocurrírseme" (Walsh 10). Brooks propone una hipótesis interesante para la incomodidad ante el sentimentalismo: "[t]he critical resistance and embarrassment that melodrama may elicit could derive from its refusal of censorship and repression" ["la resistencia crítica y la vergüenza ajena que el melodrama puede producir podría derivar de su rechazo de la censura y la represión"] (*Melodramatic* 41). No es casual que el texto remite en su enunciación a una situación histórica de censura.

Otra relación con el mundo del melodrama, el folletín y lo residual es el planteamiento de un tema y una serie de *leitmotivs* anclados en el género gótico: la ultratumba, lo macabro, lo perverso. Para Brooks, la novela gótica está "preoccupied with nightmare states, with claustration and thwarted escape, with innocence buried alive and unable to voice its claim to recognition" ["preocupada con estados pesadillescos, con el enclaustramiento y el escape frustrado, con la inocencia enterrada viva e incapaz de dar voz a su reclamo

de reconocimiento"] (20). En nuestro caso, tenemos una "inocente" enterrada muerta que no puede defenderse porque está muerta, "el misterio de su
muerte", un cadáver secuestrado y su búsqueda, dos grupos enemigos enfrentados a muerte y un coronel perseguido arrinconado paranoicamente en su
propio departamento, tres enamorados de una momia y sucesos inexplicables
de ultratumba, que podrían ser parte de una maldición o no: "el mayor X tuvo
un accidente, mató a su mujer" y el capitán N "[t]uvo un choque de automó-
vil" (Walsh 12). En opinión del coronel, la "fantasía popular" ha mitificado los
hechos repitiendo leyendas antiguas: "La tumba de Tutankamón [...]. Lord
Carnavon. Basura" (11). Desde el punto de vista de la alta cultura, el género
es verdaderamente basura. Obsérvese además la acusación del coronel de que
lo popular "no invent[a] nada. No hacen más que *repetir*" (subrayado mío).

Si el cuento se posiciona como una obra popular de misterio en relaciones
íntimas con lo melodramático y lo gótico, lo que representa para Brooks "the
Freudian model of the mind" ["el modelo freudiano de la mente"] (*Melodramatic* 19), es lógico que exista una tensión entre lo manifiesto y lo latente, lo
dicho y lo no-dicho. Por un lado, "Esa mujer" cuenta una historia de amor
(o tres) y recurre al sentimentalismo gótico-melodramático para romper diques psicológicos de contención y reaccionar contra la censura de todo tipo:
moral, sexual y política; la consecuencia es decirlo todo. Por el otro lado, se
encubre el sentido literal para narrar una historia a través de lo no-dicho. Lo
no-dicho adquiere una relevancia fundamental puesto que "the novelist's true
subject is hidden and masked" ["el verdadero tema del novelista está oculto y
enmascarado"] (5). Ambos impulsos opuestos se hallan en pugna constante a
lo largo de todo el texto. "Esa mujer" está plagado de lo no-dicho y de cosas
ocultas: los nombres de los personajes, la verdadera naturaleza del "frustrado
amor" y la "fantasía perversa", la identidad de los "roñosos", el lugar donde
yace el cadáver, etc. Walsh utiliza incluso recursos decimonónicos folletinescos para ocultar y crear una atmósfera de misterio: el "capitán N", el "mayor
X", el "profesor R". La enciclopedia del lector debe proveer una clave de lectura para descifrar las referencias, aunque no se pueda hacerlo con todas: "esa
mujer" = Evita y "roñosos" = la resistencia armada peronista. O sea, se establece una decodificación uno a uno, que se fija a lo largo de todo el cuento.

Hay entonces en el cuento dos tipos de desconocimientos: uno inconsciente, por el que los protagonistas-amantes niegan su atracción libidinal por
la momia; y otro consciente, por el que omiten, eliden o censuran aquello que
es tabú: el nombre de la amada. La coyuntura histórica y política de censura

proveyó la presión más grande para incentivar el desconocimiento consciente. De allí proviene el carácter alegórico de la ausencia de nombres en los personajes (lo cual crea el "aura de generalización" propia de los productos de masas estudiados por Eco). O sea, el autoritarismo de la dictadura produce en el cuento un tipo distintivo de rasgos estéticos que conducen necesariamente a lo no-dicho, lo alegórico, el misterio gótico, lo oculto, etc. (Viene a cuento la *boutade* de Borges de que la censura fomenta la creatividad).

La decodificación semiótica unívoca (esa mujer = Evita; roñosos = resistencia peronista) recuerda a la del género alegórico, en la cual el desciframiento del lector conducía a un mensaje con cuatro niveles (literal, tipológico, anagógico y moral). En el cuento, el nivel de lectura literal se disuelve con la enciclopedia del lector ("esa mujer" deja de ser una persona anónima y pasa a ser Evita) y adquiere un sentido histórico preciso. El nivel tipológico de la alegoría es reemplazado por un nivel histórico. El nivel anagógico, que se refiere a los hechos futuros, es decir a la escatología, infunde todo el cuento. La te(rat)ología política, con su disquisición sobre el proceso de soberanización de la momia y su atractivo numinoso, ocupa este sentido. El único nivel alegórico que parece estar ausente es el moral. Del "oculto moral" del que habla Brooks, sólo se conserva la parte oculta como lo no-dicho. Según este autor, la razón de su existencia radica en "the urge toward resacralization" ["el impulso hacia la resacralización"] (17), consecuencia del vaciamiento de lo sagrado. Como se ha visto, el cadáver-fetiche de la *femina sacra* es el foco de lo sagrado fusionado con y cruzado por pulsiones libidinales. Por lo tanto, "Esa mujer" presenta lo contrario del melodrama en este aspecto: la existencia de un "oculto sagrado", escatológico y te(rat)ológico cuya búsqueda reemplaza una moral de la que carece la sociedad. Por eso para el coronel, "[e]ste país está cubierto de basura [...], estamos todos hasta el cogote" (13) y el narrador concuerda: "Todos, coronel". La indiferenciación de los contrincantes no sólo expresa el cambalache moral del país sino también, y por sobre todo, la crisis sacrificial.

Antes de arriesgar una interpretación que permita dar cuenta del movimiento hacia la sacralización, es preciso examinar las pulsiones libidinales que circulan por el texto anclando lo sacro-político y lo te(rat)ológico.

5.3. El coronel, como el periodista, es víctima del desconocimiento fetichista (de hecho, de un *doble* desconocimiento). La atracción libidinal se hace explícita, desde luego, al final del cuento con las célebres palabras que el narrador considera "una revelación": "Es mía [...]. Esa mujer es mía" (Walsh 19). Para llegar a esta suerte de anagnórisis, el personaje ha sufrido un gradual proceso de desnudamiento psicológico.

El camino que lo lleva a ser el poseedor del cadáver incluye la defensa del mismo, sobre todo de su competidor más directo, el "gallego asqueroso". El coronel denuncia el abuso del cuerpo por parte del médico (el manoseo y el toqueteo) con una cólera que contiene un *surplus* significativo. Para proteger el cadáver recurre a la violencia: "Le di una trompada, mire [...], no respetan ni a la muerte" (14). Ambos excesos, un *acting-out* melodramático, son propios de un amante celoso más que de un adversario político que odia totalmente lo que representa "esa mujer". Los gestos de "respetar la muerte" se contradicen (expresan el desconocimiento o denegación inconsciente) si se los coteja con las acciones quizá más brutales que realizan los militares con la complicidad de Moori Koenig: el secuestro en primer término, seguido por la mutilación del dedo (16) y finalmente la referencia a que habían querido "orinarle encima" (13). (Aunque el coronel lo niega, Tomás Eloy Martínez me informó en una conversación personal que, durante la investigación para su novela *Santa Evita*, descubrió que el hecho sí habría sucedido. No se quedó allí la cosa; a continuación, un jefe militar les ordenó a sus soldados: "Cójanla". El novelista decidió no incluir estos datos en su libro porque pensó que sonaría exagerado y los lectores lo verían como demasiado inverosímil).

A lo largo de todo el texto, *repite* tres veces la mención de la desnudez de la momia. "Estaba desnuda en el ataúd y parecía una virgen" (13). En la siguiente ocasión, el narrador advierte que la obsesión se manifiesta en una especie de *non sequitur*: "Pero esa mujer estaba desnuda—dice, argumenta *contra un invisible contradictor*" (14, subrayado mío). La tercera vez ocurre luego de negar la ignorancia popular: "Para ellos era una diosa, qué sé yo las cosas que les meten en la cabeza, pobre gente" (15). A continuación declara, en la famosa fórmula en que une justamente la te(rat)ología con la psicopolítica: "Una diosa, y desnuda, y muerta. Con toda la muerte al aire" (15). Luego viene otra denegación: "Para mí no es nada [...]. Yo estoy acostumbrado a ver mujeres desnudas" (15). Para él no es nada, y sin embargo... es una diosa, o sea soberana, que está desnuda y muerta, o sea luego de haber atravesado un proceso de *sacrificialización*. "Con toda la muerte al aire": ésta es acaso la frase central del cuento. Genialmente, Walsh (o el coronel) resume el entramado de erótica, política y escatología sagrada. La frase remite paradigmáticamente a los órganos sexuales por su intertextualidad con las expresiones coloquiales "con el culo al aire", "con todo el sexo al aire" o "con todas las bolas al aire". La muerte ocupa el lugar del sexo, lo cual reproduce perfectamente la ecuación de Freud sobre el principio de placer como modificación del principio de Nirvana o de muerte. El sexo sirve para la reproducción de la vida, pero el placer es la búsqueda de eliminar el estímulo interno y volver a una *stasis* original. Como en la frase, los personajes superponen ambos principios en la momia, lo que produce la necrofilia. Según Freud, "[u]n lazo particularmente íntimo de la pulsión con el objeto se acusa como fijación de aquélla" ("Pulsiones" 118). La premisa freudiana sirve para definir la necrofilia: una perversión que se fija sobre el objeto de pulsión que es un cadáver.

Pero la fijación puede darse no sólo sobre un cuerpo muerto, sino también sobre los elementos de la cadena metonímica del *homo sacer* o *femina sacra*: el soberano o la soberana, el dios o la diosa, el monstruo, la marioneta o el muñeco. El narrador percibe que la repetición del coronel lo asemeja a un "juguete mecánico" (Walsh 15), lo cual lo identifica con la momia, que no es más que una *muñeca* de carne y hueso. En "Esa mujer" aparece también otra muñeca; se trata de "una figurita de porcelana policromada, una pastora" Derby muy valiosa del siglo XVIII (12). La explosión de la bomba de los "roñosos" la dañó y ahora "le falta un bracito" (el diminutivo la vitaliza). O sea, los peronistas mutilaron la pastora, como los antiperonistas mutilaron la momia. El coronel "tiene una mueca [...] dolorida" al tocarla con "sus dedos repentinamente tiernos". La pastora es el doble de Evita, el coronel siente afecto por ambas y su fetichismo es por lo tanto doble.

El coronel manifiesta varias perversiones instintivas. El trastorno hacia el objeto cobra dos formas paralelas: la necrofilia que se fija en un cadáver y la pediofilia o automatofilia en una muñeca. Ambas apuntan a una tercera perversión: "El trastorno en cuanto al contenido se descubre en este único caso: la mudanza del amor en odio" (Freud, "Pulsiones" 122). La posesión del objeto muerto que se revela como fuente de placer es aquí el erotismo del odio, porque la momia representa el símbolo máximo del adversario político, el peronismo, y el coronel ha trocado en amor el odio que le debe. El odio es "la regresión del amar a la etapa sádica previa, de suerte que el odiar cobra un carácter erótico y se garantiza la continuidad de un vínculo de amor" (134). El sadismo de los antiperonistas, canalizado en la mutilación y el orinar, es la denegación de un lazo libidinal inconsciente con el otro. La cuarta parafilia que se verifica en el personaje se manifiesta de un modo más intenso que las otras como una repetición. Se trata de su alcoholismo, una fijación oral regresiva, sincopado por continuas anáforas: "Él bebe con vigor, con salud, con entusiasmo..." (Walsh 10); "bebe, con ira, con tristeza, con miedo, con remordimiento" (11); "bebe, con ardor, con orgullo, con fiereza..." (13); "[e]l coronel bebe" (13); "bebe con coraje, con exasperación..." (17). La enumeración incongruente de sentimientos continúa la tesitura del exceso emocional melodramático, pero esta vez no como (auto)compasión sino quizá como actitud reprobadora o de desprestigio. La imagen que queda del coronel es la de un ser patético y decadente, que acaba borracho la entrevista.

Existe una quinta desviación libidinal, nuevamente hacia el objeto, muy citada por los críticos y que reenvía a toda una tradición en la literatura argentina: "¡La enterré parada, como Facundo, porque era un macho!" (18). Kraniauskas ha percibido con claridad las consecuencias que se desprenden de la frase. El entierro "de parada" "internaliza la tradición política y cultural denominada 'barbarie' por el liberalismo autoritario argentino cuya figura paradigmática fue Facundo Quiroga" (112). La masculinización de Eva se corresponde con los clichés antiperonistas de inversión sexual de Perón y su esposa. Del fetichismo de la mujer fálica, Kraniauskas extrae las conclusiones citadas antes y con las cuales he notado mis discrepancias. En mi opinión, es necesario leer la masculinización y "barbarización" de Eva dentro de la serie de perversiones del coronel y sumarlas intertextualmente a la serie mayor de polémicas discursivas en la que se insertaba *La razón de mi vida* con el antiperonismo. De hecho, si se acusaba a Evita de "macho" y a Perón de "hembra", el desconocimiento fetichista del coronel revela un sentimiento homosexual latente. Walsh invierte así el típico cliché gorila sobre la pareja fundacional, achacándoselo a sus enemigos.

En su momento, observé que la atribución del *membrum puerile* a Perón, que se debía corresponder con el falo de Evita, intentaba reintroducir en el Otro la grieta de la castración simbólica. La operación era efectivamente un desconocimiento fetichista, puesto que el liberalismo antiperonista admitía inconscientemente la relevancia de la majestad soberana te(rat)ológica y se la concedía al populismo. Si en Evita esto producía el inconveniente de resexualizar a Perón o afirmar la ausencia de su pene, en el antiperonismo produce el inconveniente de otorgarle el poder o la Ley del Padre a una mujer. El entierro "de parada", final de la cadena metonímica de las perversiones del coronel, completa la serie de fijaciones libidinales. Walsh nos revela que la existencia de estas fijaciones en el liberalismo, encarnado por los tres personajes necrofílicos, es en última instancia el *deseo del Otro, la construcción y filiación del populismo en el liberalismo.*

5.4. Se puede entender ahora la conjugación de erótica y política dentro de formas genéricas residuales propias de la cultura popular y de masas, que conllevaban usualmente un "oculto moral". Habíamos mostrado que éste era para Brooks un producto del vaciamiento de lo sagrado durante la modernidad y en el cuento ocurre además un vaciamiento de lo moral que produce un intento de resacralización. Podemos arriesgar asimismo que si el foco de lo sagrado yace en el cadáver-fetiche de la *femina sacra*, la inversión de pulsiones libidinales en la momia tendría el sentido de restituir la función de lo sagrado. Pero, ¿cómo y por qué el *deseo del Otro* buscaría tal restitución?

Las parafilias del coronel poseen un carácter repetitivo propio de toda pulsión. Repite la misma frase, bebe repetidamente a lo largo de todo el cuento y se transforma en un "juguete mecánico", un autómata de carne y hueso. De esta manera, Moori Koenig ejecuta el *Fort-da* como un niño que juega o como las clases marginales que obtienen fruición estética en la repetición. Sabemos que el *Fort-da* es un resarcimiento porque la repetición tiene la función de control y venganza sobre aquello que ha producido un trauma. Cumple entonces el mismo rol que lo sagrado, porque es una forma de violencia sustituta que requiere de una víctima emisaria. En el juego, el sustituto es el juguete, el muñeco o *muñeca*; en la religión, el *pharmakos*; en el sexo, el fetiche. Es decir: *la momia es fetiche, juguete y víctima sacrificial* a la vez.

Sin embargo, el coronel mismo es también "juguete", o sea que aparece identificado con el Otro que anida en el fondo de su deseo. Asimismo, el periodista y el médico son dobles del coronel y, por lo tanto, figuras adversarias *indiferenciadas*. Recordemos la descripción del narrador de su deseo de encontrar el cadáver, que contenía "olas" sentimentales. Entre los distintos tipos enumerados, había unas "poderosas *vengativas* olas" (subrayado mío). El sentimiento de venganza, es decir de resarcimiento, lo iguala al coronel. La violencia vengativa es sacrificial pues intenta detener la violencia original *indiferenciada*, como los mismos adversarios que pugnan por la posesión de la momia. El problema es que el fetiche, el sustituto sacrificial, no es el causante de la violencia original, sino simplemente un remedio homeopático que pretende extirparla; el origen de la violencia no radica en la momia en sí. Lo que Girard denomina la crisis sacrificial, el momento original cuando se desenca-

dena la violencia y todos los contendientes pierden su diferencia, debió haber
ocurrido antes de la muerte de la *femina sacra* y de su proceso de embalsamamiento. El intento de restituir la función de lo sagrado, que los adversarios
sienten que está ligado a la momia, es detener la crisis sacrificial.

Es ineludible en este punto sostener que tal crisis consiste en el enfrentamiento peronismo-antiperonismo, que tuvo su origen en la construcción antagónica del populismo como *deseo del Otro*. Pero esto no quiere decir que el otro
no exista empíricamente; en el cuento, aparece con una identidad muy marcada.
Se trata de los "roñosos", o sea los sucios y bárbaros, que le ponen una bomba al
coronel y lo mantienen bajo amenaza de muerte, y a quienes éste quiere expulsar
de su casa o mantenerlos a raya con su ametralladora para que no lo invadan.
Obsérvese el paralelismo con "Casa tomada": aquí también se encuentra la dicotomía pureza-suciedad y el *leitmotiv* de la invasión. Por eso el coronel exclama:
"Este país está cubierto de basura, uno no sabe de dónde sale tanta basura, pero
estamos todos hasta el cogote" (Walsh 13). Y el narrador agrega: "*Todos*, coronel. Porque en el fondo *estamos de acuerdo*, ¿no? Ha llegado *la hora de destruir*"
(subrayado mío). La igualación que establece Walsh entre todos los sujetos de
la violencia indica que todavía se vive el momento de crisis sacrificial, que la momia (lo sagrado) todavía no ha logrado contenerla. A continuación, el narrador
acota: "Pero [destruir] sin remordimientos, coronel. Enarbolando alegremente
la bomba y la picana". La bomba es la de los "roñosos" y la picana, el instrumento
de tortura utilizado por todas las dictaduras militares a partir de 1930. El tono
escatológico-profético de "la hora de destruir" (que remite intertextualmente
a "la hora de la espada" de Lugones, casualmente el padre del inventor de la picana) anuncia una conflagración final, un holocausto total y definitivo. Tal vez
no sea casual que Walsh haya desaparecido en 1977, víctima de la última dictadura que depuso al último gobierno de Perón.

Hay una pregunta fundamental que queda en el aire: si no se puede detectar en el cuento un oculto moral que reemplace al vacío de lo sagrado y si
éste mismo tampoco parece haber podido reemplazar la ausencia de la moral, debido a que el acto de "sacrificio" (la muerte de Eva) tuvo lugar antes,
en 1952, ¿dónde localizar lo sagrado? ¿Se puede considerar que la función de
la posesión del cadáver (cuya función sería parar la crisis sacrificial) es la violencia sagrada o no? Y en cualquier caso, ¿por qué y cómo? Para responder
estos interrogantes, debemos examinar a continuación dos textos que cierran
el peregrinaje de la momia, escritos por una hermana de esa mujer y por el
"gallego asqueroso".

CAPÍTULO 6

Te(rat)ología política y soberanía prostética en *Mi hermana Evita* de Erminda Duarte y *El caso Eva Perón* de Pedro Ara

᪥

MI HERMANA EVITA (1972) de Erminda Duarte y *El caso Eva Perón* (1974) del doctor Pedro Ara cierran un ciclo histórico. Las fechas de publicación abrazan el regreso de Perón a la Argentina en 1973 y tratan de la vida y sobre todo de la enfermedad, agonía y muerte de Eva Perón, su cadáver, embalsamamiento y los avatares posteriores de la momia. La materia en común les otorga un aire de familia que las iguala bajo un mismo patrón genérico. Denomino *necrografía* al tipo de obra que se centra en el cuerpo muerto del personaje histórico antes que en el vivo. Ambos textos necrográficos son el testimonio directo de dos testigos de primera mano y sirven de modelos, antecedentes, intertextos o fuentes para obras que ostentan parcialmente la misma curiosidad necrofílica, ya sea biografías convencionales, como las de Fermín Chávez, Marysa Navarro, Alicia Dujovne Ortiz o Aurora Venturini, textos críticos como los de Cortés Rocca y Kohan, o ficciones como las de Tomás Eloy Martínez, Copi, Walsh y otros.

Erminda (1916-2012) era la cuarta de los cinco hermanos Duarte, sólo mayor que Eva por tres años. Pedro Ara (1891-1973), a quien ya hemos visto aparecer en "Esa mujer" y con quien seguiremos aún en contacto, fue el encargado de embalsamar el cadáver de la primera dama. Mientras el libro de Ara nos describe cronológicamente el largo proceso taxidérmico, el de Erminda Duarte se sitúa como momento de enunciación en el 5 de septiembre de 1971, cuando la dictadura de Juan Carlos Onganía devuelve el cadáver a Perón en Puerta de Hierro, con la familia de Evita, López Rega, Isabelita y el mismo

Ara como testigos, para recorrer a partir de ese momento un camino inverso. De más está decir que los dos libros articulan los tres elementos que se verifican constantemente en la literatura sobre el peronismo: la erótica, la te(rat)ología política y lo sagrado-escatológico. Al igual que en Walsh, la erótica se manifiesta como una perversión necrofílica en el sentido freudiano ya explorado. No obstante, a diferencia de "Esa mujer", donde el cadáver era objeto de una búsqueda y su paradero un misterio, aquí se halla presente frente a los mismos autores, que pueden mantener con él un contacto físico de carácter íntimo. Los libros conforman dos verdaderas *necrografías fundacionales*.

6.0.1. En capítulos anteriores, se definió la necrofilia como una fijación libidinal en un cadáver. Dijimos también que los instintos siguen la forma del *Fort-da*, puesto que ambos buscan repeler el displacer mediante una repetición; los primeros, en su intento de eliminar el estímulo constante interno, y el segundo, mediante una representación de control y venganza sobre un objeto que devenga en un resarcimiento para el sujeto. Para Freud, esta última forma se corresponde con el juego y la creación artística. La observación tiene serias implicancias para nuestro caso, ya que si la necrofilia se puede entender como una *repetición de la muerte*, el acto libidinal es a la vez un juego que convierte al cadáver en un *juguete* y una *obra de arte*. Reaparece entonces el tema de la muñeca o la marioneta en el peronismo.

Con todo, el juguete no es en el caso de Evita un cuerpo muerto exactamente. La momia embalsamada posee unas características particulares que lo diferencian de un cadáver común y corriente. Para su definición, consideremos las reflexiones de Žižek sobre el *objet petit a* lacaniano. El filósofo esloveno ve en él el aura de la cosa muerta: el exceso de la fuerza vital, de la libido y por lo tanto la pulsión de muerte freudiana, cuyo anverso es la pulsión de vida o el principio de placer que se quiere retrotraer al estadio de *stasis*. Para Žižek, el objeto es "the way immortality appears within psychoanalysis: for an uncanny excess of life, for an 'undead' urge that persists beyond the (biological) cycle of life and death, of generation and corruption" ["la manera en que la inmortalidad aparece dentro del psicoanálisis: mediante un siniestro exceso de vida, mediante una pulsión 'no-muerta' que persiste más allá del ciclo [biológico] de la vida y la muerte, la generación y la corrupción"] (*How to* 62-63) y puede ser comparado con los seres de películas de horror, como los muertos vivientes o *Alien*, lo monstruoso que continúa vivo a pesar de todo, la causa del deseo. Erminda sostiene que los "despojos [de Eva] desprenden la aureola de *una vida que no cesa...*" (9, subrayado mío). En este punto emerge lo político, puesto que en el *objet petit a* hay algo de la aporía del soberano y del *homo sacer*, como cuerpo inmortal en tanto cadáver embalsamado, punto de encuentro de la teología con la política y objeto de la violencia sacrificial.

En otra de sus obras, Žižek relaciona la actitud que él llama "liberal comunista" con el "chocolate laxante", porque "[it] give[s] away with one hand what they first took with the other" ["da con una mano lo que primero tomó con la otra"] (*Violence* 21). Aunque el símil quiere recrear un gesto político posmoderno, el oxímoron inspira otra imagen semejante, tal vez más ajustada a los fines de Žižek. En Estados Unidos se ha comenzado a comercializar un tipo especial de alimentos para perros para aquellos dueños que viven en departamentos y viviendas pequeñas o alfombradas, sin espacios verdes. La comida ha sido diseñada de tal modo que el perro, luego de digerirla, la elimina en forma de una bolita inodora y seca que no se adhiere al suelo o a las alfombras y que el dueño puede recoger fácilmente con la mano sin miedo a ensuciarse. Estamos en presencia de lo que es la cúspide de la tecnologización y de la industria de los productos procesados: la transformación del detritus más orgánico en una sustancia sintética que no se pudre. La "mierda limpia" representa entonces ese "algo" del *objet petit a*, el exceso aporético que, si bien se lo puede utilizar para representar la ideología posmoderna, curiosamente se la puede usar mejor, en mi opinión, para representar un fenómeno que se remonta a la Antigüedad. El cadáver embalsamado es este detritus (la mierda) sublime limpio (*corpus sacer*), la putrefacción imputrefacta, lo que denomino la *imputrefición*. Es la verdadera definición de la momia, una imputrefición que aún conserva su carácter sagrado, única diferencia con la "mierda limpia" de perros cuyo procesamiento industrial e instrumental la ha despojado del "aura" sublime y sólo queda acaso como residuo de una biopolítica que quiere controlar absolutamente la higiene corporal.

6.1. "Estoy aquí, en Madrid, en Puerta de Hierro" (Duarte 11). Erminda ubica el exordio en la residencia de Perón, con todos los personajes mencionados esperando la llegada del cuerpo, en un presente intemporal paralelo a la inmortalidad de Eva. El libro tiene la forma de una oración al pie del ataúd, o al pie del cadáver para ser exacto. "Estás tendida sobre una mesa". Luego, comienza una exploración visual que persiste hasta el fin: "mis ojos ya te han encontrado. Mis ojos que tienen que crecer de golpe para recoger tu imagen [...] el contorno de tu ser, tu cara, tus manos, que no terminaron todavía de

sacrificarse". "Miro tu frente serenísima y la sábana que te cubre. Miro tu cadáver castigado". *Mi hermana Evita* comienza escatológicamente como una
autopsia, examen escopofílico, que es la escena *post mortem* (o *post post mortem*, en el caso de una momia) de conocimiento.

6.1.1. En 1681 tuvo lugar la disección ceremonial de un elefante recién llegado
a la Ménagerie de Versailles, un zoológico y centro de investigaciones zooló-
gicas creado por Luis XIV. El acto estuvo presidido por el mismo Rey Sol: el
soberano frente a la bestia. Para Derrida, la escena fue una verdadera autopsia
cuyo fin era un conocimiento teórico visual: "a theatrical *theorein*, a gaze cast
onto a visible ob-ject, a primarily *optical* experience" ["una *theorein* teatral,
una mirada arrojada sobre un ob-jeto visible, una experiencia primariamente
óptica"] (*Beast I* 277).
El filósofo realiza cuatro observaciones:

1. "the scene of knowledge takes place in the aftermath, or the day after,
   the defeat of one of the two living beings" ["la escena de conocimiento
   tiene lugar en las postrimerías, o el día después, de la derrota de uno de
   los dos seres vivientes"] (281);
2. la escena es "as *phenomenal* as the elephant" ["tan *fenomenal* como
   el elefante"] (Derrida lo identifica con Behemoth, el complemento
   de Leviatán). La presencia del Rey Sol, dador de luz y ser, acentúa tal
   cualidad;
3. la ceremonia está "mediated by institutions" ["mediada por
   instituciones"];
4. la Ménagerie fue disuelta por la Revolución, que a su vez estableció
   los zoológicos poco después. Para Derrida, "[o]ne has simply changed
   sovereigns. The sovereignty of the people or of the nation merely in-
   augurates a new form of the same fundamental structure" ["uno simplemente ha cambiado de soberanos. La soberanía del pueblo o de
   la nación meramente inaugura una nueva forma de la misma estructura fundamental"] (282), por lo que el establecimiento de Luis XIV
   pasó a ser "a popular-democratic menagerie" ["un zoológico popular-
   democrático"] (283).

Acaso el significado más notable del acto es que la relación simétrica entre
bestia y soberano se rompe y "sovereignty is marked by the power to see, by
being-able-to-see *without* being seen" ["la soberanía queda marcada por el po-

der de ver, de ser-capaz-de-ver *sin* ser visto"] (293). El significado de la palabra autopsia es, precisamente, ver y dar testimonio de lo que se ve.

Con el análisis de la escena de 1681, Derrida pretende mostrar algo cuyo nombre omite por tratarse de un concepto perteneciente a otro intelectual contemporáneo. La autopsia representa efectivamente la emergencia y el funcionamiento del panopticismo, que es la técnica de lo que Foucault llama el poder disciplinario en la Época Clásica. En *Society Must Be Defended* (cap. 2), el autor apunta que el poder disciplinario surgió en los siglos XVII y XVIII como una transformación en la soberanía. El poder soberano siguió existiendo, ligado ahora a la idea del contrato social popular, lo cual "made it possible to superimpose on the mechanism of discipline a system of right that concealed its mechanisms and erased the element of domination and the techniques of domination involved in discipline" ["hizo posible superponer en el mecanismo de disciplina un sistema de derecho que ocultaba sus mecanismos y borraba el elemento de la dominación y las técnicas de dominación involucradas en el disciplinamiento"] (37). Esto explica que para Derrida, al igual que para Foucault, con la Revolución no hubo un cambio de estructura en la soberanía, sino de carácter: de monárquico-absolutista a popular.

La escena de 1971 en *Mi hermana Evita* atestigua el espectáculo de la superposición de los discursos o poderes soberano y disciplinario: la disección visual y panóptica del cuerpo de la soberana, que es ahora, por cierto, *popular*. Erminda asevera: "recién ahora te *conozco* del todo" (12, subrayado mío). La escena de conocimiento es similar a la del Rey Sol y Behemoth. Tres siglos más tarde, una soberana muerta ocupa el lugar de la Bestia Behemoth-Leviatán, lo que también rompe la simetría. No se trata ya de un soberano en el rol de examinador, sino de su hermana, acompañada por Perón y por representantes de varias instituciones: la familia (esposo, madre y hermanas), la ciencia (Ara) y la policía (López Rega). Mientras en "Casa tomada" había dos hermanos de distinto sexo, aquí hay dos hermanas y un soberano (Perón), que es el otro de la *fémina sacra*. El examen tiene el punto de vista de Erminda, no de Perón ni de las otras instituciones. Obsérvese asimismo la elección de palabras; ella dice "te conozco", y no "te reconozco", que sería lo usual en una autopsia, o sea reconocer la identidad del cadáver. El uso del verbo conocer implica que el conocimiento, el verdadero conocimiento, ocurre en el momento de la muerte y no a lo largo de todos los años de estar vivas y juntas. Erminda escudriña "tu cara extenuada, [...] tu cara fatigada de estar muerta" (13). "Hace casi veinte años que no ves el sol", agrega. Otro contraste, otra diferencia invertida, con respecto a 1681: ya no es el Rey Sol quien da la luz, sino es la soberana quien necesita recibirla para ser escrutada. El estudio del cuerpo y de sus pies arroja algunas sorpresas: "¿En qué suelo de brea *has estado parada*, sostenida por tu propia muerte?" (subrayado mío). Inmediatamente, nos damos cuenta de un hecho extraordinario: el coronel no estaba mintiendo cuando profirió "¡La enterré parada, como Facundo, porque era un macho!" La autopsia de Erminda se convierte en una verificación textual de la verdad de Walsh en su cuento. "Esa mujer" y la entrevista con Moori Koenig adquieren el aura ominosa de lo verosímil, pregonando la coincidencia del exceso gótico o melodramático con lo Real.

El habla de Erminda tiene como única interlocutora a Evita. La *femina sacra* no sólo es examinada, sino también interrogada, cuestionada e interpelada: "¿En qué suelo de brea has estado...?" Todo el libro es una larga oración, exhortación y discurso dirigido a la otra, que no responde. La necrografía es la reproducción de un extenso diálogo meditativo, una de cuyas partes no se oye, porque está muda, porque está muerta. "Te sigo hablando, Eva, a sabiendas de que no me oyes" (61).

6.1.2. Para Derrida, hay una "metonymic contiguity between the beast and God" ["contigüidad metonímica entre la bestia y Dios"], porque ninguno habla (*Beast I* 54). La idea es conveniente para la teoría de la soberanía, porque permite afirmar la necesidad de un poder representante (el soberano), ya que no se puede hacer pacto con Dios ni con las bestias por falta de lenguaje (55). En su opinión, el prejuicio más dogmático en toda la filosofía acerca del animal es que no responde. No sólo eso, sino que "God himself, like the beast, does not respond [...]. And that is indeed the most profound definition of absolute sovereignty [...]. The sovereign does not respond" ["Dios mismo, como la bestia, no responde [...]. Y ésa es en efecto la más profunda definición de la soberanía absoluta [...]. El soberano no responde"] (57). En particular, no responde por sus actos porque está por encima de la ley, lo cual es uno de sus derechos soberanos. Por eso, "he looks a bit stupid [*bête*], he looks like the beast, and even like the death he carries within him" ["parece un poco estúpido (*bête*), parece como la bestia e incluso como la muerte que lleva adentro"]. La muerte que el soberano llega consigo es obviamente la *vitae necisque potestas*. Soberanía, bestialidad, divinidad y muerte se aproximan en el silencio. A la cadena afásica del *homo sacer* debemos añadir entonces el muerto, el cadáver o la momia.

La imputrefricción de la momia, como Dios, no habla. Erminda cuenta cómo Evita, cuando ya estaba enferma de cáncer, se lo hace saber a su madre: "¡Ay, mamá! Vivís pidiendo a Dios por mi salud, y eso no está bien. Hacé como hago yo, que no le pido nada. Él sabe bien dónde estoy y cómo estoy, y sabe también lo que me hace falta y lo que me dará. Así es mejor. Hay que dejar a Dios. Él sabe lo que hace" (167-68). Evita sabe muy bien que pedirle a Dios sólo pone en evidencia su falta de respuesta y su mudez. Lo que en definitiva le solicita a la madre es que no produzca un desconocimiento inconsciente que revele lo que debe quedar oculto. Pero ese mismo desconocimiento lo ejerce Erminda, que repite el rol de la madre al hablarle a Evita sin encontrar respuesta. Más adelante, la autora reseña una larga galería de personajes monstruosos que la primera dama conoce en su acción social. Uno de ellos es una mujer de quien "algunos decían que no estaba en su sano juicio porque doña Asunción iba al cementerio a visitar la tumba de sus padres, y les contaba en voz alta, detalladamente, todo lo que había hecho durante la semana [...] como manteniendo una conversación" (29). A partir de este pasaje comenzamos a ver la cadena de dobles típicos de la te(rat)ología política: madre-Erminda-Asunción. Es significativa la atribución de la locura al comportamiento de Doña Asunción, lo que señala a la vez una anormalidad en la misma Erminda. Al analizar la escena de 1681, Derrida sostiene la igualdad entre los locos y las bestias, pues el surgimiento de los zoológicos se correspondió con el de los asilos mentales. La inspección mental era el paralelo de la inspección zoológica, que era en definitiva una pesquisa sobre la vida, *zoé*, de donde viene *zóon*, animal. En palabras de Derrida, "in this question it is man himself who is determining himself by questioning about himself" ["en esta pregunta es el hombre mismo quien se determina a sí mismo al preguntarse sobre él mismo"] (*Beast I* 264). Erminda reproduce esta extraña forma de bucle autorrecurrente, pues al examinar la bestia examina (y revela) su propia locura. El loco es el que pregunta al animal que no responde. Foucault sugiere que el mecanismo de vigilancia de la locura y la sexualidad era parte del poder disciplinario que nace con la Época Clásica (*Society* 32; *History* 156), el cual, como hemos visto, se conjuga con el poder soberano que originó el contrato social popular.

A medida que avanzamos en el diálogo con la muerta, las marcas de lo sagrado-escatológico se intensifican. Reflexiona Erminda: "verte ahora que hace más de diez y nueve años que estás muerta. ¿Resistiré tu visión?" (11). Aquí, el cadáver de Eva es una Gorgona, la encarnación perfecta de lo sagrado

como amuleto purificador e impuro a la vez, como el rostro de Dios para
Moisés, que petrifica o mata por su sola visión.

6.1.3. Las Gorgonas eran tres hermanas monstruosas con la cabellera compuesta de serpientes venenosas, prácticamente un racimo de falos ondeantes,
cuya visión convertía en piedra a aquellos que las miraban. Medusa fue la
única Gorgona mortal que perdió su vida a manos de Perseo y cuya cabeza se
usó de escudo apotropaico. Derrida opina que existen tres figuras en la historia, tres cosas inhumanas "in whose form art has been making its appearan-
ces since the beginning of speech" ["en cuya forma el arte ha estado haciendo
su aparición desde el comienzo del habla"] (*Beast I* 260). Ellas son: 1) la cabeza de la Medusa; 2) la figura del mono; y 3) el autómata o las marionetas
(260-61). Todas representan lo *Unheimliche* y la repetida obsesión por su in-
humanidad revela la ansiedad por la definición metafísica de la humanidad.

La imputrefición apotropaica también connota al *devotus* de Agamben: el
eremita que "consecrates his own life to the gods of the underworld in order
to save the city from a grave danger" ["consagra su propia vida a los dioses del
submundo para salvar la ciudad de un grave peligro"] (*Homo* 96). Vive en una
caverna dedicado al estudio y a la meditación y su figura es tabú: nadie puede
verla, so pena de muerte. Recordemos cómo para el periodista de Walsh existía una maldición que pesaba sobre el poseedor del cadáver.

Al hacer emerger las tres figuras, el problema del populismo le otorga a la
cuestión ontológica ("¿qué es el hombre?", "¿qué es el ser humano?", "¿qué
significa ser o estar vivo?") un carácter político. La Medusa, el mono y la
marioneta son tres objetos ocultos que se asoman constantemente en todos
los discursos de y sobre el peronismo. Erminda nos brinda aquí la Medusa/
Gorgona en la momia de Eva, el *objet petit a* como muerto viviente del que
sigue emanando el carácter de lo sagrado. Para el mono tenemos una versión
criolla exacerbada, producto del ingenio popular, el gorila, aunque también
puede ser el cabecita negra perteneciente al "aluvión zoológico" que mete sus
patas en la fuente. Y la marioneta es la muñeca del cuento de Walsh que a partir de ahora nunca más abandonará la escena.

Erminda Duarte nos enseña la que considero la *Ur*-muñeca, la muñeca
peronista original, que es necesariamente de índole biográfica, o más precisamente necrográfica, y subsume en sí toda la trayectoria de la te(rat)ología
política y erótica del peronismo. El siguiente pasaje es quizá el más importante, si no el central, de todo el libro. La niñez de los hermanitos Duarte

transcurrió en una gran pobreza y "mamá no podía comprarnos juguetes" (21). Para el día de los Reyes Magos, "l[e] pediste con fervor: una muñeca de gran tamaño". Como la madre no tenía dinero, le regala una usada, más barata porque estaba dañada. "Era altísima y realmente bella. Pero tenía una pierna rota". Tenía, literalmente, una "mutilación" porque "se había caído de uno de los camellos", según la piadosa explicación de la madre. Aquí tenemos la *arkhé* de todas las muñecas peronistas, que necesariamente deben estar rotas, *mutiladas*: la pastora Derby de Moori Koenig, la muñeca renga de los Reyes Magos y la momia de Evita, *que también estaba mutilada*: tenía rota la nariz y le faltaba uno de sus dedos (12). El término "mutilación" produce la operación del inconsciente que condensa muñeca con cadáver. Más adelante volveremos sobre el tema; por el momento, continuemos con la narración de Erminda sobre el episodio infantil: "No sabías qué hacer para que en su alma de juguete la muñeca se sintiera compensada de su desgracia. Le hablabas, le sonreías, la querías más que si hubiera estado sana" (21). Evita ingresa nuevamente en otra serie de dobles monstruosos. Como su madre a Dios, como Erminda a la momia, como doña Asunción a sus padres, Evita le habla a la muñeca, *que no responde*. "Elisa le hizo un vestido largo, casi hasta el suelo, para que no se notara la rotura de su pierna". La frase brinda otra coincidencia prácticamente siniestra, *Unheimliche*. Al comienzo del libro, la autora cuenta que el sudario de la momia de Evita estaba en un avanzado estado de degradación. Erminda manifiesta: "voy a hacerte un vestido" (14), "como rescatando algún juego de cuando éramos chicas: —Bueno, Señora, ya tiene su traje nuevo" (15). Al mismo tiempo, le cubre la nariz con un pañuelo. El vestido es, claramente, una marca de humanidad que se quiere imprimir a la imputreficción. Al coser el sudario, Erminda ocupa el rol de Elisa. La momia es tan *juguete* como la muñeca y ambas deben ser vestidas para que no se les note ningún daño, para que no anden, parafraseando al coronel Moori Koenig, *con toda la mutilación al aire*. "Cuando la hacíamos caminar con su pierna de pobre muñeca mutilada, la tomabas con fuerza o cuidando de no tropezar" (22). Evita siente por la muñeca una "piedad llena de ternura". "Sentiste aquella invalidez *como si hubiese sido la de un ser humano* aunque sólo se trataba de un juguete, y estoy segura que con el correr de los años, muchas veces, al socorrer a alguien, quizás a un niño enfermo, te acordaste de tu muñeca renga" (23, subrayado mío).

6.1.4. La mutilación es, obviamente, una metonimia de la castración. Es un tipo de castración que opera en lo que es en verdad un fetiche. Ya se vio en

"Esa mujer" cómo el fetiche condensaba el desconocimiento psicoanalítico e ideológico. La obsesión por la mutilación es un síntoma de la ansiedad por la castración simbólica, la cual, de acuerdo al análisis de las obras de Eva Perón, representaba la pérdida de poder político sustentado en las acusaciones gorilas que le negaban el pene a Perón y se lo otorgaban a ella. Las muñecas peronistas, las estatuas y la momia son en verdad fetiches y, por lo tanto, miembros castrados, partes que representan un todo. Es por eso que Derrida sostiene que "the phallus is itself originally a marionette" ["el falo es originalmente una marioneta"] (*Beast I* 222). En el caso de las muñecas y las momias mutiladas, nos encontramos con una estructura muy especial: se trata de miembros castrados que ostentan en sí una mutilación. O sea, una mutilación dentro de otra, una estructura autorecursiva. Es una suerte de *mise-en-abîme*, un objeto cuya t(r)opología sólo se puede asemejar a la de los fractales de Mandelbrot.

Vale la pena rescatar aun otro episodio de niñez. Erminda refiere que los hermanos Duarte jugaban a "la rayuela, las escondidas, la banderita, la infaltable mancha", la billarda, los trompos y las "estatuas" (36). Este último

> [s]e trataba de un juego sin duda teatral: una tomaba a otra de la mano y la hacía girar y después la lanzaba y la que se inmovilizaba en la posición más armoniosa, más bella—una *estatua viva*—era la ganadora. Y casi siempre la elección recaía en ti [...]. Resultabas con asombrosa frecuencia "la estatua", y permanecías en la posición en que de improviso habías quedado, casi sin moverte, *apenas perceptible tu respiración*. (subrayado mío)

El juego recuerda curiosamente al de las niñas de "Final del juego" de Cortázar. Hay varios hechos dignos de subrayar. Por lo general las estatuas son *estáticas*, o sea contienen la *stasis* del equilibrio de la muerte, pero la acotación "estatua viva" es la expresión del *status* aporético de la *femina sacra* entre la vida y muerte, como el de la momia muerta en vida o viva en muerte, un juguete con alma, como el "alma de juguete" de la muñeca renga. El juego con la momia-muñeca-estatua es el juego *Fort-da* de la necrofilia, la repetición de muerte, que se sigue repitiendo infinitamente como la libido o el *objet petit a*: "¿Aquél fue un anuncio? Tu estatua surgió en todo el país, multiplicada en numerosísimas estatuas" (37). Una estatua multiplicada en estatuas, como si todas las estatuas remitieran a un original platónico *petit a*. Como el *Fort-da*, la actividad de los niños no sólo es un juego, sino también un arte ("teatral") que tenía por búsqueda la forma "más bella".

Ambos episodios alcanzan las cotas más altas de la pediofilia o automatofilia de la literatura peronista. Mientras la momia exhuma espectacularmente
la erótica te(rat)ológica y necrofílica, las muñecas y las estatuas inauguran el
ámbito de la *soberanía prostética*.

6.1.5. Para Hobbes, el Estado o la Commonwealth es "an Artificiall Man" ["un
Hombre Artificial"] (81) y "[t]he *Soveraignty* is an Artificiall *Soul*" ["la Soberanía es un *Alma* Artificial"]. Si "Nature is the art of God" ["la Naturaleza es
el arte de Dios"], el hombre imita a Dios creando al Leviatán. Para Derrida,
éste es "a sort of robot, an animal monster" ["una suerte de robot, un monstruo animal"] del que surge el *"prosthstate"*, mezcla de prótesis [*prosthesis*] y
Estado [*state*] (*Beast I* 28). A la soberanía, le adjudica el carácter de "prosthetic or prostatic or prosthstatic, i.e. following the technical or prosthetic
logic of a supplement that supplements nature by adding to it an artificial
organ, here the state" ["prostético o prostático o proestático, o sea siguiendo
la lógica técnica o prostética de un suplemento que suplementa la naturaleza
agregándole un órgano artificial, que es el Estado"] (26). Puesto que el mismo
Leviatán es un *"Automata"* (Hobbes 81), la figura humana artificial de la muñeca o la marioneta induce a Derrida a preguntarse: "And what if it, the [fe-
minine] marionette, were between [...] the who and the what—both sensible
and insensible, neither sensible nor insensible, sensible-insensible (*sinnlich
unsinnlich*, as Hegel and Marx said of time, for example?), sensible insensible, living dead, spectral, uncanny, unheimlich?" ["¿Y si la marioneta estu-
viera entre (...) el quién y el qué, tanto sensible como insensible, ni sensible
ni insensible, sensible-insensible (¿*sinnlich unsinnlich,* como Hegel y Marx
dijeron del tiempo, por ejemplo?), sensible insensible, muerta viva, espectral,
siniestra, *Unheimliche*?"] (*Beast I* 187). Ofrece varias definiciones de marioneta: "'living without being'—or what 'is' only a simulacrum of a being. Or
what is only a prosthesis. Or what is only a substitute for the being of the
thing itself, a fetish. The marionette is all that: life death at the same time"
["'viviente sin ser', o aquello que 'es' sólo un simulacro de un ser. O lo que sólo
es una prótesis. O lo que sólo es un sustituto del ser de la cosa misma, un fetiche. La marioneta es todo eso: vida muerte al mismo tiempo"] (219). Es una
"mechanical and inanimate thing (reacting without responding [...])" ["cosa
mecánica e inanimada que reacciona sin responder"] y también "an animated,
animal thing" ["una cosa animada, animal"]. En última instancia, recordemos

que el falo mismo era una marioneta. Para Freud, en la modernidad, "[m]an has, as it were, become a kind of prosthetic God" ["el hombre se ha vuelto, por decirlo así, una suerte de Dios prostético"] (*Civilization* 44).

La arqueología psicológica de Erminda, que remonta los niños enfermos a la muñeca renga, abre la puerta a una verdadera procesión de figuras monstruosas, prostéticas, pedio-necrofílicas, imputreficticias y te(rat)ológicas que surgen por el proceso de libre asociación inconsciente. Todas son contrapartes de la *femina sacra*, marcadas por la mutilación y las enfermedades, es decir por distintas formas de violencia. Lo primero que recuerda Erminda es un "chico inválido" que tenía "parálisis infantil" (23)—paralizado como una estatua, podríamos decir. Más adelante aparece, créase o no, una "muchacha escultora a la que le tuvieron que amputar una pierna" (147). "Fue uno de los casos que más te conmovió". (No es necesario especular por qué). También hay "aquel joven obrero chaqueño que [...] viste con sus piernas convertidas en guiñapo" (148). Lo operan y regresa caminando. "Te pareció un milagro". Debido a las numerosas horas que pasaba trabajando sentada frente a su máquina de coser, a doña Juana, la madre de Eva y Erminda, "empezaron a llagársele las piernas a causa de las várices" (30). "Sus úlceras eran impresionantes". Después, otra mujer paralítica, postrada con un "yacer penoso en una silla, ni siquiera una silla de ruedas" (42), viene a visitarla a Eva. La primera dama la anima con actos circenses: "empezabas a bailar, a dar saltos, a hacer piruetas y a cantar, y también hacías muecas payasescas—que ya tenías la experiencia de nuestro circo". La soberana parece transformarse en una bestia circense. Uno de los casos clínicos, verdadera aparición de la Medusa, debe ser transcrito *in extenso*:

> Una tarde te fue a ver una mujer que parecía un extraño personaje de pesadilla, tal era su impresionante deformidad física. Uno de esos seres producidos más por la alucinación que por la naturaleza. *Y, sin embargo, un ser humano.* [...] Su deformación realmente *monstruosa* se te habrá manifestado después [...]. Te pedía un trabajo. ¿Quién la querría, *quién soportaría* continuamente su presencia? Menos que segundos necesitaste para comprender que nadie aceptaría la carga de un constante *espectáculo inhumano*. (130, subrayado mío)

Todas estas grotescas descripciones gótico-morbosas habrían hecho verdaderamente la delicia o envidia de Walsh. Pero la procesión no hace sino empezar. Viene a continuación una larga galería de leprosos. Una enferma se le acerca en cierta ocasión y cuando "un empleado trató de impedírselo, dijiste: —No, no. ¡Déjenla! Y te levantaste de tu sillón, diste media vuelta a tu escritorio, y besaste a la mujer. Después sentiste las llagas de su cara sobre tus manos. A ella no la detuviste en ese gesto de agradecimiento; era como si tus manos acariciaran su laceración" (46-47). La madre la previene porque "[s]é que besas a leprosos, a tuberculosos y a gente con otros males" (47) (Erminda muestra aquí un irónico o significativo pudor ante la palabra *sífilis*; lo no-dicho, el "oculto sagrado", es la sexualidad). "No te preocupes, mamá", le responde Eva, "a mí no me van a contagiar enfermedades. ¡Si los amo tanto!" Luego, otra Medusa: "fue a verte una mujer que tenía casi toda la cara convertida en una impresionante llaga; más aun, se diría que gran parte de su rostro estaba carcomido" por una "lacra" (48). Al despedirse, "le diste un beso. Tus labios rozaron piadosamente el borde de esa llaga". El Dr. Salvador Perrotta le dice: "Pero Señora, ¡cómo ha hecho eso!" Eva le responde: "¿No piensan que acaso el mayor consuelo que la pobrecita se lleva de aquí es el beso que acabo de darle?" El desfile de leprosos no termina: "A poco de asumir Perón la primera presidencia, fue a verlo un matrimonio de leprosos procedentes de la Colonia 'La Esperanza' y que en cuanto se anunciaron corriste a recibirlos con un beso a cada uno" (49). El fragmento destila una involuntaria genialidad en la melodramática ironía maestra de que el matrimonio provenga de una colonia llamada "La Esperanza", rematado por la cómica ansiedad angurrienta de Eva ("en cuanto se anunciaron corriste...") de besarlos al instante. Lamentablemente, Erminda no describe la reacción de Perón, que era conocido por su higiene militar y su rechazo de toda demostración pública de afecto.

La última figura de la cadena que deseo establecer no es humana—o acaso sí. Se trata del loro de Evita, al que le enseñó a cantar. En su lecho de muerte, poco antes de la hora final, se pusieron a entonar juntos el "Arroz con leche" (167). El loro es un animal frecuente en la filosofía y la literatura y Derrida lo menciona en el bestiario relacionado con la soberanía (*Beast II* 220). En "Casa tomada", Irene tenía "voz de papagayo". La curiosidad o el sentido de maravilla que despierta se debe a que hace vacilar los límites diferenciales de la definición de la humanidad, porque posee eso que la filosofía ha utilizado durante milenios para definir al hombre: la palabra o el *logos*. ¿No es extraordinario que el último compañero animal que entretiene a Evita *in articulo mortis*, en el momento en que se va a transformar en un *corpus sacer* y siniestro, es un loro? No un gato, no un perro, sino un monstruo: un animal que habla. Y lo que dice es justamente una de las obsesiones de toda la vida de la primera

dama, el matrimonio, la legalización estatal de la libido: "Arroz con leche /
me quiero casar...".

Además de la condensación metonímica de todos los personajes con Evita,
que conforma el espacio de la soberanía prostética y te(rat)ológica, hay que
subrayar el intenso carácter masoquista de las interacciones, mezclado con
una morbosidad escopofílica y acaso un poco sádica. Erminda también notó
la profunda fijación libidinal de Evita por el dolor. "Bastaba que considerases
hermosa una tarea para soportar sonriente el escozor de una herida" (40). Su
canción favorita era el tango "Mi dolor", que lo cantaba cuando niña "repi-
tiéndolo infinidad de veces" (53). "Solamente y como una obsesión, el tango
'Mi dolor'". Como lema evitiano, Erminda cita dos frases de Giovanni Pa-
pini: "Seréis torturados" y "sufrir[éis] alegremente" (77). *A prima facie*, parece evidente que el masoquismo es parte de la estrategia propagandística
del peronismo para construir la santidad de la primera dama, como una respuesta invertida a la imagen de Eva-prostituta o la mujer del látigo ofrecida
por el liberalismo. Utiliza por ello el hiperbólico y melodramático complejo
de martirio para construir una ofrenda sacrificial, el cuerpo mismo de la
soberana: el masoquismo como una violencia sagrada introyectada hacia el
propio cuerpo. El principio de Muerte o principio de Tánatos es tan fuerte,
proyecta un exceso tan grande, que deja de estar atado a una función meramente propagandística.

Si existe un sacrificio, debe haber una violencia original. Mientras en "Esa
mujer" la localizamos en el antagonismo político (casi prácticamente lo que
Hobbes o Schmitt llamarían una guerra civil), Erminda construye un proceso
sacrificial anterior siquiera a la entrada de Evita a la vida pública. ¿A qué tipo
de violencia remitiría el sacrificio? Se puede vislumbrar una posible respuesta
en este pasaje: "¡De qué manera tan entrañable hacías tuyo el sufrimiento de
los demás, lo incorporabas a tu sensibilidad [...] que en tus últimos años *tu
yo fue absorbido por la multitudinaria fisonomía* de los desamparados [...] ya
que *hiciste tuyos sus padecimientos hasta convertirte tú misma en una muchedumbre*" (49, subrayado mío). El sufrimiento de los demás es introyectado y,
al sufrir ella misma, se convierte en una multitud, una muchedumbre. Ésta es
la definición exacta de Leviatán, o sea del Soberano: "A Multitude of men, are
made *One* Person, when they are by one man, or one Person, Represented"
["Una Multitud de hombres se vuelven *Una* Persona cuando son por un hombre, o una Persona, Representados"] (Hobbes 220). Lo que Erminda reproduce en su libro es entonces un discurso que se remonta a tres o cuatro siglos

atrás, al discurso de la soberanía que postula un monstruo o autómata o muñeco soberano compuesto por multitudes. La diferencia entre Hobbes y Erminda (si se me permite comparar dos términos un tanto asimétricos) radica en que ella postula un contrato o pacto popular que está sustentado por el sufrimiento. Sin dolor, un sujeto no puede volverse soberano. La misma violencia es la entrada en el ámbito de la soberanía.

Si, como se vio en el debate Marx-Hegel zanjado por Žižek, la legitimación o constitución de la monarquía provenía del pene del soberano, es decir del acto contingente de sucesión hereditaria, en Erminda se sustenta en un *pathos* compartido con una muchedumbre que es ahora el pueblo. Pero, ¿por qué la identificación, que es un proceso de soberanización y sacralización, se debe realizar mediante el dolor? Sospecho que, en este punto del análisis en el que alcanzamos el fondo último de la cuestión teológico-política, sólo se pueden ofrecer hipótesis provisionales. En primer lugar, se percibe a la muchedumbre o al pueblo como un sujeto de dolor ("sus padecimientos") y, por lo tanto, un objeto de violencia. Lo que Erminda señala de un modo rudimentario sería lo que Žižek denomina violencia sistémica (*Violence* 2), que trata de ser borrada u opacada por la "tolerant liberal attitude" ["actitud liberal tolerante"] del liberalismo (10). En segundo lugar, el soberano en tanto *homo sacer* o *femina sacra*, debe sufrir, puesto que es parte del proceso de identificación con la comunidad, como lo explica Girard. Aquí la teología política se toca con la psicopolítica freudiana: en la constitución de la soberanía hay una torsión en el principio de placer, que busca el displacer. El sadomasoquismo es una perversión del trastorno hacia lo contrario (Freud, "Pulsiones" 122), lo que permite una continua reversión de los roles activos y pasivos, o sea que consiente una mejor identificación y reversión entre sujeto y objeto. Si el reverso del principio de placer es el principio de Nirvana, y su continua repetición no hace sino tender hacia una *stasis* mortal, la necrofilia sadomasoquista quizá sea un modo alternativo de buscar lo contrario, paradójicamente.

6.2. Hasta el momento se ha postulado un proceso de soberanización mediante la construcción de figuras ligadas históricamente a la soberanía: la bestia, el animal, el monstruo o Medusa, el autómata o muñeca y la estatua. La necrofilia y el complejo de martirio reveló el sadomasoquismo que se propuso como una operación de identificación que opera sobre el principio de placer, sobre fijaciones libidinales. Esto permite la unificación de la te(rat)ología con la psicopolítica. Quisiera examinar ahora el proceso de sacralización y sobera-

nización que opera sobre la momia, último componente de la cadena metonímica mencionada, para responder a un par de interrogantes que aún quedan
por despejar: cuándo ocurre el acto sacrificial y qué sentido tiene el constante
debate sobre la cuestión ontológica de la humanidad.

He mencionado ya que la autopsia revela la profanación del cuerpo mediante la mutilación de algunos de sus miembros. Curiosamente, Erminda decide poner el énfasis en la cabellera (fuente del poder de las Gorgonas) como
una de las partes salvadas del estrago: "No ha sido mutilada como lo han sido
tu cara y una de tus manos" (12). Más tarde, informa que "[h]emos recubierto
tu casi inexistente nariz" (14). Para Erminda, la razón de los daños a la momia
radica en el odio de los gorilas (monos atacando a la Medusa), pero dos años
después el doctor Ara ofrecerá una explicación científica. El aplastamiento de
la nariz proviene, en su opinión, de "la fuerte presión del cristal de la tapa" del
ataúd (Ara 266). En una de las fotos del libro de Ara se puede ver de hecho
cómo un pañuelo cubría el apéndice. Pero la mutilación que más perturba a
Erminda es la de las manos, un dato que remacha varias veces. Al comienzo,
le pide a Eva recordar "la costumbre de estar viva, aunque sólo fuera en una
de tus manos [...]. ¿Cómo ahora pueden estar quietas? A la derecha le han
cortado el tercer dedo, el del corazón" (12). El pasaje acarrea una nueva verificación de las palabras del coronel en el cuento de Walsh: "Le cortamos un
dedo" para identificarla (16). A la momia le falta un pedazo de dedo, como
a la figurita de la pastora de Derby de Moori Koenig un pedazo del brazo y
a la muñeca una pierna. "Te miro las manos", continúa Erminda. "Ahora una
de ellas, la derecha, está mutilada" (141). Luego habla de las manos de la madre: "Ninguna de sus facciones dejaban traslucir su estado emocional; pero su
desesperación afluía en sus manos". "Recuerdo las manos de nuestra madre el
día que le dijiste que te ibas a morir" (142). Reitera finalmente: "Contemplo
ahora tus manos" que "[s]iguen siendo hermosas, pese a que le han cortado
uno de sus dedos. Las mutilaciones causadas por el odio jamás desfiguran:
sueltan el resplandor del holocausto" (142-43).

¿Por qué tanta obsesión por las manos? Uno de los objetivos de la
deconstrucción derridiana es continuar la crítica de Heidegger de la idea de
hombre como animal racional debido al logocentrismo metafísico implícito
en tal noción. Por ejemplo, Derrida no está de acuerdo con que los animales
o las bestias no responden puesto que algunos sí parecen tener algún tipo de
lenguaje (*Beast I* 56) e incluso la facultad de formar sociedades (15), así que
propone un camino alternativo. Al no poder evitar hablar de un origen apo-

rístico en una hipotética "histoire de la vie" ["historia de la vida"], debería considerarse la motricidad manual, las manos, como un índice más adecuado que el *logos* o la escritura para medir la "humanidad" (*Grammatologie* 126). La ansiedad de Erminda por las manos es entonces un síntoma de su desconocimiento: pretende otorgarle o restituirle humanidad a algo que ya no es humano. Paralelamente, al mutilar la mano y dañar la nariz, los gorilas afirman la identidad de sus creencias con respecto a sus enemigos. Es como si este acto hubiera tenido la intención de arrancarle a la momia su humanidad, mediante la excusa científica o disciplinaria de la identificación de sus huellas digitales. Desconocen así ellos también la imputrefICCión del cuerpo. Quizá no sea casual que en 1987 la tumba de Perón, que también estaba embalsamado, fue profanada y le cortaron sus manos. Hasta el día de hoy se desconocen el paradero de los miembros y los autores y móviles del hecho.

Mencioné más arriba que Erminda decidió hacerle un vestido a la momia, lo que la convertía en un juguete, una muñeca. Hay un hecho notable que remarcar: "[S]ólo tengo un miedo, el de hacerte daño con mi aguja [...]. De pronto la aguja se clava ligeramente en tu cuerpo y te pido perdón" (14). El pasaje merece suma atención. La declaración expresa una creencia milenaria que atraviesa el judeo-cristianismo y se remonta a los orígenes semíticos de la religión: el culto de los muertos y la escatología del individuo.

6.2.1. Según R. H. Charles, antes del siglo IV a. C. no existía la escatología del individuo. En algún momento posterior, surge la creencia en la vida futura y la veneración de los ancestros y el culto de los muertos (cap. I). La práctica iba a veces en contra del yahvismo porque cuestionaba la naturaleza única del dios Yahwè. A los muertos se les ofrecían sacrificios, velas o monedas para mantener su apoyo y ganar su beneplácito.

> The comfort of the departed depended on their reception of the proper burial rites and offerings. If they were deprived of the rites of burial, their shades were forced to wander restlessly. Any mutilation of the dead body affected the departed shade. Furthermore, if after burial the body were disinterred, no food could be offered or sacrifice tendered to the shade. In such case, not only the disentombed shade suffered, but also the survivors; for the shade assumed the form of a demon and afflicted the living.

> [El bienestar de los difuntos dependía de la recepción de los ritos y ofrendas fúnebres apropiados. Si eran privados de los ritos de entierro,

sus sombras eran forzadas a rondar sin descanso. Cualquier mutilación del cuerpo muerto afectaba a la sombra difunta. Adicionalmente, si después del entierro el cuerpo era desenterrado, no se le podía ofrecer ninguna comida ni sacrificio a la sombra. En tal caso, no sólo la sombra sin tumba sufría, sino también los sobrevivientes, pues la sombra asumía la forma de un demonio y afligía a los vivos]. (25)

Quiero enfatizar dos cosas. La primera, en palabras del mismo Charles: "every outrage to the dead body was also an outrage to the departed soul" ["cada escarnio al cuerpo muerto era también un escarnio al alma difunta"] (32). Esta creencia se extendió luego a Grecia y Roma. La segunda: "One of the most grievous calamities that could befall a man was loss of burial" ["Una de las calamidades más penosas que le podia acaecer a un hombre era la ausencia de entierro"] (31). Se extraen por lo tanto dos conclusiones: 1) alma = cuerpo: lo que le sucedía al cadáver lo sufría su alma; 2) el horror a la falta de entierro provenía de que no se le podían hacer sacrificios, porque no hay tumba o lugar para ello.

Para Derrida, la definitiva señal de modernidad de una sociedad yace hoy en los cementerios porque sólo en el Occidente moderno se presenta el "autoimmune double bind" ["dilema autoinmune"] en la elección entre inhumación y cremación (*Beast II* 144). La decisión entre una u otra siempre ha dependido "on the reasonable doubt one might cultivate on the subject of the state of death" ["de la duda razonable que uno pudiera cultivar sobre el tema del estado de muerte"] (162) y sus partidarios se acusan mutuamente de un crimen contra la humanidad (163). Derrida deconstruye cada opción y muestra en ellas una "autoimmune or aporetic contradiction" ["contradicción autoinmune o aporética"] (167). La cremación implica la absoluta aniquilación del cuerpo, lo cual le niega la posibilidad de resucitar en caso de que sea verdad la escatología cristiana, y les niega a sus deudos un lugar fijo para el duelo. La inhumación, por el contrario, aparece como más humana e inmunitaria, pero por esto mismo es dañosa y autoinmunitaria, ya que permite la putrefacción y el peligro de sofocación por entierro prematuro, cosa que no hace su contraparte. La cremación tiene además otro aspecto positivo, ya que "[it] ensur[es] that he or she will not come back home [...] in the form of a revenant" ["asegura que él o ella no regrese a su hogar (...) bajo la forma de un espectro"] (166). Derrida pasa por alto el hecho de que, aunque la opción entre una forma y otra sea moderna, los argumentos a favor o en contra de ambas no lo son, ya que se sustentan en las creencias antiquísimas estudiadas por Charles.

¿Y qué hay del embalsamamiento? Derrida parece no considerarlo moderno, o al menos lo es en sentido restringido, en "always exceptional cases of dignitaries, sovereigns, or heads of state who are mummified or embalmed, be it the pharaohs and their family, or the heads of totalitarian states" ["casos siempre excepcionales de dignatarios, soberanos o jefes de estado que son momificados o embalsamados, sea faraones y sus familias, o los jefes de estados totalitarios"] (167). Con todo, se verá en Ara que no sólo los soberanos totalitarios recurren a él. Asimismo, hay que señalar que la taxidermia participa de las mismas aporías autoinmunitarias que las otras dos formas. Impide la putrefacción como la cremación y permite la resurrección como la inhumación, pero conlleva al mismo tiempo dos peligros, testimoniados por la momia de Evita: el cuerpo adquiere mayor movilidad y deambulación (lo que impide el lugar fijo de duelo y permite simultáneamente el "retorno" temido del muerto) y se lo expone a eternos castigos corporales.

La momia de Eva sufre los dos procesos de profanación mencionados por Charles: es privada de un propio lugar de entierro (como los desaparecidos de la década del '70) y se le infligen heridas al cadáver. El pinchazo con la aguja es un accidente y la mutilación de la mano y la nariz es percibida como un acto inhumano y de tortura, pero ambos son sentidos como una causa de dolor para el cadáver ("hacerte daño"). Podemos sacar varias conclusiones. En primer término, la mutilación de las manos no sólo le extrae humanidad al cadáver, sino que le inflige sufrimiento, una creencia de origen semítico de al menos dos milenios y medio de antigüedad. En segundo lugar, el ataque de los monos a la Medusa, que tuvo diversas formas (corte del dedo, aplastamiento de la nariz, posibles actos perversos como el orinarla, toquetearla, manosearla o incluso violarla), es visto definitivamente como un acto de violencia, tortura, venganza y, por lo tanto, un *sacrificio*. De allí que para Erminda sea un "holocausto". En tercer lugar, los gorilas o monos, al realizar la abducción y la profanación del cuerpo, afirman nuevamente la identidad de sus creencias con respecto a sus enemigos. Aunque puedan descartar o explicar la profanación bajo distintas excusas (accidente, interés científico, simples leyendas o habladurías), no pueden negar que le usurparon el descanso, un sitio apropiado de entierro y el derecho a un lugar fijo de duelo a sus deudos.

La misma Eva experimentó el terror numinoso ante la exhumación advertido por Charles. Una vez, conoció a cierta mujer que "te impresionaba, más aún, te asustaba [...] tal vez por su aspecto, por esas ropas tan increíblemente

negras, por su cara socavada por el extravío [...]. Te la quedabas mirando"
(Duarte 66). Sucedía que esta persona "iba de casa en casa pidiendo dinero
para enterrar a su hijito". El horror se hacía sentir en "la imagen trágica de ese
niño eternamente sin enterrar" que obsesionaba a Eva. "Probablemente creías
que en realidad su hijito había quedado sin recibir sepultura, a lo largo de meses y meses" (67). Para la autora, este encuentro fue el detonante que inspiró
la creación de un "servicio de entierro gratuito para los pobres" durante el peronismo. Mediante sus reminiscencias, Erminda quiere producir una verdadera arqueología y examen psicoanalítico en su libro: cada acto de gobierno es
retrotraído a un evento o personaje de la niñez de Eva, que se descubre como
"trauma" que luego se cura mediante una acción social; lo que no sospecha
es que su testimonio revela mucho más que eso. Es así como narra al desgaire
otros episodios que para ella no habrán tenido más importancia que la de un
mero color local o anecdotismo. Poco después del caso de la mujer de negro,
Erminda cuenta que la vocación de ser actriz por parte de Eva nació de su afi-
ción por recitar poesía. Cuando finalmente llega a Radio Nacional en Buenos
Aires, consigue empleo recitando su poema favorito. Mientras que en la mú-
sica su canción preferida era el tango "Mi dolor", en la poesía su obra preferida
era "¿Adónde van los muertos?" de Amado Nervo (70). El lector puede suplir
cualquier análisis o comentario crítico en esta ocasión.

La cuestión inmunitaria de la imputreficción plantea una seria pregunta.
Según Charles, el horror ante el cuerpo exhumado se debía a que no se le podía ofrecer sacrificios o comida, por lo que éste se veía obligado a deambular
convertido en un demonio. ¿Cómo se concilia esto con el hecho de que la momia de Evita es una *femina sacra* y por tanto un *cuerpo sacrificial*? En el caso
que muestra Charles, ciertamente el cadáver era un sujeto al que se le debían
sacrificios y no el objeto mismo del sacrificio, como la momia en cuestión.
Claramente, hay una diferencia radical entre ambos procesos. La muerte de
un individuo cualquiera es un acto de violencia, como nos informó Girard, y
por lo tanto debe ser contenida y paliada mediante un sacrificio. En tal caso,
la muerte es la violencia original que inicia la crisis sacrificial y el objeto de
sacrificio es el que adquiere carácter sagrado, un *pharmakos* o un *corpus sacer*
que podía ser bien otro ser humano, bien un animal o simplemente una cosa
con cierto valor (dinero, sangre, etc.). En nuestro caso, al hablar del proceso
de soberanización, he remitido la violencia original a la violencia sistémica
que experimenta la comunidad, la multitud o el pueblo. Por lo tanto, el objeto
de sacrificio es la misma momia.

Pero, ¿exactamente cuándo tiene lugar el acto de sacrificio en el caso de un cadáver rodante y viajante por todo el mundo durante dos décadas? ¿Puede extenderse tanto la instancia de contención de la violencia? Es decir, ¿cuál es exactamente el momento sacrificial? Se puede considerar obviamente el 26 de julio de 1952, cuando muere Eva, como la fecha en que ocurrió el sacrificio. Todas las expresiones rimbombantes e hiperbólicas del régimen y de la misma primera dama acerca de "dar la vida" por el pueblo, los grasitas o los cabecitas negras se consumaron ese día. Pero, según se ha visto, Erminda considera igualmente un sacrificio el momento en que le cortan el dedo o cuando ella la pincha con la aguja. La respuesta a la aparente discrepancia ya estaba en Charles: *cada dolor que siente el alma por cada acto de profanación del cuerpo es un nuevo momento sacrificial*. Por eso dice Erminda que "tu sacrificio fue más allá de tu último día de vida porque ningún verdadero sacrificio termina jamás" (12). En este punto nos enfrentamos a la aporía autoinmunitaria del embalsamamiento analizada antes. Aquí contemplamos quizá la diferencia entre el principio de Nirvana y el de Tánatos. El de Nirvana busca la *stasis*, el de Tánatos parece ser una aporía: quiere continuar un equilibrio desequilibrado, una muerte que pueda ser sentida o sufrida. Éste parecería ser el objetivo de la necrofilia. Para el peronismo, el cuerpo de Eva se transformó en sagrado *in articulo mortis*; ¿qué mejor idea que embalsamarlo para que no se pudra o para que su poder o efectos persistan? Lo que no se tuvo en cuenta, lo que se desconoció fetichistamente, lo que se ignoró a propósito, fue que de ese modo se lo condenaba a padecer nuevos sufrimientos para producir nuevos momentos sacrificiales.

Al final del análisis de "Esa mujer" de Walsh dejé pendientes algunas preguntas que consideré que no podían responderse en ese momento. La cuestión involucraba la doble ausencia de un "oculto moral" y un acto sacrificial. De ser así, ¿en qué sentido se podía afirmar que el cadáver de "esa mujer" es sagrado? Y, ¿cuál es la función de la posesión del cadáver por parte del coronel o los militares? Nuevamente, la respuesta yace en que la misma posesión es el acto sacrificial, porque implica la condena o el dolor infligido al cadáver por estar insepulto. La exhumación es un padecer continuo, no discreto como el pinchazo de una aguja. Propongo igualmente la hipótesis de que para el coronel, los militares o el liberalismo, la violencia original o crisis sacrificial no radica en la violencia sistémica, sino en el antagonismo político, en la escisión en el cuerpo de la comunidad provocada por el surgimiento del peronismo.

Esto nos conduce a la última pregunta: ¿cuál es el sentido de la obsesión por aquellos seres que parecerían hacer vacilar el sistema diferencial del *logos*? Lo hemos visto en Erminda y está presente implícitamente en las tres figuras claves de la soberanía: la Medusa, el mono y la marioneta. La respuesta tiene que ver con la disquisición sobre qué significa ser humano que se analizó en la sección 1.4. Para Schmitt y Derrida, la ansiedad por la definición de la humanidad tiene que ver con el intento de deshumanizar al enemigo político, porque la humanidad no tiene enemigo y, por lo tanto, los enemigos que han sufrido un proceso de *monstruización*, o sea de sacralización, quedan fuera de la ley y fuera de la humanidad. Entonces, la despolitización de Schmitt se corresponde con el borramiento de la violencia sistémica que denuncia Žižek.

6.3. Habiendo mostrado cómo se conforma la constelación de conceptos y figuraciones de la te(rat)ología y soberanía prostética, ahora podemos utilizar el libro del doctor Ara para ilustrar cómo estos se articulan en una obra con una perspectiva diferente a la de Erminda. *El caso Eva Perón* también servirá para confirmar las teorías expuestas hasta el momento.

Como en el coronel de "Esa mujer", es notable el desconocimiento o denegación (vale decir, el fetichismo) que exhibe el médico. Ara intenta insertar su trabajo y su posición subjetiva dentro del discurso de la ciencia, de índole objetiva, racional, empírica, iluminista y, por ende, liberal. Al comienzo, resume su carrera dentro de la medicina y define su trabajo de "conservar cadáveres humanos" como un simple capítulo dentro de la "técnica anatómica" (31). Insiste en que su labor pertenece al ámbito científico y niega, con retórica modestia, cualquier otro motivo o función: "mantengo mi sencilla actitud de profesor de anatomía frente al calificativo de artista con que se me ha querido honrar". ¿Por qué es calificado de "artista"? Porque "a muchos les dio por enrolar algunos de mis trabajos como *obras de arte* a pesar de mis protestas" (subrayado mío). El doctor niega, reniega y deniega constantemente la inserción de su *métier* fuera de la órbita de la ciencia, pero lo que rechaza en verdad es el discurso te(rat)ológico-prostético de la soberanía que considera el cadáver conservado un juguete y una *obra de arte*. Sus "protestas" son tan insistentes y contradictorias que su negación se transforma en una denegación o desconocimiento inconsciente. En efecto, Ara sostiene que su trabajo no era sino un "intento de contribuir a la solución de algún problema técnico o *estético*" (25, subrayado mío). Inmediatamente a continuación, cuenta que en Córdoba embalsama a la hija de un doctor López, a la cual "sin saber cómo, surgió el identificarla como *La Bella Durmiente*". La fórmula fetichista es clara: yo no hago arte, y sin embargo... mis obras son estéticas y bellas.

¿Por qué el médico manifiesta desconocimiento y trata de borrar el discurso de la soberanía? Postulo dos razones. La primera, porque en cierto modo ve la inclusión de la te(rat)ología dentro de la política como acientífica, una expresión supersticiosa o sobrenatural. En su denegación, percibe correctamente la relación entre la calidad artística del cuerpo embalsamado y el doble status aporético entre la vida y la muerte, que lo convertiría en una especie de muerto viviente, un otro irracional. Lo acientífico no corresponde a la tradición iluminista y, por ende, liberal. En segundo lugar, su dedicación profesional querría neutralizar cualquier acusación sobre un posible interés necrofílico. Por ejemplo, informa que las versiones que lo daban como embalsamador de Lenin son infundadas porque él rechazó la propuesta; sin embargo, ofreció "mi colaboración como simple y desinteresado ayudante" (26). Asimismo, confiesa que tenía una natural disposición *en contra* del oficio de embalsamador. "Todo, en cambio, me empujaba hacia los muertos" (30). A mí no me gusta, y sin embargo... (Una amiga de México me proveyó una fórmula típicamente mexicana que viene al caso para la denegación fetichista: "Guácala... qué rico"). La proclividad libidinal necrofílica se intensifica y manifiesta en distintas condensaciones metonímicas. En la misma época en que comienza su trabajo de disección, se dedica a estudiar "lenguas vivas y muertas". Atraviesa una cirugía (sobre la que no da más datos) en la que "eminentes cirujanos argentinos [...] me liberaron definitivamente de un peligroso peso muerto" (32).

6.3.1. Si la fórmula fetichista de Žižek ("yo sé muy bien que esto no es más que un zapato—o un cadáver—, y sin embargo...") puede ser traspuesta a la fórmula mexicana del "¡Guácala!", ésta nos ofrece no sólo una mejor síntesis, sino también algo que se le escapó al filósofo: la fórmula puede ser *invertida*. O sea, no sólo "Guácala... qué rico", sino también "Qué rico... guácala". Las actitudes sociales que se han visto en los últimos años en la Argentina, cuya aparición espoleó la escritura de este libro, se pueden explicar precisamente mediante esta fórmula: "yo sé muy bien que durante el kirchnerismo aumentó mi nivel de vida, de ingresos y consumo, me compré una casa con subsidios estatales, se restituyeron mis derechos laborales como la jubilación, la pensión y la obra social, me pude comprar un autito, etc., pero sin embargo... ¡cambiemos! Voto a Macri".

A medida que avanza el relato, se produce un gradual proceso de develación del carácter prostético y te(rat)ológico de las momias. En cierta ocasión, Ara embalsama a "una señora extranjera" para que uno de sus hijos "pudiera ir a diario a verla en el panteón familiar. Imponía la condición de que se lograra el fin *sin la menor mutilación*; como si al cuerpo sólo le faltara *el soplo vital* que *tal vez algún día pudiera ser dirigido...*" (33, subrayado mío). "Sin la menor mutilación": de nuevo, el miedo inmunitario no sólo a la disminución de humanidad sino al dolor del alma de la difunta. La mención al "soplo vital" recuerda a la estatua de Eva cuya respiración era "apenas perceptible" (Duarte 36). Es significativa la expresión escatológica "tal vez algún día pudiera ser dirigido...". La elipsis ocupa el espacio de lo siniestro: "dirigido *a devolverle la vida*". No es de extrañar que Ara, el científico, quisiera distanciarse de algunos aspectos de su profesión, a pesar de que no haya nada de "deshonroso" en pertenecer al "discutido gremio" (Ara 34). Otro detalle que vale la pena señalar es la diversidad de cuerpos que embalsama el médico, lo que desmiente la premisa de Derrida de que el proceso sólo se reserva a los gobernantes de Estados totalitarios. Además de la Bella Durmiente ya mencionada y de esta señora extranjera, el médico también opera sobre un "entrañable amigo", el embajador de Italia (33), el embajador de España (34) y Manuel de Falla (40), su trabajo más famoso hasta el de Eva, entre otros.

Llegamos finalmente al caso que nos concierne. Una cuestión que preocupa a Ara y que intenta dilucidar o justificar es el por qué del embalsamamiento. Regresa a ella varias veces: "conservar incorruptible el cuerpo de Eva Perón [tenía] la idea—que no discuto—de exponerlo permanentemente a la piedad o al homenaje de las masas populares" (35). Luego habla del "presunto deseo popular de seguir contemplando la figura yacente de Evita tras el fin de sus días" (52). Notifica además que el gobierno le pide expresamente que "prepare el cadáver para exponerlo al pueblo" (61). La función de la tanatopraxia es entonces la *exhibición*. Es decir, el cadáver de la *femina sacra* podrá ser examinado visualmente por el pueblo, en una recreación de la escena de la autopsia de 1681. Al cumplir un rol activo, *el pueblo se vuelve el soberano y Evita, la bestia.* Es una *performance* de conocimiento y poder en la que se soberaniza la soberanía popular. Pero Ara realiza una autopsia sobre el cuerpo incluso antes de su muerte. Reconoce que la examinó visualmente como "aficionado a la Medicina", porque según rumores estaba enferma de anemia. "Tal vez no se le note el cansancio; pero yo estoy aquí para *ver* su disnea y hasta para *ver* su pulso saltando bajo la fina piel de su delgado cuello... En esto radicaba mi expectación" (44). O sea, el médico busca en el cuerpo vivo las señales de la muerte, así como el pueblo buscará después en el cuerpo muerto las señales de la vida.

Una vez concluido el proceso de taxidermia, Ara hace un recuento importantísimo de los "comentarios [que] inspiró el espectáculo de Evita muerta" (79). "Casi todo lo que en esta tan especial coyuntura fuera dicho o sentido había de estar, naturalmente, informado por la pasión: *pasión de amor o de odio, de amigo o de adversario*". Ara revela la concepción del examen o autopsia de Eva en términos políticos schmittianos (amigo/adversario) que al mismo tiempo se hallan imbuidos de fijaciones libidinales: la erotización de la política y la politización de la erótica encarnadas en un cadáver. A continuación, vienen los comentarios. "Solíase coincidir en que Evita parecía dormida". La opinión se repite varias veces: la comparación del estado de muerte con una vida latente o suspendida, como en el caso de la Bella Durmiente. Luego, "comencé a conocer opiniones increíbles" que "constituyeron el germen de la serie de bulos que [...] llegaron hasta el Gobierno provisional: y en octubre de 1955 lo movieron a investigar [...] si lo que guardábamos en la CGT era realmente o no un cadáver humano". Si no era un "cadáver humano", ¿qué otra cosa podía ser? ¿En qué estaría pensando el gobierno? En este punto emerge con extraordinaria intensidad la soberanía prostética y te(rat)ológica. Una mujer que visita la momia sostiene: "Yo no sé, doctor, lo que han hecho con esa pobre mujer, pues la han dejado reducida al tamaño de *una muñeca*; seguramente no llega a un metro de la cabeza a los pies" (subrayado mío). Frente a este tipo de postura, Ara manifiesta la impaciencia y rechazo propios de un representante del discurso científico: "según nuestra dama, habíamos resuelto el que creíamos insoluble aunque inútil problema de encoger los huesos en veinticuatro horas y sin sacarlos del cuerpo" (79-80). La mayoría de las observaciones que reproduce Ara son curiosamente de mujeres. Otras damas "sostenían que era imposible que a la señora se la hubiera podido conservar tan bonita: debía ser artificial" y comenzaron a propalar la noticia de que "antes de la muerte ya se tenía preparada otra cabeza estupendamente imitada" (80). He aquí el entrecruzamiento de la *muñeca* con la *cabeza (de la Medusa)*.

La serie prostético-te(rat)ológica prosigue un camino ascendente y se potencia cada vez más. Luego del golpe de 1955, algunos miembros de la Revolución entran a ver el cadáver. "El espectáculo de la cámara fúnebre les impresionó sobremanera; todo lo observaron atentamente, dominados [...] por una desconfianza inicial" y luego "me felicitaron muy expresivamente" (191). Un doctor Villada le confiesa: "temí al principio que tuvieran razón los que dicen que el cadáver de Eva fue sustituido por una *estatua*. Ahora veo que es una *obra de arte* y muy lamentable *que forzosamente tenga que desaparecer*" (191, subrayado mío). La opinión de Villada parece un síntoma de desconocimiento que intenta desanudar las metonimias de la soberanía prostética, pues ¿no es una estatua acaso una obra de arte? Pero lo que más impresiona de sus palabras es el carácter profético o amenazante: "muy lamentable que forzosamente tenga que desaparecer". Desde el discurso de la ciencia, uno de sus representantes le otorga inconscientemente a la momia el carácter mayestático y siniestro de lo sagrado, de otro modo no sería necesario hacerla "desaparecer". Ara nota en las observaciones de los visitantes una gradación progresiva que va de *"parece una estatua"*, a *"debe ser una estatua"*, para culminar en *"es una estatua"* (193).

Uno de los militares que se apersona en la CGT es (¡quién, si no!) el coronel Moori Koenig. "Expresó su admiración [...] y resumió su juicio diciendo que ese cuerpo no debía ser enterrado, sino depositado en un museo como *obra de arte desprovista de su jerarquía humana*" (195, subrayado mío). O sea, si no permaneciera en un museo, la momia seguiría siendo humana. Otros individuos se preguntan, en consonancia con las damas anteriores: "¿Y si lo que parece un cadáver fuera sólo un artificio, una hábil imitación para embaucar a las ingenuas masas peronistas?", "una especie de pelele relleno de no sé qué" (193). Nuevo desconocimiento fetichista: las "ingenuas masas peronistas" serían engañadas por un pelele, un muñeco que parece cadáver, pero ellos mismos, los gorilas militares, ven en el cadáver un pelele o una estatua. En la tesitura de otorgarle a la momia una jerarquía artificial, "[n]adie cree, doctor, que lo custodiado por usted en el segundo piso de la CGT sea natural—espetáronme sin más ni más dos jóvenes militares *gorilas*" (201). Sin embargo, un capitán expresa una opinión divergente: "si esto fuera artificial, habría que reconocer que es usted uno de los más grandes artistas del mundo" (206). "Si esto fuera artificial", o sea que no lo es, es natural.

Desde el discurso científico, Ara intenta contestar y reprimir todas estas creencias morbosas en lo prostético y para ello se arma de fotografías, radiografías y exámenes histológicos así "ya no podrán decir que el cadáver es artificial" (204). En esta instancia, la diferencia naturaleza/cultura se trastorna y emerge la vacilación fantasmática de la *différance*. La razón de Ara trastabilla y ya no puede distinguir lo natural de lo artificial e incurre él también en un desconocimiento, ya que un cadáver que no se pudre no es precisamente natural. Pero tampoco se puede decir que la imputrefacción sea totalmente artificial, ya que hay casos de momificaciones producidas por efectos naturales, por deshidratación o por congelamiento, sin intervención de la mano del hombre. Por eso la momia es en realidad una *imputreficción*; tal vez sería más justo definirla como aquello que no es natural ni artificial, o es ambas cosas al mismo tiempo. Acaso el carácter aporético del embalsamamiento es el que provoca un escándalo que impresiona vivamente a los espectadores del cadáver de Eva, algo que no sucede con la inhumación y la cremación. La soberanía prostética se revela en la oscilación entre ambas posturas (natural/artificial, "cadáver humano"/muñeca) que no pueden exorcizar ni los gorilas ni el médico.

La solución ante el escándalo sería la propuesta del doctor Villada, hacerla desaparecer, pero esto lleva al problema inmunitario de la disposición de un cadáver. El proceso de imputreficción provoca un serio inconveniente a la posibilidad de la inhumación (el cuerpo enterrado ya no se pudre), con lo cual queda la opción de la cremación, pero esta también tiene su complicación. La intervención de "dos apuestos gorilas" desnuda el dilema al proponerle a Ara: "todos creían que no había tal cadáver, sino una copia, y, por consiguiente, la familia no tenía motivo para oponerse a la cremación" (205-06). La artificialidad de la muñeca es reemplazada por la de "una copia", que remite a la cuestión de los dobles o gemelos sagrados o siniestros de Girard y Freud. La "copia" sólo se puede cremar si es "artificial" (que de algún modo lo es); pero si es "natural" (que de algún modo también lo es), entonces no. La serie posterior de negociaciones y discusiones en torno al tema comprueba el escándalo, lo que Derrida llamaría "double bind", de la momia.

Un miembro del gobierno le comunica al médico: "hay que realizar un examen médico-legal que decida sobre si lo que se guarda en la CGT es o no un cadáver y si, en caso afirmativo, es el de Eva Perón" (230). "No creo que haga falta autopsia", responde Ara, "mas estoy dispuesto a acompañarles en la pesquisa que les han encargado, ya que no está en mis manos el evitar lo que me inclino a calificar de *inútil ensañamiento en unos indefensos restos humanos*" (subrayado mío). Obsérvese la espectacular contradicción: ¿cómo se puede provocar "ensañamiento" o daño a algo que no siente? El desconocimiento es aun más profundo si se tiene en cuenta que, al final de libro, Ara llega a conclusión de que no hubo profanación (270), sino que la extracción de muestras "puede interpretarse como un exceso de celo legalista o de desconfianza, pero no como sañuda mutilación" (269). Está demás notar que las palabras "ensañamiento" y "sañuda" tienen la misma raíz. Sobrevienen entonces más radiografías (236), nuevas fotografías (237) y un estudio de impresiones digitales, el momento en que mutilan el cadáver, le cortan el dedo y un pedazo de oreja (266), al abrigo del discurso científico que aparece desmentido por el inconsciente. Ara observa: "estaban frente a su más temible contrario político; *un contrario no tan inerte*, puesto que, de no resultar superchería, había de seguir desafiando" (239, subrayado mío). La Comisión encargada de solucionar el problema le pide al embalsamador que le devuelva al cadáver "las condiciones de todo cuerpo muerto, con su evolución natural igual a la de todos" (250). Se trata entonces de romper el dilema de la imputreficción, pero ya es tarde; como el *objet petit a* de Žižek, como un zombi, persiste a pesar de todo. "Contesté que [...] esa preparación no podría desintegrarse si no era por el fuego". "Nosotros—replicó el general—somos católicos, y no aprobamos la cremación". La atribución de un carácter "natural" al cadáver y el rechazo de la cremación son rasgos humanitarios asentados en creencias tan milenarias que se contradicen con la ideología iluminista o racional del liberalismo.

El aura ominosa, sagrada o mayestática de la momia es tan intensa que los gorilas demuestran una piedad desmedida ante su visión. Luego del golpe, y mientras se realizan las negociaciones transcritas, se produce un nuevo desfile de visitantes a la CGT: "repitióse una vez más la sucesión tan, hasta aquí, reiterada: entrada cautelosa, inspección, sorpresa, inquietud, manifiesto *temor* y, como síntesis, *tendencia al respeto*" (206, subrayado mío). "Muchos se arrodillan, se santiguan y rezan en voz baja con los ojos llenos de lágrimas" (154). "Todos quieren tocar o besar el despojo de Evita; sólo les permito, cuando más, acariciarle el cabello o besar el rosario que envuelve sus manos". La dama que la viste se arrodilla, reza y se santigua (180). Luego exclama: "¡Esto es asombroso!" El doctor Villada, el mismo que "lamentaba" hacerla desaparecer, "musitó una breve oración" (191). También "visitaron la capilla ardiente tres prestigiosos diplomáticos extranjeros", más "dos distinguidos generales argentinos, luego embajadores, y otros militares antiperonistas a quienes acompañé en su deseada visita de información o de curiosidad" (207). Ara describe así a otro grupo de curiosos gorilas: "apenas el abigarrado pelotón enfrentó el espectáculo de la enemiga yacente cesaron las conversaciones, *se acabaron los gestos airados* y un absoluto silencio nos envolvió a todos. Creí sorprender algunos labios musitando, al parecer, imperceptibles rezos" (224, subrayado mío). Hay que señalar dos notables fenómenos. En primer lugar, la descripción de las visitas alcanza cotas semejantes a un *Grand-Guignol* debido a la insaciable atracción morbosa por lo macabro. A contrapelo de la acusación que se cursa usualmente en contra del peronismo, las pasiones bajas no están reducidas al populismo, las clases bajas y los consumidores de productos residuales de masas, sino que aparece compartida también por las clases altas. En segundo lugar, la escena confirma la teoría de Girard y, por extensión, la teoría de la te(rat)ología prostética en cuanto al efecto catártico de lo sacrificial: la visión de la "enemiga yacente" induce la cesación de los "gestos airados". Es decir, la violencia sagrada *parecería* detener la violencia original y la crisis sacrificial.

Y sin embargo... llegamos finalmente a la instancia más reveladora y más significativa que nos ofrece el libro y que desestabiliza toda teoría con una complejidad y una espectacularidad apabullantes. La piedad de los antiperonistas y el efecto purgativo y apotropaico de la momia, su misma índole te(rat)ológico-política, aparecen también desmentidas. Es el punto central del texto de Ara, el 16 de mayo de 1955, cuando la demostración de los gorilas alcanza su expresión más grotesca. Los rumores de un ataque sobre Buenos Aires se multiplican y Ara se preocupa por la seguridad del cuerpo. Un amigo antiperonista lo tranquiliza y le informa que el bombardeo de la CGT no ha estado "nunca en el plan de los aviadores militares por respeto al cadáver de Eva Perón" (130-31). A continuación, bombardean la Plaza de Mayo y matan a casi cuatrocientas personas vivas. Ni siquiera el mismo Ara se exime de compartir la brutalidad que ostentan los golpistas. El médico compara la situación de Eva a la de unos niños jugando cuya visión contuvo a un franquista que salió a bombardear el Palacio Real de Madrid (132). La comparación desconoce dos hechos evidentes: una momia no equivale a unos niños jugando y no hubo igual contención al bombardear Guernica o la Plaza de Mayo.

¿Cómo explicar este hecho desde el tejido teórico propuesto? Las conclusiones que se pueden extraer en este punto sólo son provisionales debido al aparente carácter absolutamente aberrante e irracional de lo que ocurrido. En primer término, el evento muestra que la extracción de humanidad de un cuerpo muerto no se ha completado y aún se lo considera un "ser humano", equivalente a los cuerpos de los niños; simultáneamente, la obsesiva elucubración sobre la humanidad sí ha logrado el objetivo de suprimir el carácter humano de los cuerpos vivos del enemigo, tal como plantean Schmitt y Derrida, y por lo tanto pueden ser eliminados. Como corolario, lo que aparece aberrante es quizá una forma aberrante de poder. Mientras el antiguo poder soberano encontraba su razón de ser en la *vitae necisque potestas*, la biopolítica surgida en el siglo XIX lo complementa, según Foucault, con la fórmula "to make live and let die" ["hacer vivir y dejar morir"] (*Society* 241). En el bombardeo de Plaza de Mayo emerge una forma monstruosa o híbrida, una mezcla de los dos poderes: *matar y dejar morir*. La primera parte, matar, proviene del poder soberano y la segunda, dejar morir, de la biopolítica. El dejar morir (opuesto al *querer morir* de Eva Perón) tiene una connotación conservadora, es decir inmunitaria: se conserva al muerto, al que está muerto, al cadáver o la momia, mientras se mata al vivo. De allí la expresión del coronel en "Esa mujer" con que se distinguía de los otros, los diferentes a los militares: "no respetan ni a la muerte". O sea, nosotros sí respetamos la muerte. El corolario siniestro es que ellos mismos "no respetan ni a la vida".

6.4. En el fenómeno del peronismo o en el enfrentamiento entre el peronismo y su opuesto, el liberalismo, operan la soberanía prostética y te(rat)ológica. La teoría permite explicar las aparentes contradicciones y paradojas que se encuentran en ambas manifestaciones políticas a través de la aporía de la imputreficción, que encarna básicamente la de la soberanía. Parece existir una asimetría en la percepción del momento de la crisis sacrificial en ambos adversarios políticos: para el peronismo radica en una violencia sistémica extendida y para el liberalismo se limita sincrónicamente al surgimiento de una escisión en la sociedad, el retorno de lo político que trajo consigo el peronismo. El análisis de los textos indica, *prima facie*, una reivindicación de la idea de Schmitt acerca del núcleo teológico en la política moderna y más específicamente en el liberalismo. La teología continúa perviviendo como un concepto secularizado dentro del liberalismo y, simultáneamente, revela su despolitización.

Las marcas de una *femina sacra* en el cadáver de Eva le otorgan la función de purgación de la violencia que Girard atribuye a lo sagrado. La imputreficción de la momia permite dilatar indefinidamente el momento del sacrificio debido al carácter autoinmunitario del embalsamamiento. Según Girard, "c'est la violence intestine [...] que le sacrifice prétend d'abord éliminer" ["es la violencia intestina (...) que de entrada el sacrificio pretende eliminar"] (19), que en el contexto de Hobbes o Schmitt son las guerras civiles, que llevan a la disolución de la soberanía y el Estado. La manipulación necrofílica del cadáver de Eva Perón se da en el contexto de estas luchas intestinas, de este *impasse* o *interregnum* entre gorilas y peronistas, como se percibe perfectamente en Ara.

Y sin embargo... como vimos en "Esa mujer" y como vemos en el ejemplo del bombardeo de Plaza de Mayo (y en el resto de la historia argentina del siglo XX), la función purgativa de la violencia sacrificial ya no tiene efecto. Al final de su libro, Girard insinúa que, con la llegada de la modernidad, la tecnología de control de la violencia se desplaza del ámbito de lo sagrado al ámbito de la política. Lo sagrado ya no sirve para controlar la violencia, aunque persiste a pesar de todo, como el monstruo de la imputreficción, y la política no ha logrado todavía amaestrar esa purgación. Habría que preguntarse si la teología política de la que habla Schmitt y que perdura incluso en las formas de soberanía liberal moderna, no es sino este trasvase de la violencia de un ámbito a otro.

Bajo la fórmula "matar y dejar morir" como encarnación de un poder híbrido, el espectáculo público de la muerte de Eva y la exhibición de su cadáver es una manifestación de tal hibridez. Foucault afirma que hasta el siglo XVIII la muerte era un espectáculo porque servía para exaltar el poder soberano (*Society* 247). La llegada del poder disciplinario trajo una paulatina desaparición de la muerte pública; hoy en día se la oculta hasta convertirla en tabú. Y sin embargo... perdura claramente en las formas políticas de la Argentina, aunque quizá haya ido cobrando mucha menos relevancia en las últimas décadas (basta recordar la austeridad del funeral del expresidente Néstor Kirchner). El interés escopofílico por los cadáveres tal vez sea una reespectacularización de la muerte, un retorno a los rituales que comenzaron a desaparecer con la modernidad. Esto provoca varias preguntas que no pretendo responder aquí y por mi cuenta. Por ejemplo, cómo se articula exactamente el poder soberano con el poder disciplinario bajo el populismo, por qué el peronismo necesita recurrir al discurso del poder soberano para oponerse al liberalismo, cómo se compara la especificidad del discurso te(rat)ológico y prostético del peronismo y de la Argentina con otros países en vías de desarrollo o desarrollados. Creo que todo esto se subsume bajo la forma de una pregunta sobre la universalidad y funcionalidad de la teología política schmittiana, una explicación básica de su naturaleza, algo que no creo que se haya respondido hasta el momento, ni por parte del mismo Schmitt, ni de Agamben siquiera. Una perspectiva comparativa nos permitiría tal vez responder mejor los interrogantes planteados y, sobre todo, el que suscita el bombardeo de la Plaza de Mayo sobre el respeto a la muerte y el desprecio a la vida.

Gorilas liberales (I): Borges, Evita y yo

卐

7.0.1. AL OTRO, A Perón, es a quien le ocurren las cosas. Perón camina por Buenos Aires y se detiene, acaso ya mecánicamente, a alzar los brazos desde el balcón de la Casa Rosada y a exclamar "¡Compañeros!" Del otro Perón tiene noticias a través de las propagandas radiales del programa "Un mundo mejor", de injurias impotentes garrapateadas en paredones de barrio o en los muros de la Recoleta, de fotos publicadas en el diario oficialista *Democracia*, de los Boletines Oficiales con proyectos de ley para bautizar una escuela o un hospital con su nombre.

A Perón le gusta denunciar complots de la oligarquía, asistir al Luna Park para ver encuentros de box, presidir manifestaciones multitudinarias el 17 de octubre, ser llamado "General", sostener lances de esgrima, acariciar caniches, palmear a descamisados, quedar bien con todo el mundo, sonreír, fumar Saratoga, darse la biaba y usar gomina. Le desagrada de su persona la erupción de psoriasis que le cubre el rostro y que se ve obligado a disimular con cremas y talcos. A veces piensa que habrá dejado al mundo y a su patria algunas cosas valiosas que lo justifiquen, como beneficios mutuales, implementación de derechos laborales, alzas en los salarios, enfriamiento de los alquileres, el Estatuto del Peón y las Veinte Verdades Peronistas. Otras, lo sobrecogen las dudas y piensa que sus adversarios harán notar el amordazamiento de la prensa crítica del régimen, la subordinación de los sindicatos, la cooptación de la clase obrera, el reemplazo de la Corte Suprema por un Tribunal adicto, la eliminación de la oposición, la suba inflacionaria y la crisis económica, los actos de beneficencia y el asistencialismo estatal en servicio de la propaganda oficial.

Perón fue presidente electo de la Argentina en tres oportunidades (dos de ellas consecutivas), aunque fue llamado "dictador" y "primer trabajador argentino". Tuvo idéntico número de esposas (dos de ellas muertas consecutivamente de cáncer uterino). Escribió numerosos volúmenes de doctrina y estrategia política. Se constituyó en la figura histórica más importante del siglo XX en la Argentina. Dividió al país. Se alió con la "juventud maravillosa" y con López Rega.

Perón ya no sabe quién enuncia su discurso.

7.1. Bien podría el líder justicialista en persona haber escrito estas líneas, si hemos de creerle a Evita, quien en *La razón de mi vida* afirma la enigmática existencia de dos Perón, acto que origina el desdoblamiento de la primera dama: "A la doble personalidad de Perón—afirma sin mayor elucidación—debía corresponder una doble personalidad en mí: una, la de Eva Perón, mujer del presidente [...] y otra, la de Evita, mujer del Líder [...] puente tendido entre las esperanzas del pueblo" (71). El acto más extraordinario y sorprendente es que este librito plagado de lágrimas y de clichés melodramáticos, paradigma de la literatura residual, exacerbación de los mecanismos propagandísticos y demagógicos hasta bordear la autoparodia, se anticipó en seis años a uno de los textos claves de la literatura culta y de vanguardia, escrito por el arquetipo del escritor argentino del siglo, parangón del antiperonismo acérrimo y ecléctico antipersonalista, nada de lo cual tenía que ver con los postulados populistas del régimen que hacía ostentación del sentimentalismo a través de un bombardeo mediático. Borges, de él estamos hablando, había hecho de toda contención emotiva y represión de la intimidad un dogma (sobre la animadversión estética entre Borges y el peronismo, consultar el ensayo de Martínez, "Sombra terrible").

"Borges y yo" fue publicado en 1957, pero en 1951 *La razón de mi vida* ofrecía pasajes asombrosamente parecidos a los del autor canónico, conservando en germen la desconcertante revelación de una existencia paralela: "De Eva Perón no interesa que hablemos. Lo que ella hace aparece demasiado profusamente en los diarios y revistas de todas partes", dice Eva de la otra Eva (71). Sobre la fama, Borges confiesa algo semejante: "de Borges tengo noticias por el correo y veo su nombre en una terna de profesores o en un diccionario biográfico" (*Hacedor* 50).

La insólita coincidencia nos enfrenta a un enigma con serias consecuencias. ¿Quién es realmente el otro de Perón y Borges? ¿Qué significado se puede extraer de esta confluencia? ¿Existe más de un sentido para este aparente juego de espejos? Si es así, más allá del aparato filosófico latente en toda conjetura literaria o autobiográfica, queda abierto el espacio para la interpretación política del tema del *alter ego*, tan caro al Director de la Biblioteca Nacional. La alteridad constituye el yo (el uno); "ambos" Borges son Borges y "ambas" Evitas son Evita y ostentan idéntico nombre. Para ponerlo en términos psicológicos, el otro está inscrito en el yo. Gilles Deleuze señala que este tipo de figura no es infrecuente en la tradición occidental: "The law of the book is the law of reflection, the One that becomes two. [...] One becomes two: whenever we encounter this formula [...] what we have before us is the most classical and well reflected, oldest, and weariest kind of thought" ["La ley del libro es la ley del reflejo, el Uno que se vuelve dos. (...) Uno se vuelve dos: cada vez que encontramos esta fórmula (...) lo que tenemos en frente de nosotros es el tipo de pensamiento más clásico y bien reflexionado/reflejado, el más antiguo y gastado"] (27). La principal limitación de este sistema de pensamiento es que "[it] has never reached an understanding of multiplicity" ["nunca ha alcanzado una comprensión de la multiplicidad"] (28). El individuo se constituye al ponerse límites que lo separan de otros, como es repetido *ad nauseam* por los seguidores del psicoanálisis. Mi interés es llegar al entendimiento de la lógica de la dicotomía que albergan los textos, para lo cual hay que destacar las múltiples líneas de sentido simbólico y la enorme carga alegórica que conlleva el tema del doble con relación al peronismo.

En primer término, siguiendo el análisis de Beatriz Sarlo que ve en la multiplicación de Eva una geminación del poder (según la teoría de Kantorowicz), considero dicha figura una codificación alegórica del enmascaramiento de una voz falocéntrica en la letra femenina de *La razón de mi vida*. En segunda instancia, la percepción del acto autobiográfico como puesta en escena demanda de la alegoría un efecto de lectura, el del poder de polarización política que introdujo el peronismo en la sociedad argentina. Esta interpretación es sugerida por Derrida en su lectura de Nietzsche. En tercer lugar, en relación con los textos borgeanos, propongo una diferencia entre el escritor y la primera dama en cuanto a la identidad personal: si Evita quiere impedir el despojamiento de su nombre propio y perdurar en su ser, Borges promueve la alienación a través de la letra autobiográfica, anticipándose a postulados filosóficos y lingüísticos contemporáneos estudiados, entre otros, por Foucault, Barthes y Deleuze. En cuarto lugar, el análisis de "El simulacro" y de un ensayo de Borges permite ampliar el campo de las significaciones de la multiplicación identitaria para entender la construcción del peronismo como una *performance* de la práctica social y política. Al cotejar estos textos con las ideas de Žižek, podemos res-

catar de ellos una compleja representación de la realidad ideológica en que
se encuentran inmersos el soberano y los súbditos. Una quinta tesis extra-
polada de este conjunto de reflexiones propone que el populismo aparece
como un fantasma nostálgico que reemplaza la relación fetichista medieval
entre el "pueblo" y el líder; es decir, manifiesta el carácter del pensamiento de
arraigo estudiado por Delsol. Por último, la introducción del tópico del *alter
ego* en la serie discursiva sobre la te(rat)ología prostética reconduce los textos
de Borges y Evita hacia una revelación del inconsciente político de tal formación, constituido por los hilos de lo sacro-erótico-político.

7.2. Varios autores percibieron la duplicación de Evita y ensayaron darle un
significado a lo que aparentemente es una anomalía en relación con la simplicidad *kitsch* y popular del resto de su obra. La lectura de las dos Evas de Paola
Cortés Rocca y Martín Kohan trasunta una visión mediática de la autopro-
moción de la primera dama como actor político. Beatriz Sarlo interviene a la
luz de la teoría de la "persona geminada" de *Los dos cuerpos del rey* de Kantorowicz. Agamben se había basado en esa noción al definir al soberano como
un *homo sacer*, así que considerar a Evita como *femina sacra* refuerza tal interpretación. La persona del poder es geminada: macho y hembra, Perón y Eva,
una "sociedad política de dos cabezas, hegemonizada por el hombre, en la
cual la mujer tenía fueros especiales [...]. Las imágenes de esta sociedad bipolar son un mecanismo tropológico de la hegemonía cultural implantada por
el peronismo" (Sarlo, *Pasión y excepción* 91). Al catolicismo le fue necesario la
inoculación del principio femenino a través de la creación de la Virgen; paralelamente, el peronismo lo tuvo desde el principio. Sarlo reproduce un pasaje
de *La razón de mi vida* en donde la primera dama asegura que en sus páginas
se encuentra antes la figura de Perón que la suya. En el rol de exorcista, Sarlo
interpreta la posesión como una metáfora de la geminación: "Ella es Ella, pero
habitada por Otro" (96). La religión intersecta con la política. El cuerpo de
Eva está ocupado por "un espíritu ajeno, masculino".

El original análisis sarliano puede ser llevado un paso más adelante. La duplicidad identitaria puede ser también una autorrecurrencia del inconsciente
político de la estrategia de producción del texto, la autoría y la voz femenina,
travestidos en un nombre de mujer. La escisión de Eva es sintomática, un retorno de lo reprimido que revela una verdad sobre su escritura: ella no escribió
La razón de mi vida, sino que fue Perón el que le encargó a varios *ghost-writers*
la ejecución de la obra. La interpretación accede a un estadio de literalización

(o desmetaforización) de los enunciados peronistas. Estas palabras se vuelven inquietantemente ciertas: "No se extrañe pues quien buscando en estas páginas mi retrato encuentre más bien la figura de Perón" (*Razón* 51).

El desdoblamiento que Eva sufre es doble: en el nivel de la enunciación (múltiples escritores/autores) y en el nivel del enunciado (dos "Evas", un *nombre propio plural*, algo que es imposible). Como farsa o engaño y como actuación (*performance*) política. La misma dualidad está duplicada: Eva es dos literalmente (por el falogocentrismo oculto detrás de sí) y simbólicamente (por los roles que ostenta).

Por lo tanto, "Evita y yo" es la fórmula que codifica alegóricamente la ventriloquía que sufre la letra femenina. Tal hipótesis se sustenta en la opinión de Derrida de que "the sex of the addresser awaits its determination by or from the other. It is the other who will perhaps decide who I am—man or woman" ["el sexo del emisor espera su determinación por o desde el otro. Es el otro quien decidirá quizá quién soy: hombre o mujer"] (*Ear* 52). Es evidente que esto marcha en consonancia con la noción de que es el otro quien otorga la firma y con la teoría de la *performance*: no hay una substancia genérica fuera del contrato entre el remitente y el receptor. El *alter ego* es la huella simbólica de la estrategia mediática de apocrificidad opuesta al plagio—firmar un texto propio con nombre de otro—, el pseudoepígrafe ejecutado por el régimen peronista. Este mecanismo provoca un dilema discursivo: tratar de eliminar el potencial disolvente de la firma del libro (puesto que toda firma femenina es un escándalo y vuelve la obra una "amenaza política"; ver Smith y Watson, Introduction), pero manteniendo el gravamen machista sobre el enunciado. Esto es necesario si se pretende intensificar el efecto político de sujetación ideológica: mostrar a una mujer que se somete en el acto mismo de escritura.

Pero a su vez el "doble" también se puede erigir en un emblema de un efecto de lectura antagónico, resultado del proceso de pseudoinscripción o de la pseudoautobiografía. Al hablar de Nietzsche y de la utilización de su filosofía por parte de los nazis, Derrida se pregunta: "how and why the 'same' words and the 'same' statements—if they are indeed the same—might several times be made to serve certain meanings and certain contexts that are said to be different, even incompatible" ["cómo y por qué las 'mismas' palabras y los 'mismos' enunciados—si es que en verdad son lo mismo—podrían utilizarse varias veces para servir a ciertos significados y contextos que se consideran diferentes, incluso incompatibles"] (24). Este interrogante funciona perfectamente con Evita y el peronismo, *mutatis mutandis*: su aparición provoca dos tipos de reacciones distintas.

Por un lado, el surgimiento del movimiento encabezado por el general del GOU repolitizó la sociedad argentina, como hemos visto, polarizándola de un modo inédito hasta ese momento. Por otro lado, la primera dama desafió la opinión del feminismo y lo escindió de la misma manera: algunas feministas se abocaron al panegírico y elogio de su supuesto poder revulsivo y emancipador, mientras que otras vieron en ella la encarnación de la ideología patriarcal y de las fuerzas más reaccionarias existentes en el país. El tema del doble es, en última instancia, una metáfora política metatextual porque revela la coexistencia o incluso identidad de los opuestos, peronismo y antiperonismo, latente en el inconsciente político del primero.

Derrida parece sugerir que el factor (la "maquinaria") que vuelve a Nietzsche accesible a interpretaciones contradictorias es producto de reflejos y dobleces que él mismo provoca mediante su acto autobiográfico (resultado probablemente de la fisura de la subjetividad):

His own identity—the one he means to declare [...], being so out of proportion with his contemporaries, has nothing to do with what they know by his name, behind his name or rather his homonym, Friedrich Nietzsche. Already a false name, a pseudonym and homonym, F. N. dissimulates, perhaps, behind the impostor, the other Friedrich Nietzsche.

[Su propia identidad: la que él intenta enunciar (...), que no está en sincronía con la de sus contemporáneos, no tiene nada que ver con lo que conocen por su nombre, detrás de su nombre o más bien su homónimo, Friedrich Nietzsche. Ya un nombre falso, un seudónimo y un homónimo, F. N. dismula acaso, detrás del impostor, al otro Friedrich Nietzsche]. (8)

La hipótesis de Cortés Rocca y Kohan sobre la posibilidad de la existencia de discursos contrapuestos es semejante a la de Derrida y confirma la teoría de la duplicidad espejada del liberalismo/populismo:

Si ambas lecturas [peronismo y antiperonismo] son posibles es porque tanto una como la otra responden a la duplicidad que presentan las diferentes imágenes y discursos y a la convivencia entre los atributos no hegemónicos— transgresiones al protocolo, sencillez o espontaneísmo—y los atributos pertenecientes al canon—la ornamentación, el exceso. Esta lectura permite la identificación y realza la diferencia de Evita respecto de las demás

mujeres: es la única que puede jugar tantos papeles en contextos tan diversos. (40)

Entonces, se puede decir que en el caso de Eva la misma estructura produce el discurso del doble, que devuelve el reflejo de tal estructura. La tela (el
género) de su texto se desgarra en cierto momento—en el lugar del doblez o
pliegue—y deja ver a través de esa rotura los diferentes géneros que la com-
ponen: biografía/autobiografía, masculino/femenino, padre/madre e incluso
conservador/reaccionario, etc.

7.3. El tema del nombre propio merece ocupar un capítulo completo en la
historia evitista. Ningún personaje en la Argentina ha tenido tantos ni ha sufrido tantas mutaciones onomásticas y desvíos simbólicos fundados en esos
cambios. Su nombre de bastarda fue Ibarguren, no Duarte, pues la ley sostiene que el apellido de un hijo ilegítimo proviene de la madre. Una alteración
más ocurrió en el orden de los nombres de pila, sintaxis que pesa tanto en su
carga simbólica como el significante mismo. Fue Eva María, no María Eva.
El nombre maldito de la que hizo caer al género humano antecede, en su origen, al nombre santo de la que redimió a la humanidad (Dujovne Ortiz 217).
Eva María Ibarguren es el *Ur*-nombre, si es que existe tal cosa. ¿Es su nombre
verdadero el que le dan al nacer o los que se va haciendo a lo largo de su vida?
La arqueología nos hace dudar de la existencia de un sustantivo *verdadero*. La
conclusión inevitable, lamentablemente posmoderna, a la que debemos llegar
es que el nombre propio es una invención y un avatar más de las múltiples *performances* que debe ejecutar el sujeto. Si el nombre propio no existe, tampoco
existen los seudónimos.

Su fama de resentida se reflejó en la negación de su nacimiento ilegítimo:
utilizó el apellido paterno de Duarte, pues era un estigma ostentar la huella
de bastardía. En sus épocas de actriz, coqueteó brevemente con el diminutivo
y un adverbio: Evita Durante (Castiñeiras 54). Al casarse con Perón, invir-
tió sus nombres de pila y se convirtió en María Eva Duarte de Perón, y luego
Eva Perón a secas, sin el "de". En su libro capital, propone la multiplicidad
involuntaria, a voluntad del pueblo. Son las masas las que deciden bautizarla
Evita. Los apodos, títulos honorarios y apelativos son asimismo innumerables: Dama de la Esperanza, Primera Samaritana Argentina, Abanderada de
los Humildes, Reina de los Descamisados, Hada Buena del Peronismo. Cabe
destacar que su futura sustituta, María Estela Martínez de Perón, la "otra

Evita", también reprodujo esta multiplicación de nombres. Era reconocida, de un modo casi institucionalizado, por su apodo o "nombre artístico" Isabel e incluso por su diminutivo Isabelita.

La ansiedad nominativa de Evita está intrínsecamente relacionada con la multiplicidad autorial. La duplicación del yo no es nada más que un mecanismo lingüístico. En el plano material del proceso, es sólo una repetición del nombre propio o la toma de distancia del yo de la enunciación con respecto a la firma o nombre del autor. Esta multiplicación pretende reforzar la identidad personal, en un intento de quedar fija en su ser. Borges mismo advierte, al citar a Spinoza (probable precursor de Deleuze), que "todas las cosas quieren preservar su ser; la piedra eternamente quiere ser piedra y el tigre un tigre" (*Hacedor* 50).

Las reflexiones de Deleuze, al hablar acerca de las transmutaciones que sufre la Alicia de Lewis Carroll, permiten iluminar las diferencias en la concepción del doble (que es una concepción del otro) entre Borges y Eva Perón. Si lo opuesto del ser es el devenir, según el filósofo francés, "the paradox of this pure becoming, with its capacity to elude the present, is the paradox of infinite identity (the infinite identity of both directions or senses at the same time—of future and past [...])" ["la paradoja de este puro devenir, con su capacidad para eludir el presente, es la paradoja de la identidad infinita (la identidad infinita en ambas direcciones o sentidos al mismo tiempo, del futuro y el pasado)"] (40). Alicia pierde su identidad al perder su nombre propio. "All these reversals as they appear in infinite identity have one consequence: the contesting of Alice's personal identity and the loss of her proper name" ["Todas estas inversiones, tal como aparecen en la identidad infinita, tienen una consecuencia: cuestionar la identidad personal de Alicia y la pérdida de su nombre propio"] (41).

Evita, suerte de anti-Alicia, no sufre tal pérdida, sino que ejecuta un acto lingüístico sin parangón: pluraliza el nombre propio. Su constante gesto de autobautizo (que es un diferimiento del significante) es tema de psicoanalistas. Al renegar del apellido de Ibarguren, resiste la estipulación y el orden del Registro Civil debido al estigma de bastardía, y por lo tanto rechaza la Ley que es, como toda ley, del Padre. Pero inmediatamente se reapropia del nombre del padre (Duarte), que es esa misma Ley. Podemos erigir esta paradoja en emblema de la ambigüedad y las aporías producidas por el antagonismo político, indecibilidad que dificulta la comprensión teórica del fenómeno.

7.3.1. Para Cortés Rocca y Kohan, el cambio de nombre es una respuesta a la clase media, una resemantización en términos de la moral burguesa: "apropiación de apellido paterno, el uso del apellido de casada y la borradura del erotismo" (37). Estoy de acuerdo con que el gesto de Evita es conservador, aunque debe ser entendido como parte de los dilemas discursivos que afrontaba al enfrentarse a sus enemigos políticos. Éstos jamás se refirieron a ella como *Eva Ibarguren*, que yo sepa, pese a que conocían muy bien su nacimiento bastardo. De hacerlo, hubieran incurrido en un acto de subversión política al legitimar ilocutivamente la ostentación del apellido propio (materno) *como si fuera paterno*. Vale decir, los antiperonistas también afrontaban el mismo dilema que Evita y su decisión se redujo a llamarla Eva Duarte o "esa mujer". Según Cortés Rocca y Kohan, los nombres en cadena de Evita "emparentan lo político y lo religioso", lo cual es una característica dominante del discurso peronista (111). Esta (de)nominación "itinerante" niega todo origen cierto (13).

"[W]hen substantives and adjectives begin to dissolve, when the names of pause and rest are carried away by the veils of pure becoming and slide into the language of events, all identity disappears from the self" ["Cuando los sustantivos y adjetivos empiezan a disolverse, cuando los nombres de la pausa y el descanso son arrebatados por los velos del puro devenir y se deslizan hacia el lenguaje de los eventos, toda identidad desaparece del yo"] (Deleuze 41). Evita quiere evitar esto. Ella quiere perdurar en su ser (como en el pasaje citado de Spinoza), como si su identidad fuera un dogma que no puede ser contestado, reproducido, citado, trasladado, devenido. Porque eso implicaría que cualquiera pudiera apoderarse del poder que va unido a su nombre. La negación del devenir va unida al deseo de poder, que es deseo de perdurar en el ser, lo cual se puede entender como uno de los objetivos de la *imputrefacción*, si creemos a Baudrillard: "Il appartenait à notre époque de vouloir [...] changer le jeu du double d'un échange subtil de la mort avec l'Autre en l'éternité du Même" ["Le cabía a nuestra época querer (...) cambiar el juego del doble mediante un intercambio sutil de la muerte con el Otro por la eternidad de lo Mismo"] (144).

La multiplicación del nombre propio (Eva, Evita) es la conjura para inmovilizar el ser, el hechizo que pretende impedir, de un modo homeopático, la apropiación del nombre propio por Otros (ejemplo: la apropiación de Evita por parte de la JP, de los Montoneros, de la izquierda, etc.). Beatriz Sarlo da en la tecla al anunciar, hablando acerca de la excepcionalidad subyacente en la pasión de Evita: "Frente al paradigma moderno de un sujeto fracturado, la pasión instaura su paradigma de sujeto indivisible" (*Pasión y excepción* 239). O, en palabras de Robert Bechtold Heilman, "tragic man is essentially 'divided' and melodramatic man essentially 'whole'" ["el hombre trágico está esencialmente 'dividido' y el hombre melodramático está esencialmente 'entero'"] (cit. por Estill 174). El doblez de Evita es un producto de ese otro que la habita; es un síntoma del inconsciente político. Evita no quiere verdaderamente estar fracturada, pero no puede evitar volver obsesivamente a ese tópico discursivo. Un psicoanalista diría que su falla se manifiesta en el nombre mismo: Evita no evita.

Pero el caso de Borges es ligeramente diferente, y esto los vuelve antagónicos. No se trata de la multiplicación del nombre propio —en ningún momento se nos dice explícitamente: dos Borges—, sino de "un" Borges y "un" yo: o sea, un otro que anida dentro del nombre, un yo que anida en un otro. Es el uno que se desdobla pero que no puede multiplicar lo que no puede ser multiplicado: el nombre propio. Hay devenir, pero no a costa de la pérdida de la identidad personal, como en el caso de Alicia (Deleuze), sino a costa de la alienación, cuya consecuencia es la delegación del nombre propio en otro, el otro que se define simplemente por esa posesión: el yo no necesita nombre propio. Por eso, Borges en ningún momento de las pocas líneas del texto dice "yo soy Borges" o "yo soy el otro". Pero tampoco puede decir: "yo no soy el otro". La paradoja del asunto es que no es ni lo uno ni lo otro: ni "yo soy el otro", ni "yo no soy el otro", sino todo lo contrario. O sea: "yo no soy yo", "*yo se vuelve otro*".

Borges invierte el enunciado para intensificar el efecto: el "otro" es Borges y el que habla es un "yo", de donde tenemos "Borges y yo". Su caso se aproxima a la interpretación derridiana de Nietzsche: el yo se oculta detrás de un homónimo que no es sino un nombre propio. ¿Quién es entonces ese "yo"? El vate ciego pone en escena los postulados modernos lingüísticos y psicológicos sobre la subjetividad. Se sabe: el sujeto no es único, está escindido. Para Michel Foucault, la cesura da lugar al surgimiento del autor-función. Feministas como Domna Stanton también hacen hincapié en la escisión de la identidad del individuo, al hablar sobre el yo autobiográfico. Influido probablemente por las ideas de Émile Benveniste, Roland Barthes señala, al hablar de la muerte del autor, que el que habla es un espejismo lingüístico, producto de los mecanismos de enunciación: "lingüísticamente, el autor nunca es nada más que el que escribe, del mismo modo que *yo* no es otra cosa sino el que dice *yo*: el lenguaje conoce un 'sujeto', no una 'persona'" ("La muerte" 68).

Nuevamente, Borges se adelantó en su prosa, al afirmar que lo que él ha escrito no es "ni siquiera del otro sino del lenguaje o la tradición" (50). El breve texto borgeano se erige en una reflexión sobre la condición del autor y de allí se proyecta hacia una alegoría de la condición fragmentada del sujeto, pensada desde una filosofía antihumanista, anticipo a su vez del pensamiento de, entre otros, Barthes y Foucault.

Para Derrida, toda biografía es una *tanatografía* porque los únicos nombres propios posibles son los nombres de los muertos (*Ear* 7). Consecuentemente, la firma de un texto es puesta por el otro, es el otro el que firma mi texto. "[I]t is the ear of the other that signs. The ear of the other says me to me and constitutes the *autos* of my autobiography" ["Es el oído del otro el que firma. El oído del otro me dice yo y constituye el *autos* de mi autobiografía"] (51). La firma es interpretación y es en ese sentido que el otro constituye el (texto del) yo. "[T]he signature is not only a word or a proper name at the end of a text, but the operation as a whole, the text as a whole, the whole of the active interpretation which has left a trace or a remainder" ["La firma no es sólo una palabra o un nombre propio al final del texto, sino la operación como un todo, el texto como un todo, el todo de la interpretación activa que ha dejado una huella o un resto"] (52). Al interpretar a Perón y Evita, ¿no corre acaso Borges el albur de que ambos firmen su obra, en tanto muertos inscritos en la letra borgeana? Esta conjetura bastaría para probar que el otro de Borges es verdaderamente el peronismo. Pero al mismo tiempo, el movimiento es doble: el otro del peronismo es Borges, quien firma a Evita aun sin siquiera haberla leído, porque sus textos son interpretación de la letra peronista, son una respuesta a la versión evitista del doble. Es curiosa la cadena de relaciones que se establece entre el peronismo y Borges: Evita es la precursora de Borges, por lo tanto creada por éste, de acuerdo a su propia teoría. Es la muerta que firma (en) su obra, pero al mismo tiempo Borges los firma en su obra a su vez, proyectándose y proyectándolos hacia el futuro, hacia el momento en que él será un (nombre de) autor muerto.

7.4. La identificación del régimen peronista con una simulación o puesta en escena aparece reiteradamente en toda la literatura antiperonista. Vimos al comienzo que para el mismo Moffitt el populismo es sinónimo de *performance* y espectáculo. De hecho, es un rasgo que forma parte de la ficción del otro construida por el liberalismo. El *Libro negro de la Segunda Tiranía* (1958), por ejemplo, atribuye un espíritu simulador a Perón: "El dictador simulaba muchas cosas; ella [Eva] casi ninguna" (cit. por Navarro, "Mujer Maravilla" 27).

También Borges nos brinda su propia versión de la duplicación de Perón y Eva. En "El simulacro" nos dice que llega un momento en que "el dictador" ya no es él, ya no sabe quién es, y tampoco nosotros. "Perón [no] era Perón ni Eva era Eva sino desconocidos o anónimos (cuyo nombre secreto y cuyo rostro verdadero ignoramos)" (*Hacedor* 21). Borges ve la posibilidad o necesidad de este doblez y, al actualizarla, recaba en la te(rat)ología prostética, no sólo bajo el motivo de los dobles, sino también de la muñeca o marioneta. El espectáculo del cuento consistía en la representación del funeral de Evita en un remoto pueblo del Chaco. Un "enlutado" con "una cara inexpresiva de opa o de *máscara*" arma un tablado e instala "una caja de cartón con una *muñeca de pelo rubio*" (subrayados míos). La gente le paga al hombre para asistir a la "fúnebre farsa". Para que fuera posible la existencia del soberano, el pueblo lo actuaba en un simulacro: la muñeca y el "viudo macabro" eran los dobles del tirano y esa mujer(zuela). La actuación es la puesta en escena del poder del soberano y de su sacrificio como *homo* y *femina sacri*.

El concepto de "simulacro" se remonta a Platón y llega a nosotros a través de Leibniz y Hegel (Martínez, "Ficciones verdaderas"). El tratamiento contemporáneo más conocido de la cuestión está en Jean Baudrillard. Richard Young considera el relato como un sucedáneo narrativo de la teoría acerca de la simulación de este último (y de la de Guy Debord). Si *toda* vida pública "is essentially a spectacle" ["es esencialmente un espectáculo"] (Young 218), entonces no hay una "realidad" o una vida pública "verdadera" con la que se pueda contrastar o a la que se pueda oponer la "época irreal". Por eso, Young piensa que Borges es consciente "of the display and showmanship associated with Perón's presidency" ["de la exhibición y el histrionismo asociados con la presidencia de Perón"] (218), en tanto *apariencia*. "El simulacro" "may therefore be read as a text that highlights several ways in which performance is embedded in social practice" ["puede ser entonces leído como un texto que subraya los varios modos en que la actuación está imbricada en la práctica social"] (218). Este análisis es concomitante al desarrollado por Cortés Rocca y Kohan con respecto a Evita: todo acto social—sobre todo la vida pública—es una *performance* en que los sujetos representan o ponen en escena una imagen. Discernir si el pensamiento de Borges se halla más cerca de Platón que de Baudrillard (en el cual se intenta liquidar la dialéctica mediante la defenestración de los dos planos hermenéuticos o metafísicos) es una cuestión demasiado compleja que supera los límites de este trabajo. Tentativamente se puede afirmar que, si por un lado Borges parece no querer renunciar a la dialéctica, por otro la hermenéutica borgeana da la impresión de resquebrajarse en algunas instancias, justamente cuando su relato se vuelve una alegoría de la *performance* social y en el momento en que la escisión del otro se proyecta en una pluralidad rizomática, como explicaré más adelante.

Al catalogar un fenómeno o acto político como "simulacro", se le está quitando agencia y resonancia política, se lo pretende menoscabar y negar su validez de realidad. Cortés Rocca y Kohan señalan que es "la realidad política argentina misma [la que] se revela como irrealidad y como farsa" (73). Como consecuencia de esto, el efecto se difunde a la primera dama: "Eva tampoco es Eva, una muñeca no es menos que Eva" (74). Por eso Borges le quita a Eva "su entidad real incluso en la transitoriedad de la vida". El doblez es resultado de la irrealidad. Cortés Rocca y Kohan remontan el "destazamiento" de substancia ontológica al acto de embalsamamiento—en donde el cuerpo "se vacía de sentido" (72) y deja de ser él mismo para ser una representación—y a la imagen de la "muñeca de pelo rubio". Borges se burla y desmitifica la supuesta coincidencia del cuerpo místico y real de la soberana haciendo hincapié en la aporía autoinmunitaria del embalsamamiento. Si el cadáver embalsamado va a perdurar como el cuerpo místico del soberano, es porque es un objeto, ya que sólo objetos como los muñecos pueden perdurar indefinidamente. Borges es quizá el primero (y el último) en deconstruir la *imputrefcción* develando su aporía, algo que le resultaba imposible a los militares gorilas del libro de Ara.

Por eso "Perón no era Perón ni Eva era Eva", su identidad está vaciada y diferida, son otros, "desconocidos o anónimos" que tampoco saben quiénes son. La multiplicidad de identidades se origina debido precisamente a la ausencia de todo significado o contenido. Obviamente, el cuerpo del soberano (Perón/Eva, un cuerpo doble) al que se le atribuye esta ausencia de identidad es un cuerpo político. Por lo tanto, su política es una política vaciada de contenido, es significante puro si se quiere. Borges alcanza en última instancia la intuición acerca del verdadero carácter del populismo a través del tema del doble, el cual fue una obsesión de toda su literatura. A "Borges y yo", habría que agregar "El otro" y "Veinticinco de agosto de 1983".

Agudamente, Cortés Rocca y Kohan señalan un tercer término común en la superposición de la imagen de la muñeca y de la "mujer encinta" que era Perón: la muñeca rusa (74). El "enlutado" lleva en sí, en su seno, el cuerpo de otro, el cual es posible de contener otro a su vez, y así *ad infinitum*. "[Perón], muy compungido, los recibía junto a la cabecera, las manos cruzadas sobre el vientre, *como mujer encinta*" (Borges, *Hacedor* 20, subrayado mío). La muñeca rusa es una perfecta metáfora de la operación vacío/lleno: la vaciedad es lo que permite contener muchos otros sujetos (vacíos). Y es la encarnación del *dictum* escatológico peronista apócrifamente atribuido a Eva: "Volveré y seré millones". La muñeca rusa, un hombre embarazado, la muerte embarazada, es sin duda al mismo tiempo una imagen carnavalesca cuyo fin es paródico. Es una de las formas de la escatología cómica en tanto te(rat)ología prostética.

El simulacro, o la construcción del otro como un simulacro, es una negación del ser del otro. Borges refleja invertidamente la estrategia de Evita y el fenómeno que sufre Alicia: eliminar el nombre propio no mediante su olvido u obliteración (lo cual sería, en el peor de los casos, *naïve*) sino mediante la multiplicación, la pluralización: dos Perón, dos Eva, posiblemente elevados a la enésima potencia. Perón no "era Perón ni Eva era Eva sino desconocidos o anónimos" (21), en el mismo sentido en que, según Derrida, Nietzsche no tenía nada que ver con el que sus contemporáneos conocían por su nombre o, mejor dicho, por su homónimo, Friedrich Nietzsche.

La interpretación baudrillardiana rearticula el relato como una denuncia: la sociedad de la imagen que habitamos está dominada por una visión hegemónica tamizada y traducida por los medios masivos de comunicación. No es casual que un ciego viera esto en el régimen que produjo la primera transmisión televisiva en la Argentina (y en Latinoamérica) centrada en los funerales de su carismática mentora. Es verdaderamente "la cifra perfecta de una época irreal" (*Hacedor* 21).

7.5. Aún podemos ir un paso más allá en la comprensión de estos fenómenos discursivos y regresar al fetichismo o desconocimiento inconsciente estudiado por Žižek para entender mejor por qué el antiperonismo retrata a su adversario bajo la forma de una puesta en escena. El análisis resultante trasciende la mera negación ontológica o "ninguneo" injurioso; permite concebir esta construcción discursiva como una revelación de la realidad ideológica.

Es iluminador tomar como referencia otro texto de Borges. En un número especial de la revista *Sur* publicado en 1956, con motivo del derrocamiento del viejo régimen y del advenimiento de la dictadura militar, el escritor nos otorga una interpretación del peronismo que es a la vez una clave de lectura de "El simulacro"; debido a su carácter ensayístico, el artículo es menos sesgado y más frontal que el cuento, lo que revela con mayor transparencia su tesis de

la existencia de "dos historias" de la república. La primera es de "índole criminal", mientras que la segunda es de "carácter escénico" ("L'Illusion" 121-22).
Según esta peculiar filosofía borgeana de la historia,

> curioso fue el manejo político de los procedimientos del drama o del *me-
> lodrama*. El día 17 de octubre de 1945 *se simuló* que un coronel había sido
> arrestado y secuestrado y que el pueblo de Buenos Aires lo rescataba: na-
> die se detuvo a explicar quiénes lo habían secuestrado ni cómo se sabía su
> paradero [...]. En un decurso de diez años las *representaciones* arreciaron
> abundantemente; con el tiempo fue creciendo el desdén por los prosaicos
> escrúpulos del realismo. [...] todos (salvo, tal vez, el orador) *sabían o sen-
> tían* que se trataba de *una ficción escénica*. (122, subrayados míos)

Borges compara la credulidad de las masas espectadoras con el concepto
coleridgeano de "willing suspension of disbelief" ["la voluntaria suspensión
de la incredulidad"] de un lector ante un texto ficticio. Produce de esta manera la asimilación de la política con un espectáculo artístico, lo que es propio
de la época y común a los campos enfrentados en torno al peronismo.

La fábula con el tópico de la simulación que nos presenta en "L'Illusion
comique" y "El simulacro"—los individuos representan una escena y actúan
como si fuera real—introduce una reflexión sobre la cualidad ideológica del
intercambio social. La actuación de Perón y las masas se sitúa en el plano del
"como si" ["als ob"] que Žižek toma prestado de Alfred Sohn-Rethel. Todos
acatan la representación escénica de Perón *como si* fuera real, "although on the
level of their 'consciousness' they 'know very well' that this is not the case"
["aunque en el nivel de su 'conciencia' ellos 'saben muy bien' que ése no es el
caso"] (*Sublime Object* 18). La suspensión de la credulidad (proveniente de la
estética y la teoría literaria, pero adaptada genialmente por Borges para funcionar en el campo de la filosofía política) era menester para llevar a cabo la
farsa y producir la ficción. Del mismo modo, los habitantes del Chaco que
pasaban a ver el "cadáver" de Evita sabían perfectamente bien que se trataba de
una muñeca, aunque actuaban *como si* no lo hubiera sido. Los peronistas del
Chaco adolecen del mismo mal fetichista que los hermanos de "Casa tomada",
el coronel de "Esa mujer" y los visitantes de la momia de Evita en la CGT, que
por cierto no tenían que pagar entrada para ver el cadáver, aunque tampoco
"les bastó venir una sola vez" (Borges, *Hacedor* 20).

En la alegoría borgeana se puede ver claramente la diferencia que establece
Žižek entre falsa conciencia e ideología. La primera es la "representación

ilusoria" ["illusory representation"] de la realidad, o sea la segunda historia
de "carácter escénico" que las masas y Perón representan. La ideología, en
cambio, "is rather this reality itself which is already to be conceived as 'ideological'—*'ideological' is a social reality whose very existence implies the non-
knowledge of its participants as to its essence*" ["es más bien esta realidad misma
que ya es concebida como 'ideológica': *ideológica' es una realidad social cuya
misma existencia implica el no-conocimiento de sus participantes con respecto a
su esencia*"] (Žižek, *Sublime* 15-16), lo que implica que "the individuals 'do not
know what they are doing'" ["los individuos 'no saben lo que hacen'"] (16).
Tal es en definitiva la formulación marxista ("ellos no saben pero lo hacen"),
cuya consecuencia es, como sostiene Žižek, que toda la realidad ["l'illusion
comique"] se vuelve un *síntoma*. Vale decir, para Borges, durante el peronismo
se estableció un mundo "*whose very ontological consistency implies a certain
non-knowledge of its participants—if we come to 'know too much', to pierce
the true functioning of social reality, this reality would dissolve itself*" ["*cuya
misma consistencia ontológica implica un cierto no-conocimiento de sus participantes*: si llegáramos a 'saber demasiado', a perforar el verdadero funcionamiento de la realidad social, esta realidad se disolvería"] (Žižek, *Sublime* 21).
La compleja colaboración entre Perón y el "pueblo" puede entenderse como la
encarnación de los dos planos o aspectos de la fantasía ideológica. En el nivel
de la conciencia, "ellos saben muy bien" lo que están haciendo y sin embargo...
"The illusion is therefore double: it consists in overlooking the illusion which
is structuring our real, effective relationship to reality" ["La ilusión es por lo
tanto doble: consiste en pasar por alto la ilusión que estructura nuestra relación efectiva, real, con la realidad"] (32-33).

La concepción marxista de la ideología logra explicar la referencia al desconocimiento atribuido por Borges a Perón: "todos (salvo, tal vez, el orador)
sabían o sentían...". Perón no sabe, pero lo hace. Las masas sí saben, y *a pesar
de eso* lo hacen. (Paralelamente, el "enlutado macabro" pudo haber sido un
"alucinado"; o sea, pudo haberse creído su propia farsa porque estaba loco,
como Erminda o doña Asunción hablando con muertos). El gesto de atribuir
al pueblo un tipo de conciencia diferente del de su líder es muy sofisticado.
Mi sugerencia es que la conciencia de los oyentes se homologa a la "razón cí-
nica" que propone Žižek como un remozamiento de la teoría de Marx: "they
know very well what they are doing, but still, they are doing it" ["saben muy
bien lo que hacen y sin embargo lo hacen"] (29). Por lo tanto, la divergencia
entre Perón y el "pueblo" puede entenderse como la emanación de dos tipos

diferentes de ideología.

Para Borges, entonces, la realidad social es una puesta en escena que se toma en serio: una *performance* donde todo el mundo es doble, pero no se conoce el verdadero rostro de nadie. La alteridad sirve aquí como una ilustración de una filosofía política o simplemente de una ontología. Sin embargo, sugeriría que hay un punto donde lo real hace una dramática aparición. La teoría predice que la ideología puede ser develada en el lugar donde se realiza el intercambio, en el momento de la fetichización: el hombre que representaba al "viudo macabro" recibía dos pesos como pago por la entrada al velorio. El dinero es lo único real en toda la historia.

La duplicidad de los personajes sería un producto del sistema, un síntoma del intercambio social y de la ilusión ideológica derivada de este intercambio. Leído a la luz de "L'Illusion comique", el funcionamiento de la realidad social es efectivamente un "espectáculo", como dice Young, o, en términos žižekianos, es una "fantasía ideológica" en que dominador y dominado encarnan roles naturalizados por la costumbre. Nos hallamos ahora en un punto en que la teoría de la *performance* y el estudio de la ideología se tocan. El regreso a la cuestión del otro por medio del examen del síntoma social tiene lugar a través del trasfondo teórico del fetichismo. Žižek cita un pasaje de Marx donde éste explica el concepto usando el ejemplo de identificación y del surgimiento de la subjetividad gracias al reflejo en otro (Žižek no deja pasar la ocasión de comparar este fragmento con el estadio del espejo lacaniano). La conclusión: "identity and alienation are thus strictly correlative" ["identidad y alienación son por lo tanto estrictamente correlativas"] (24).

En el pensamiento žižekiano, el fetichismo mercantilista ocupa un lugar preponderante. Los roles sociales están determinados por la cadena de relaciones sociales, pero para los participantes la determinación recorre un camino inverso: los sujetos consideran que su posición los obliga a actuar de cierto modo. Un caso típico es el del monarca dado por Marx y citado por Žižek: "one man is king only because other men stand in the relation of subjects to him. They, on the contrary, imagine that they are subjects because he is king" ["un hombre es rey sólo porque otros hombres se posicionan como súbditos suyos. Por el contrario, ellos imaginan que son súbditos porque él es rey"] (25). En la sociedad medieval, el fetichismo adquiere la forma de una "relación de dominación y servidumbre". En sociedades capitalistas, en cambio, los sujetos se imaginan absolutamente libres, pero se relacionan a través de las mercancías. La relación amo-esclavo se ve reprimida, despojada de toda connotación sobrenatural. Pero en el peronismo, el "pueblo" solicita al líder que ejerza el rol que ya no está en posición de ejercer, por hallarnos en una sociedad capitalista. Borges revela que el populismo aparece como nostalgia por la relación fetichista medieval, lo que también puede verse en definitiva como una crítica a la forma de la soberanía moderna, el "trono vacío" de Agamben.

La distinción entre ideología y falsa conciencia en la teoría de Žižek es en mi opinión clave para lograr conciliar el impulso hacia el binarismo y hacia la pluralidad constante que se puede intuir en Borges. Tal vez por eso lo que dice Baudrillard acerca de la naturaleza del poder en la era de la simulación se aplica a la puesta en escena de la muerte y el funeral de Eva Perón: "À l'inverse du rite primitif, qui prévoit la mort officielle et sacrificielle du roi [...], l'imaginaire politique moderne va de plus en plus dans le sens de retarder, de cacher le plus longtemps possible la mort du chef d'Etat" ["A la inversa del rito primitivo, que prevé la muerte oficial y sacrificial del rey (...), el imaginario político moderno va cada vez más hacia el sentido de retardar, de ocultar el mayor tiempo posible la muerte del jefe de estado"] (45). Si Evita es una *femina sacra*, en el sentido agambeniano, entonces Borges intenta mostrar el sacrificio ritual y el embalsamamiento bajo un cariz menos halagüeño—el de un engaño y un escamoteo. Sus textos son o una denuncia de la nueva forma social de postergación de la muerte o un nuevo tipo de representación discursiva de la muerte del soberano. "Tout se passe comme si Mao ou Franco étaient déjà morts plusieurs fois, et remplacés par leur sosie" ["Todo sucede como si Mao o Franco hubieran muerto ya varias veces y hubieran sido reemplazados por un sosia"] (45). Perón es un jefe de Estado que busca perpetuarse, por eso es un simulacro: parece un sosia de sí mismo, debería haberse muerto hace tiempo, etc. Pero lo inverso también puede ocurrir, como se verá en el caso de *Eva Perón* de Copi: el sosia puede morir y el original seguir vivo.

Para resumir, habría básicamente tres posibilidades interpretativas en "El simulacro", que no son necesariamente excluyentes. Yendo en orden ascendente desde la más concreta a la más abstracta, encontramos: a) un gesto de "ninguneo" político del régimen en cuestión; b) una denuncia de la sociedad de la imagen y de la escenificación del desempeño público; c) una alegoría del intercambio social como fantasía ideológica.

7.6. La contribución de *La razón de mi vida* a la tradición occidental de diferenciación de los poderes sociales en políticos/religiosos o institucionalizados/espirituales, atribuidos respectivamente al hombre y a la mujer, delimita un aspecto más del inconsciente político de la doctrina de la duplicidad de Evita. Toda la tradición del peronismo opuso Perón a su esposa, siguiendo, consciente o inconscientemente, los lineamientos básicos que ya se encontraban en el *Ur*-texto.

Katra los contrasta y percibe a la vez la existencia de dos Evitas: la voz populista-conservadora que incita al proletariado a ocupar un rol pasivo bajo el mando del Líder y la "defensora apasionada" de los pobres. "[T]he historical woman made no attempt to reconcile the two perspectives. The woman was content to exist with a double personality, a double ideology and a double life" ["La mujer histórica no intentó reconciliar las dos perspectivas. La mujer estaba contenta con existir con una doble personalidad, una doble ideología y una doble vida"] (19). Nancy Caro Hollander sostiene, citando a Jean-Claude García-Zamor, que Perón era "still part of a system" ["todavía parte de un sistema"], mientras que su esposa estaba enfrentada a él (155). Los Montoneros opusieron Eva a Perón, con el fin de salvaguardar el peronismo como movimiento: "It might be expected that revolutionary roles would be attributed to women in positions of leadership or prominence. Evita Perón was characterized at different times as revolutionary, sometimes in contrast with her husband" ["Se esperaría que los roles revolucionarios se atribuyeran a las mujeres en posiciones de liderazgo o prominencia. Evita Perón fue caracterizada en distintos momentos como revolucionaria, algunas veces en contraste con su esposo"] (Taylor 18). Incluso Tomás Eloy Martínez sostiene el antagonismo de la pareja: "Como Perón no podía frenarla, aceptó que ella fuera su complemento, la figura melliza de su poder" ("El segundo nacimiento").

El esquema de duplicidad se encuentra prácticamente en todo texto (pro o antiperonista) que hable sobre el tema. El número de personas que vio a Eva doble no se limita solamente a Borges o a ella misma. Son numerosas las formas de existencia doble, versiones duplicadas o desdobladas que se le atribuyen a Evita. Sarlo menciona a David Viñas como un ejemplo de esto y cita a Paco Jamandreu, el modisto de la primera dama, quien señala en sus memorias *La cabeza contra el suelo* (1975) que "había dos Eva Perón [...] el espíritu de alguien se apoderaba de su cuerpo [...] en ella se encarnaba el espíritu de algún político de muchos siglos atrás" (cit. por Sarlo, *Pasión y excepción* 89). La escisión o fisura es percibida no sólo en el interior del sujeto, sino entre los elementos de la pareja. La estructura está doblemente articulada, a imagen misma del lenguaje; la hembra se opone al macho, pero a su vez está escindida en sí misma. El tópico del *alter ego* es entonces al mismo tiempo un signo de esta noción.

Borges decía apreciar las ideas por su valor literario, más que por su verdad filosófica o política. La geminación es una "ficción" (mística) que requiere credulidad. Se afirma en el espectáculo, la *performance*, el simulacro. La obsesión por Eva, la reiteración obsesiva de los estudios, monografías, fotos, etc., es, sin más, el intento de superar el doblez del poder. Al mismo tiempo, representa la vana búsqueda del lector por ir al encuentro de la persona real que está más allá del nombre del autor "Eva Perón", ese autor-función que para Foucault otorga autoría al texto pero que no fue la persona que escribió *La razón de mi vida*. Para parafrasear otro célebre y acaso genial texto de Borges: una tercera Eva buscamos, la que no está en las fotos ni en los textos. La tercera Eva de carne y hueso, esa carne y hueso hoy imputreficticios que descansan en el quinto subsuelo de la bóveda de la Recoleta. Los avatares del cadáver, la momificación, las expresiones necrofílicas, tal vez no fueron otra cosa sino el intento de trascender las dos Evas, de alcanzar la tercera. Susti llega a una conclusión parecida; la ansiedad por el doble es la ansiedad por descubrir la "verdadera" Evita: "En tal sentido, el escribir o narrar a Eva Perón se funda en el deseo de tomar posesión simbólica de lo real a través del signo, inmovilizar el significado que su imagen, cuerpo, palabra o acto pretendieron implicar en su momento" (226-27). La momificación trata de hacer imperecedero el cuerpo natural, trata de volver real la ficción mística, de que coincidan los dos cuerpos en su perdurabilidad.

En el campo del liberalismo gorila, Borges produjo la crítica más sofisticada y original en contra del peronismo. Percibió con lucidez la soberanía prostética y la te(rat)ología política subyacente en el tema del doble y la muñeca, ya que el doble y el monstruo son la misma cosa, como vimos con Girard (237). Al enfatizar el devenir de su ser, Borges rechazó el intento de perduración implícito en la noción de soberanía, pues, según asevera Derrida, "[t]he sovereign, in the broadest sense of the term, is he who has the right and the strength to be and be recognized as *himself, the same, properly the same as himself*" ["el soberano, en el más amplio sentido del término, es quien tiene el derecho y la fuerza de ser y ser reconocido como él mismo, *lo mismo, propiamente lo mismo que sí mismo*"] (*Beast I* 66). Asimismo, distinguió mejor que nadie las aporías y el desconocimiento fetichista implícitos en la construcción de la ideología política. Sin embargo, el punto ciego del autor ciego fue desconocer que tal efecto es propio de toda la realidad social y no necesariamente limitada a su adversario político. En este sentido, Borges fue en verdad el doble y el otro del peronismo.

CAPÍTULO 8

Gorilas liberales (II): Beatriz Guido y la novela del "medio pelo" argentino

✺

8.1. *EL INCENDIO Y las vísperas* (1964) de Beatriz Guido, una novela característica del antiperonismo de los '60, presenta una de las versiones más depuradas del melodrama antifundacional escatológico. La obra de la autora rosarina es la versión en negativo del género diseminado por el régimen peronista. Si en éste la esperanza estaba centrada en el matrimonio del ejército y el pueblo, gracias a la unión de un general mesiánico con una muchacha común y corriente, en *El incendio y las vísperas* la utopía se halla en la unión de la oligarquía cosmopolita y europeizada con la clase media baja urbana con filiaciones anarquistas. El *affaire* amoroso central ocurre entre Inés Pradere, heredera de una familia aristocrática en desgracia durante el peronismo, y Pablo Alcobendas, estudiante ateo, descendiente del militante ácrata Severino Di Giovanni y admirador de José Ingenieros. La sola mención del nombre Pradere "le producía la sensación de que estaba trabajando para los dueños del país, los dueños de la tierra" (46). En una ironía trágica, el destino lo fuerza a revisar su actitud, pues se enamora de la heredera y se hace amigo del hermano. Guido recurre a un latiguillo común de la época al comparar el régimen depuesto con el período de Rosas.

8.1.1. Obviamente, la función del paralelismo es establecer una identificación entre la barbarie federal y las oscuras hordas fúnebres peronistas. La muestra más clara es la semejanza argumental con *Amalia*, una novela clave del romance fundacional decimonónico. Aunque la semejanza es aceptada por algunos críticos como María Gabriela Mizraje, Arturo Jauretche rechazó de plano la comparación de *El incendio y las vísperas* (a la que, según él, el "medio pelo" considera la *Amalia* de la "Segunda Tiranía") con la novela de Mármol, porque "la novela histórica supone cierto mínimo de ajuste a la realidad en la construcción de la trama, en la descripción del medio sobre el que se borda la acción y en los personajes, que deben ser congruentes con la época" (203).

La clase baja se corporiza en la insolente criada Antola Báez, que "revive segura de su poder, sedienta por humillarlos, imponente en su fealdad, sin edad, sin formas" (Guido 10); "sabedora de todos los secretos" de la estirpe, se alimenta "de rencores y de sombras" (93). Es una figura temida que produce la inversión de los roles sociales: es ella la que manda ahora, no Alejandro Pradere, el patriarca. Alejandro debe rebajarse a rogarle que le sirva y Antola advierte a "los demás que vayan aprendiendo" (16). Incluso llega a insinuar maliciosamente que pudo haber existido un amorío entre ambos. En cierto sentido, Antola encabeza la rebelión de los sirvientes. Su insolencia es el índice de la revulsión social.

8.1.2. En otra oportunidad, los Pradere se quejan de que a los sirvientes "ahora se les ocurre emplearse en las fábricas" (58). Como la novela comienza el 17 de octubre, la casa está abandonada porque los sirvientes fueron a asistir a los festejos peronistas. La situación es similar a la interpretación que habíamos propuesto para "Casa tomada" de Cortázar. Sin embargo, Jauretche parece contradecir algunas premisas presentadas en ese capítulo. Pese a las mejoras sociales implementadas por el peronismo, el autor niega que el "servicio doméstico de las grandes casas [esté] agremiado y sólo por una ignorancia total de su psicología y comportamiento habitual puede suponerse el abandono del trabajo el 17 de octubre; esta gente cree tener un status especial con respecto al resto de domésticos y gastronómicos" (207n52). La fuga de los sirvientes de "Casa tomada" se había sustentado en estadísticas que mostraban una disminución del servicio doméstico, pero Jauretche le achaca una falsa conciencia de clase que lo haría imposible. No obstante, sea cual haya sido la realidad, lo que importa es la percepción que connotan ambas obras. Tanto Cortázar como Guido, *desde la clase media,* describen una clase alta cuyas casas han quedado vacías. La ansiedad por el abandono corresponde a una visión pequeño-burguesa que le atribuye tal sensación a la alta burguesía oligarca y con olor a bosta (los Pradere son también *dueños de la tierra*).

El funcionamiento de la cadena sinecdóquica familia-clase-nación es alterado por la irrupción del peronismo en la vida política argentina. Descendientes de los triunfadores de Caseros, los Pradere son la familia oligárquica por excelencia, emblema del avatar liberal del país, que ha dejado (o ha sido obligada a dejar) su antiguo rol fundacional; otra clase la ha reemplazado y el responsable de su promoción es el peronismo. Los integrantes de la familia se dan cuenta de que un pueblo distinto asume ahora la representación de lo nacional. Si bien el peronismo se presentó en su doctrina como el movimiento capaz de armonizar las distintas clases sociales, en una alianza que amigara al patrón con el obrero, para Guido esto sólo fue posible debido a una reacción en contra del régimen, no como producto del mismo. El odio al "tirano" es el aspecto ideológico en el que el anarquismo y la izquierda parecen coincidir con la oligarquía vacuna conservadora. Cuando José Luis Pradere, el hijo de Alejandro, se une a Alcobendas, le viene a la mente la siguiente reflexión: "No quería explicarse por qué estaban todos mezclados: conservadores, obreros, estudiantes, radicales y ahora comunistas y socialistas" (52). Gracias a esta posibilidad de conciliación nacional, un anarquista y un "niño bien" de Barrio Norte aúnan fines y objetivos para "destruir un régimen, deponer un gobierno" (108). Guido encuentra en el peronismo un motivo que está más allá de las matrices usuales del pensamiento político; es un fenómeno metapolítico. Si entre los opuestos hay identidad o coincidencia en cuanto al partido gobernante es porque nada hay en él que se les parezca, no tienen nada en común con tal engendro.

Además de ser el factor emulsionante del acuerdo entre la izquierda y la derecha, el peronismo cumple la función de catalizar el lazo fundacional entre la clase alta y la media-baja. En una transposición de la trama de los folletines semanales analizados por Beatriz Sarlo (*Imperio*), donde el ascenso social para las costureritas y muchachas honradas de la clase trabajadora sólo era posible mediante el matrimonio con un galán rico y bueno, el amor le abre a Pablo las puertas del paraíso oligarca gracias a una casualidad desencadenada por el activismo político. Inés y el estudiante se conocen cuando éste es conducido a la calle Schiaffino para recuperarse de una herida sufrida durante el rescate de dos compañeros presos. El origen del idilio radica entonces en la resistencia clandestina en contra de Perón.

Hasta su encuentro con el estudiante, Inés había sido frígida y tenido relaciones con hombres que no la hacían gozar. En el primer encuentro sexual entre ella y Pablo, Guido despacha rápidamente la escena utilizando un cliché típicamente melodramático ("el antiguo y sagrado rito de amor" [Guido 74]). Luego "ella gime en sus brazos, no sabe si de dolor o de placer, aunque sí sabe que ha visto muy de cerca la cara de Dios" (73-74). En este caso, la expresión popular "verle la cara a Dios", que usualmente significa tener sexo por primera vez o tener sexo lisa y llanamente, cambia de sentido; ahora significa "alcanzar el orgasmo". Ante el revolucionario/anarquista, Inés vuelve a ser virgen, se *virginiza* y se *desfrigidiza*. Es importante la posición social del sujeto que produce la subversión o liberación sexual, pues remite al estereotipo clasista que concibe las clases inferiores sexualizadas y con mayor potencia erótica. El régimen es también, paradójicamente, un principio afrodisíaco que une corazones. La relación de los viejos Pradere se ha deserotizado y el patriarca llega a sentir que "una inmensa ternura reemplaza al deseo" por su esposa (82). Sin embargo, la marchita pasión entre Alejandro y Sofía renace cuando él comienza a trabajar clandestinamente en la resistencia antiperonista (123). El renacer del fuego erótico es un tipo de recompensa poética que demuestra lo íntimamente ligados que están el sexo y la política en la economía simbólica de la novela. Cuando a Pablo lo conducen a la cárcel por cometer actividades subversivas, "ve a dos hombres practicar tiernamente los gestos del amor. Sin antecedentes de la forma primera que los engendrara", uno de los presos explica: "el amor es lo único que cuenta; yo estoy aquí por amor" (163-64). Durante la escaramuza en donde resulta asesinado el estudiante Salmún Feijóo, hecho real sucedido en 1945 (Borello 211), Alcobendas levanta la cabeza del muerto, lo cual le parece un acto "mucho más poderoso que el acto de amor" (Guido 49).

Sin embargo, a pesar de atizar la libido, cohesionar a las clases alta y baja, y reconciliar a la izquierda y la derecha en una reacción en su contra, el peronismo revela un carácter dañino y destructor. Al final, la policía atrapa a Pablo Alcobendas y lo somete a torturas por sus actividades subversivas. Es violado por un sujeto apodado no sutilmente "Banano"; aislado en su celda, siente que "era Perón quien entraba en ese cuarto" (153). A continuación, "se ensaña[n] con su sexo" (162) y terminan castrándolo, en una imagen que, como señala Mizraje, remite a "El matadero" de Echeverría y a "La fiesta del monstruo" de Borges y Bioy Casares. Los malos son quienes impiden la armonía de los amantes. De este modo, el peronismo vuelve imposible el romance fundacional entre héroe y heroína, esterilizando todo intento de unión.

Aunque la novela tiende a identificar naturalmente la política y la erótica, borrando las fronteras que las separan, en varias ocasiones muestra la relación conflictiva que existe entre ambas. Para la novia oficial de Alcobendas, que le reprocha continuamente "¿Cuándo, cuándo vas a dejar la política?" (47), el interés de Pablo juega en contra del amor: "No sabía que eras tan puto. ¿Por qué no me dijiste que ya no te gustaban las mujeres? Eso te pasa—agregó sabiamente—por meterte en política" (117). Inés, por su parte, se pregunta: "¿dónde habrá aprendido este hombre, cuya vida ha transcurrido entre la cárcel y la lucha, entre la contrarrevolución y la oposición, los gestos del amor?" (68). Esta dificultad de la coexistencia del erotismo y la militancia activa es parte del mecanismo productor de la narración, como hace notar Beatriz Sarlo acerca de los folletines semanales de comienzos de siglo: sin obstáculos no hay literatura (*Imperio*, cap. 5). Pero al mismo tiempo Guido prefigura la postura discursiva de una izquierda revolucionaria tradicional y homofóbica, que ve el sexo (y sobre todo la homosexualidad) como una distracción burguesa o una perversión.

Antes de sufrir la mutilación, Pablo expone sus propias ideas acerca de la relación entre sexo y militancia: "la posibilidad de no poder realizar el amor o el acto del amor, le preocupaba como un hecho ajeno a él, una especulación burguesa. Un ente político, un guerrillero, [...] no tenía derecho [...] a preocuparse" (117). El compromiso político no puede ir unido al compromiso romántico en la opinión del revolucionario. Contrario a los postulados ideológicos del mismo melodrama fundacional (que supone la identificación de ambas opciones), este pensamiento anticipa premonitoriamente el propio futuro del joven. La ironía trágica de la novela funciona en varias direcciones: por un lado, es quizá una especie de justicia poética que castiga al personaje por expresar un sentimiento ajeno al *ethos* de la obra; por otro, le otorga la posibilidad de purificarse de deseos molestos para dedicarse de lleno a su principal vocación. A la vez, el efectismo derivado de este rudimentario artificio (predecir la propia calamidad) es un índice del impulso melodramático de la novela.

8.2. Una diferencia notable que existe entre los folletines melodramáticos de la primera mitad del siglo XX y *El incendio y las vísperas* se encuentra en la manifestación del conflicto social o político. Mientras los primeros se caracterizan por la prolija evasión de toda referencia histórica, nadie puede negar el fuerte anclaje en la realidad de las obras de Guido, factor que incluso lleva a críticos como Borello o De Marval-McNair a sugerir que estamos en presencia de un testimonio o una novela documental (lo cual es una hipérbole). No obstante, la novela se adscribe a numerosas convenciones del género rosa folletinesco. Varios críticos hicieron notar las numerosas inverosimilitudes de que adolece la obra. A pesar de opinar de que se trata de una novela histórica, Mizraje piensa que Guido "sacrifica [...] lo verosímil" (253) y que "la forma se vuelve evidente en exceso" (259). La palabra clave aquí es *exceso*. Desde su conocida posición apologética del peronismo, Jauretche intenta demoler la novela de Guido burlándose de la suma de incongruencias que contiene. Su capítulo VII de *El medio pelo en la sociedad argentina* registra una larga lista de despropósitos que él atribuye al desconocimiento, por parte de la autora, de un medio social ajeno, a su falsa conciencia ideológica y a su voluntad de "creerse lo que no se es" (193).

En realidad, tales gestos se pueden (o deben) considerar una estratégica puesta en escena de clichés propios del folletín. Jauretche lo considera un libro fallido, de mal gusto, un "subproducto de la alfabetización" (194). Sin embargo, es una obra que alcanzó el objetivo de gustar al lector de "medio pelo"; como el mismo Jauretche no puede dejar de señalar, la novela fue un éxito de ventas: 200.000 ejemplares vendidos en 16 ediciones (Fernández de Robinson 135-36). Es imposible decir que no haya sido lograda dentro de los parámetros de la literatura masiva. Si bien *El incendio y las vísperas* no es propiamente histórica ni realista, Jauretche la juzga como una obra de "alta literatura" cuando sigue convenciones del folletín y la literatura popular. En el sentido en que el melodrama fundacional se aparta de las convenciones de contención y realismo de la "alta literatura", se reinstituyen la tradicional deshistorización y desrealización que lo caracteriza.

Otro ejemplo de este tipo de incongruencias miméticas provenientes del romance folletinesco tiene que ver con la psicología exacerbada de los personajes. Antola Báez, la sirvienta cuasi-iletrada, hace notar, al enterarse de que los peronistas querían "visitar" Bagatelle, la estancia de los Pradere (que finalmente terminan expropiando): "También los alemanes dijeron que iban a visitar París y allí se quedaron por un tiempito..." (Guido 15). En un gesto similar, Antola le espeta a Inés en otra ocasión: "Mirá que en tu familia ha habido incesto. Preguntale a Mujica Láinez que lo escribió y todo" (68). Dos desacomodos argumentales: cómo es posible que una sirvienta ineducada pueda hacer este tipo de conexiones históricas y políticas propias de un intelectual; cómo es posible que vocee nociones en contra del régimen que supuestamente la beneficia y está de su lado en contra de los patrones, a los cuales ella misma evidentemente odia, ya que todos los peronistas son unos "asquerosos", según sus propias palabras. La asimilación del peronismo con el nazismo es propia de las clases media y alta liberales. Antola, en su rol notoriamente (tele)novelesco de sirvienta "mala" y artera, es la voz encargada de cantarle las cuarenta a sus empleadores, es el coro griego que profiere verdades que los mismos personajes no son capaces de ver. La irreal insolencia de la sirvienta la vuelve la voz moral crítica de las costumbres sexuales de la degenerada burguesía: "Cuando los hombres se decidan a recibir, esta casa se convertirá en un lujoso hotel de citas" (61). "¿Y los demás? ¿Se quedaron a 'revolcarse' un poco en Bagatelle?" (66). Acerca de Inés y su proclividad a usar ropas masculinas, observa: "Y también se visten de hombre" (68). Inés la llama "íncubo" destinado a señalar "nuestros pecados" (73). La voz del pueblo, aunque deleznable, es acusatoria, como una Erinia. Por eso su representación está ligada a los insectos y los animales repulsivos: "el musgo, los murciélagos y las arañas" (93).

De esta manera y a través de este personaje, Guido sacrifica la verosimilitud por el efecto. Es en el sentido de que lo simbólico supera lo operatorio—en oposición a la propuesta de Barthes de que en la novela clásica ambos son indecidibles—en que el pasaje es melodramático. En la mente del lector, el valor hermenéutico de las palabras de Antola tiene mayor peso o relevancia, en cuanto al efecto buscado, que la impresión de inverosimilitud causada por esas mismas palabras y la imagen final que queda de la sirvienta es la de una alegoría melodramática.

Además de la psicología de los personajes, otro rasgo característicamente folletinesco es el tratamiento del cuerpo. Algunos personajes están marcados o sufren marcas de distinta índole. Según Brooks, quien sigue en esto a Aristóteles, pueden existir tres tipos de señales físicas: signos congénitos (marcas de nacimiento), adquiridos (cicatrices) y vestidos o usados (*Body Work*, cap. 1). Todos éstos se hallan en la novela y poseen una estratificación por clase; la clase baja ostenta los dos primeros y la clase alta, los últimos. La sirvienta Antola, que va "invadiendo" la casa de los Pradere, es tuerta, renga y tiene un párpado caído. Arrastra consigo, además de su pierna, un olor a "lavandina y a tricófero" (16). El estudiante Alcobendas padece la mutilación de sus genitales. La hija de una amante mantenida de Ramón Pradere, hermano de Alejandro, es paralítica (32). Del lado de la clase alta, más allá de la belleza (si es que se la puede considerar una "marca"), los signos más ostentosos son obviamente las joyas y las vestimentas lujosas; Inés tiene además predilección por las batas masculinas. La mayor "amputación" que les sucede a los terratenientes no tiene lugar en el cuerpo, sino en los bienes materiales más preciados: la expropiación de Bagatelle y la rotura de la estatua "Diana" de Falguière, con la cual Alejandro tiene una relación fetichista.

Las distinciones de clase con respecto a los tipos de marca que conjura Guido en *El incendio...* son significativas. El cuerpo ocupa en esta novela—y en el melodrama—el lugar de objetivación de la interioridad psicológica, puesto que "[t]here is no 'psychology' in melodrama [...], there is no psychological conflict. [...M]elodrama exteriorizes conflict and psychic structures producing instead what we might call the 'melodrama of psychology'" ["no hay 'psicología' en el melodrama (...), no hay conflicto psicológico. (...) El melodrama exterioriza el conflicto y las estructuras psíquicas produciendo por el contrario lo que llamaríamos 'el melodrama de la psicología'"] (Brooks, *Melodramatic Imagination* 35). La exteriorización maniqueísta del conflicto entre el peronismo y el antiperonismo se realiza a través de las marcas físicas de los personajes; cada grupo social aparece identificado con un conjunto de señales diferenciadas.

En suma, el carácter político del melodrama fundacional, como comentario de la realidad social e histórica, utiliza paradójicamente medios folletinescos para manifestarse, en tanto la desrealización y la supremacía de lo simbólico y efectista presentan una denuncia del peronismo.

8.3. Si bien la novela sigue en general los patrones convencionales del género, es en el plano ideológico en donde se revela su peculiar naturaleza melodramática, o sea la reducción ética maniqueísta con el enfrentamiento entre el bien y el mal. La crítica considera usualmente la novela como un enjuiciamiento e inculpación ya sea de un régimen corrupto (el peronismo) o de una casta envilecida y materialista (la oligarquía). Incluso para algunos, el suicidio de Pradere, que ocurre luego de que la turba peronista quema el Jockey Club, es un acto reivindicativo y una expresión final de libertad a favor de la sufrida aristocracia (De Marval-McNair 64-66; Borello 213-14; Mizraje 253-60).

La evaluación ideológica de la novela debe tener en cuenta el factor estético. Guido atribuye a la estética un rol importantísimo, que conforma en su pensamiento una especie de trinidad junto con la política y la erótica. La expropiación de Bagatelle y la destrucción del Jockey Club y de la "Diana" son la castración simbólica de la oligarquía. En Alejandro Pradere el sentido estético y la pasión artística desplazan a la política en la hipóstasis con el erotismo y el nacionalismo: "'Patria' era, en fin, su relación sexual entre él y los objetos de arte" (88). Los objetos a los que se refiere son tres: Bagatelle, la "Diana" de Falguière y el Jockey Club. La primera tiene la peculiaridad de ser un bien inmueble. La novela presenta la siguiente equivalencia: "entregar la tierra [Bagatelle]" es entregar "la esencia de la familia" (91). Con la estatua, Pradere mantiene una relación que sólo puede calificarse enamoramiento à la Pigmalión. "Diana" es el objeto sexual más importante para Alejandro. No deja pasar ocasión de tocarle las "posaderas" cada vez que atraviesa a su lado y periódicamente organiza sesiones de baño, en donde se introduce desnudo en una bañera para lavarla. La "Diana" es claramente un avatar de las muñecas, estatuas y momias peronistas, pero con un sentido invertido, pues en su caso los responsables de la mutilación final son las hordas peronistas y no los gorilas. En cuanto al edificio del Jockey Club, emblema clasista por excelencia, es de por sí una joya estética arquitectónica que alberga al mismo tiempo numerosas obras de arte y una biblioteca única. Estos son entonces los tres territorios que conforman la peculiar "patria" de Pradere. El patriarca estetiza incluso el modo de relacionarse con quienes lo rodean. A los mismos cuerpos de sus hijos los considera una obra artística. Alejandro ve a Inés como un cuadro de Piero della Francesca, aunque apropiadamente "asexual, infantil, eso que tanto aman los padres en sus hijos. Algo que no les recuerda sexualidad ni pecado" (95).

La variación simbólica que va de lo erótico a lo estético altera el marco tradicional del romance fundacional y pone en juego el conflicto ético propio del melodrama. El dilema moral para Pradere ocurre entre "entregar la tierra" de los mayores (la familia, la patria, la erótica) o pactar con el régimen dictatorial y tiránico entregando la dignidad. En el folletín tradicional se ponía en escena la lucha de la heroína de turno por salvaguardar su honor y virtud del villano que deseaba arrebatárselos. En *El incendio...*, la heroína es Alejandro Pradere, adecuadamente feminizado, quien desea evitar la expropiación de Bagatelle. El villano de rostro populista quiere Bagatelle o la humillación del oligarca y no se conforma con menos. Al final, Pradere toma la decisión de entregar la tierra y, humillado, se resigna "al oprobio y la vergüenza" (93).

En la resolución del dilema moral, la novela incurre en el absurdo involuntario propio de todo melodrama. La pérdida de dignidad para Pradere supone asumir el cargo de Embajador en Uruguay. Hay que subrayar la ausencia de ironía y de humor al concebir la "humillación" como el acceso a un cargo honorífico gratificante, ocioso y redituable. (A Jauretche no se le pasa por alto esta contradicción; es una de las tantas inverosimilitudes y "zonceras" que detecta en la novela). Sólo se puede entender el "castigo" que imagina Guido como desgracia o prueba trágica, como sumisión humillante, si se parte del supuesto de que el peronismo es totalmente aberrante y pervertido y cualquier contacto con él se vuelve impuro para el que lo toca. La condena ética y política del movimiento pasa entonces por la estética; el peronismo es la antiestética, el mal gusto, y encarna todo aquello que está en contra de los valores clásicos de belleza y cultura occidental. El final desgraciado revela la correspondencia entre ética y estética: ni siquiera pactando se puede detener el impulso destructivo del peronismo. La casa de veraneo es expropiada, la estatua es destruida y el edificio del Jockey sucumbe a las llamas. Paralelamente, la tragedia se difunde también al plano erótico: el goce sexual es obliterado por la castración. Mizraje señala su valor metafórico: se mutilan ideales, juventud y riqueza (262). El quiebre o rotura de "Diana" corresponde a la amputación del pene de Alcobendas. El régimen desemboca en lo antinacional a través de una cadena lógica generada por las series metonímicas estética-erótica-política y familia-clase-nación.

¿Cómo se definen los rasgos estéticos abyectos? ¿Con qué características se identifican? La propuesta estética antiperonista se revela por contraste con el proyecto del otro, con su vulgaridad y mal gusto. Además del calificativo de "pompier" que los Pradere otorgan a las obras de arte justicialistas, la novela identifica a los otros sectores populares (clase media y baja) con la efusión sentimental o con la pasión, tan cara a Evita y a las radionovelas: "Creo que [Pablo] lloraba. Después de todo, la clase media puede permitirse esas explosiones histéricas" (99). En realidad, toda represión del régimen pasa por una cuestión de gusto. La mayor ironía de la novela de Guido es que esta denuncia estética se realiza recurriendo a los mismos dispositivos literarios de la bestia odiada: el melodrama fundacional.

8.3.1. "Vocablos como *mentira, ignominia, vergüenza, mal, atropello, vulgaridad, chabacanería*, o algunos de sus sinónimos [...] dan tono a una condena del régimen peronista que no es sólo política sino moral y aun estética" (Altamirano, "Qué hacer" 21). Con el casamiento entre política y estética que establece un paralelismo entre los pares binarios peronismo-antiperonismo y mal gusto-belleza, la novela de Guido parece reforzar la tesis de Pierre Ostiguy de que las identidades políticas en la Argentina tienen una base sociocultural antes que ideológica, que es retomada por Moffitt bajo el lema de los "malos modales" populistas. Ostiguy interpreta el antagonismo político según la dimensión alto-bajo. Mientras lo bajo "denota gustos, procederes, comportamientos, expresiones y modos de hablar más 'crudos', 'chabacanos', hasta (dicho informalmente) más guarangos" (136-37), lo alto denota refinamiento, cosmopolitismo, una cultura y educación muy cuidada y libresca. El autor explica las oscilaciones del peronismo desde la extrema izquierda a la extrema derecha en base a un espectro cultural, pero sin identificar absolutamente un campo ideológico o social correspondiente a dichas manifestaciones. *El incendio y las vísperas* da un mentís a esta hipótesis por *reductio ad absurdum*. Los mismos antiperonistas y antipopulistas incurren en la chabacanería y el *kitsch*. Lo que Ostiguy y Moffitt no perciben es que la misma distinción alto-bajo es una construcción o ficción del otro, o sea un producto de la subjetividad. Los lectores que hicieron de la novela un *best-seller* y la autora misma percibían la novela como una mercancía cultural con altos valores estéticos y, por ende, le achacaban chabacanería a su adversario político. Inversamente, el escritor peronista Jauretche percibe en el artefacto cultural producido desde el liberalismo la falsedad del mal gusto y lo *mid-cult*.

8.4. El principal problema que se presenta en la concepción ideológica del rol de los Pradere es la evidente imagen de disipación y decadencia sexual que se desprende de la familia. La endogamia, el incesto y las inversiones de género son rasgos típicos y reveladores en la novela. Las sexualidades alternativas que registran los Pradere son propias del universo melodramático guidiano.

8.4.1. En otras novelas de la autora aparecen características similares en personajes de la clase alta. Por ejemplo, en *Fin de fiesta* (1958), dos primos hermanos de la familia Braceras mantienen una relación semi-incestuosa; el incidente que pone en marcha la acción es un acto de voyeurismo; el hijo bastardo del patriarca, Gonzalo, tiene tendencias homosexuales, por lo cual su padre lo hace ingresar al seminario. A esto se suma un tipo de marca muy típica del melodrama, la locura, que aparentemente sólo tiene incidencia en la clase alta. Julieta Braceras se vuelve loca a consecuencia de varios embarazos malogrados. Si bien la locura está ausente en *El incendio y las vísperas*, Antola sugiere sin embargo en determinada ocasión: "Mejor será que nos vayamos a Carrasco. Aquí se van a volver locos. Podríamos también inventarle a tu madre una enfermedad, una tisis o una melancolía" (100).

La endogamia es una característica típica del género y *El incendio y las vísperas* no es una excepción. La libido sólo circula y se mantiene dentro de los límites familiares. Hay amagos incestuosos entre José Luis Pradere, Alejandro e Inés. Si se establecen relaciones fuera del círculo familiar, es necesario que ellas pertenezcan a otra clase social, de lo contrario se incurre en la frigidez como en el caso de Inés con su amante (de la cual la rescata Alcobendas, el primero que la hace gozar) o en el engaño mutuo (Sofía y Alejandro). Otra relación "feliz" es la que posee Ramón, hermano de Alejandro, con una simple mujer de pueblo. La comparación de los cuerpos de los hijos con una obra de arte sugiere un oculto deseo perverso, a pesar de que Alejandro considere la inclinación "asexual" (lo cual suena más bien a negación inconsciente). Ya que la relación con su esposa se ha desexualizado, ahora tiene la impresión de que acostarse con ella "es inmoral; es incesto, después de convivir tantos años" (82). Además de la endogamia, se insinúan otras formas de sexualidades no-normativas. Inés usa las ropas de José Luis, "disfrazándose" de su hermano; su amante "oficial", Alberto Gramajo, le regala un "salto de cama de hombre" (21), porque son los que a ella le gustan. El patriarca Alejandro sabe de modas. Interesado en prendas femeninas, usa aguja y dedal y sabe coser. "Serías el mejor modisto del mundo", le dice uno de sus hijos (18). Ya se ha mencionado además la inusual relación fetichista que establece con la estatua de Falguière. Antola sugiere en varias oportunidades que los Pradere transmiten genéticamente sus "faltas" libidinales. A Inés le espeta que se comporta "como tu madre; ella [lleva amantes] al tercero, vos en la bohardilla..." (72).

La proclividad biológica de los personajes a la "degeneración" se acentúa aún más por contacto con el peronismo. La misma novela sugiere una correlación mutua entre el peronismo y la masturbación (léase sexualidad anormal): "recorrer el cuerpo con su mano le parecía tan vergonzante como el pacto que todos acababan de sellar con Perón" (100). Masturbarse es someterse al tirano. Por añadidura, ambos actos (el onanismo y el contubernio) resultan improductivos. Alcobendas denuesta del siguiente modo a Pradere, por haber aceptado el cargo ofrecido por el gobierno: "nuestro embajador en el Uruguay, peronista, vendido, puto..." (110). El sometimiento simbólico representa la pasividad homosexual y la traición ideológica.

Cursilería, depravación libidinal y corruptela ética y política anudan una significativa alianza en el marco de la novela. El crítico Rodolfo Borello ilumina involuntariamente los lazos entre ellas al quejarse de que la obra trata "lo sexual" con "exageraciones [que] tocan a veces la cursilería y el mal gusto" (214). El prejuicio del crítico, quien nunca menciona cuáles son las "exageraciones" que ofenden su sensibilidad, revela la inconsciente homologación que se establece entre erótica y estética en tanto se conjuga aberración sexual y error de apreciación. Curiosamente, los personajes de la novela que amonestan al peronismo debido a su mal gusto habrían coincidido de buena manera con la evaluación del crítico literario.

La suma de perversiones genéticas liquida la estirpe de los Pradere: Alejandro se suicida, Inés jamás podrá tener un hijo de Pablo y, sugestivamente, José Luis no se muestra interesado en formar pareja. La maldición de la infertilidad que recae sobre el apellido adquiere así resonancias cósmicas. La novela reafirma el prejuicio popular que liga la endogamia y la perversión con la degeneración genética y la esterilidad, achacadas usualmente a las clases altas (Altamirano, *Peronismo* 120). La narración, en cambio, presenta la clase baja con una mayor rigidez en las costumbres sexuales, más vigilante de las desviaciones que puedan surgir. Ambas son el símbolo de una clase social (la oligarquía) que nunca pudo lograr incorporar positivamente al otro para lograr fertilizar su simiente. El aislamiento cultural y la ceguera política son los causantes de su extinción. Las únicas relaciones más o menos fructíferas (la de Inés y Pablo y la de Ramón y su amante) se dan entre sujetos pertenecientes a clases sociales diferentes. El incendio del título es el acto de expiación y purgación de la clase alta por sus pecados. Por eso, De Marval-McNair señala una reivindicación final de Pradere. El que no es reivindicado en absoluto es el peronismo.

¿Qué lleva a la autora a estigmatizar al adversario del peronismo de este modo? ¿Se trata aquí nuevamente de una simbología melodramática que supera a lo operatorio o es que se puede extraer un contenido ideológico y político preciso de esta representación? Leído en clave política, este mecanismo semiótico es coherente con la percepción de los Pradere como alegoría de la Argentina: la familia-nación liberal, rica y europeizada, se degeneró paulatinamente debido a sus impulsos culturales centrípetos. Esta sociedad corrompida encontró su fin definitivo al entrar en contacto con un régimen bárbaro y violento, opuesto en todo a ella. La adjudicación de una culpa o pecado original es propia del discurso nacionalista y revisionista, lo cual es coherente con el substrato ideológico del melodrama fundacional y la identificación metonímica familia-nación. La "mancha" de la familia se remonta genealógicamente a Caseros, el origen histórico de la república liberal. En una carta secreta en posesión de Pradere, un antepasado general del ejército confiesa haber matado a cinco personas obligado por los federales. Alejandro quema la carta para que la historia nunca recuerde tal crimen (la purifica por el fuego) e invierte las acciones de su ancestro. Donde éste era "un pecador condenado a ser santo por toda la eternidad" (170), el embajador intenta ser héroe haciéndose pasar por traidor. Al igual que toda la tradición antiperonista, Guido establece un paralelo histórico con la época de Rosas, identificando a los unitarios con los liberales y al peronismo con la barbarie federal. Los Pradere son descendientes de los primeros, que se exiliaron del régimen de Rosas en Montevideo (103), lo cual prefigura el "exilio" final de Alejandro en Uruguay.

Como en el caso de "Casa tomada", la ideología historiográfica y política que ostenta la alegoría fundacional de Beatriz Guido es también deudora de los ensayos sociológicos de interpretación nacional de la década del treinta. El discurso de raigambre nacionalista leía la historia a la luz de contenidos míticos y metafísicos. La nación padecía una mancha o pecado en su origen que la condenaba a sufrir y expiar estos males repetidamente. El fatalismo conservador se refleja en *El incendio y las vísperas* en el final desolador (y escatológico, por el uso del fuego como purificante) que anuncia el ocaso de la estirpe de los Pradere, consecuencia de una continua degeneración. Si bien el liberalismo oligárquico cae en desgracia, para Guido el nuevo régimen no se encuentra en situación de reemplazarlo: su impulso es aún más destructor, pues deja a la pareja fundacional en una situación de esterilidad irreversible.

En conclusión, *El incendio y las vísperas* unifica la erótica, la política y la estética para impugnar al peronismo, construyendo el régimen como estéril, bárbaro y feo (de mal gusto y "asqueroso"). La cadena metonímica es típica de la ficción del otro, el proceso de construcción del populismo por parte del liberalismo. Guido abreva no sólo en formas estéticas atribuidas a su *bête noire*, sino que también debe recurrir a la te(rat)ología política y soberanía prostética para su elaboración. Éstas se manifiestan claramente en el *leitmotiv* de la mutilación (amputación del pene y de otros miembros), la monstruosidad de algunos personajes pertenecientes a las clases bajas, como Antola, y en el tópico de la muñeca-marioneta a través de la pediofilia o automatofilia de Alejandro Pradere con la estatua del Jockey Club.

CAPÍTULO 9

Un cadáver en el closet: *Eva Perón* de Copi

꙳

9.1. EN LA NOVELA *Santa Evita*, Tomás E. Martínez sugiere que los homosexuales tienen una hipotética superioridad epistemológica al tratar el peronismo. Desde tal posición, Copi abre el closet para revelar un cajón, el ataúd
con el cadáver de Evita. El *coming-out*, la salida del closet, tiene lugar cuando
se saca la momia del féretro y se la expone a la vista pública. En tanto proceso
de percepción que requiere espectadores que lo reconozcan como tal para
otorgarle existencia (sin público no es posible, puesto que no hay un "afuera"),
el acto cobra carácter teatral y espectacular. La teatralización produce el doble
gesto del *coming-out* (muerte-sexo) en el peronismo, porque el escenario es "el
sitio exhibicionista por excelencia" (Tambascio 107). La escopofilia invade el
deseo del espectador, quien adquiere el rol de *mirón* activo.

Copi fue el pseudónimo del dramaturgo, dibujante, polígrafo y comedió-
grafo Raúl Natalio Roque Damonte (1939-1987), hijo del periodista Raúl Damonte Taborda, mencionado en el capítulo sobre Eva por haberle endilgado a
Perón el atributo del *membrum puerile*. Vástago de una adinerada familia por-
teña que marchó al exilio luego de la llegada de Perón al poder, Copi se crió
en París y escribió y representó la mayor parte de su obra en francés. A partir
de 1962 publicó dibujos y tiras cómicas en periódicos y revistas del medio y
desde 1966 estrenó diversas obras de teatro (previamente había llevado a escena dos piezas en la Argentina). Entre sus puestas más celebradas se cuentan
L'Homosexuel ou la Difficulté de s'Exprimer (1971), *Loretta Strong* (1974) y *La
Pyramide* (1975). Publicó varias novelas, entre ellas *Le bal des folles* (1976),
La vida es un tango (1979) y *Cachafaz* (1980), éstas dos escritas en español, y
la póstuma *L'internationale argentine*. Murió de sida en París. El estudio de

su obra se inició, o al menos cobró impulso, con el trabajo bio-crítico que le dedicó César Aira a comienzos de los '90, de donde extraigo parte de esta información.

Su carrera de escritor alcanzó el pináculo con una breve pieza de 45 minutos. *Eva Perón* tuvo su estreno el 2 de marzo de 1970 en el teatro l'Epée de Bois, en medio de un resonante éxito de público y un gran escándalo de crítica, "en particular el del diario *Le Figaro* que la llamó 'pesadilla carnavalesca' y 'mascarada macabra'" ("Datos biográficos" 8). Es curioso que fueran medios ajenos al ambiente político y a la historia representados los que pusieron el grito en el cielo. La obra también sufrió el ataque terrorista de "grupos de ultraderecha" del peronismo, que incendiaron la sala (Tambascio 109). Según Lidia Santos, las representaciones fueron invadidas por "hombres enmascarados que interrumpieron el espectáculo y depredaron el escenario" (198-99). Al penetrar en el espacio de ficcionalización, los vándalos produjeron involuntariamente un atentado con visos de *performance* y *happening*, algo que, a pesar de su horror, no era incongruente con el espíritu de la obra: literalmente, pusieron en escena un acto terrorista.

Copi fue uno de los primeros en indagar en el fenómeno del peronismo a través del teatro, exploración que se prolongó en obras como las de Mónica Ottino, *Evita y Victoria. Comedia patriótica en tres actos* (1990), y Osvaldo Guglielmino, *Eva de América* (1995). Como sucede con los narradores que retoman la figura de la primera dama para refutarla, calumniarla, parodiarla, estilizarla o volverla un sujeto *kitsch*, el autor utiliza los mecanismos discursivos, estrategias y operaciones textuales de la cultura de masas para poner en escena la contracara del discurso de Evita en el balcón. Por eso, su posición en el campo literario es ambigua. Si bien es considerado usualmente un escritor vanguardista, algunos críticos señalan sus afinidades con los movimientos *pop*. Por ejemplo, Santos lo ubica dentro de la "cultura espuria" de masas (198), mientras que Tambascio y Aira lo comparan con el teatro del absurdo de Ionesco o con Beckett. Además de estas dos influencias, se debe tener en cuenta también a Alfred Jarry. El protagonista de *Ubu roi* (1896) es un antecedente directo de la Eva de Copi; ambos son la externalización psíquica de un *ello* desatado, megalómano,ególatra y coprolálico. La primera palabra que abre sendas piezas es la misma: "Merdre!" en *Ubu roi* y "Mierda" en *Eva Perón*. Evita es una Mère Ubu en versión criolla.

Copi crea un antiromance fundacional que va más allá del melodrama para transformarse en un *Grand-Guignol* escatológico, macabro e hiperbólico. El

exceso del género es apropiado para revelar la te(rat)ología política y la soberanía prostética que vuelven a emerger en la necrofilia, la figura monstruosa
de una Evita en *drag* y en la aparición de un doble (o una doble, más bien)
de Evita. En una opinión mayoritaria, quedan pocas dudas de que *Eva Perón*
es una obra antiperonista. Así lo hacen constar Foster ("Evita"), Avellaneda
("Evita" 138) y Sarlo (*Pasión y excepción* 18). La posición política del dramaturgo se manifiesta en dos tópicos comunes del antiperonismo más acérrimo
y gorila: la Evita-macho y el peronismo como simulacro o *performance*. En
este sentido, la pieza es una *metaperformance* que construye y critica el peronismo como *performance* a través de una verdadera actuación, de una puesta
en escena. El motivo del travestismo es una alegoría de la representación política; homólogamente, la *performance* política del régimen se muestra como
una alegoría deconstructiva sobre el género. La inversión sexual de Evita en
el escenario como reflexión acerca de la condición ontológica del género y la
visión de la política como espectáculo simulado son fábulas que se reflejan
mutuamente.

Con la figura del *alter ego*, que en la pieza es un doble del cadáver de Evita,
el dramaturgo se inserta en la tradición de los discursos sobre el peronismo
que se remonta a *La razón de mi vida*, y atraviesa a Cortázar, Borges, Walsh,
Erminda Duarte y Pedro Ara. En paralelo a su filiación con lo sagrado, Copi
utiliza el *leitmotiv* para promover una imagen del peronismo como una fantasía ideológica, un doble especular de la realidad: la eficaz creación de un apoyo
social y un imaginario político-religioso a través de los medios masivos, las
celebraciones multitudinarias, los actos públicos y toda forma de actuación y
representación social posible. La alegoría del doble, la duplicación de la personalidad y la obsesión por el nombre propio complementan el tópico de la simulación. Copi tenía la tarea servida, ya que el régimen recurrió ampliamente
a mecanismos propagandísticos y masivos espectaculares, lo cual indujo a sus
adversarios a la acusación de simulacro, como en el caso de Borges.

9.1.1. La posición política del autor lo llevó a reflejar en su obra los postulados usuales que reproducen los críticos del populismo. La teoría de Moffitt
sostiene expresamente que éste no es más que una forma de *performance* en
tanto estilo político. En el caso del peronismo, la proposición es ciertamente
innegable y ha sido señalada hasta el hartazgo por numerosos autores. Como
se sabe, el instante fundacional en la operación de acercamiento y fusión entre
el pueblo y el líder fue el 17 de octubre. Desde el balcón de la Casa Rosada,

el entonces coronel Perón decide vocear lo que equivale a una proclama también germinal de la relación perdurable con las masas, lo que será el pilar del
movimiento. Pide al pueblo que se quede concentrado quince minutos más
para que él, Perón, "pueda llevar en mi retina el *espectáculo* grandioso" que
tiene ante sus ojos (cit. en Plotkin, *Mañana* 93, subrayado mío). El uso del término "espectáculo" en esta definición de un evento político se puede entender
de dos maneras: como actuación organizada a voluntad, conscientemente, o
como paisaje estético visual. Significativamente, la política se identifica con
una forma de arte y ya quedó demostrado cómo el fenómeno de estetización
es común a toda la literatura antiperonista. Perón utiliza aquí la estrategia de
sus adversarios.

Con el discurso del 17 de octubre se inicia una larga tradición que recorre la
política argentina y, sobre todo, justicialista. Sin embargo, es necesario tener
presente las prevenciones del caso: la situación no es coyuntural ni relativa a
un partido o a un período histórico de crisis; es funcional al objeto mismo
que ha sido creado de ese modo. En una entrevista otorgada con motivo de
unas elecciones en Buenos Aires, Cristian Ferrer advierte: "La política siempre fue teatro [...]. El teatro es esencial a la forma política que no es callejera,
revolucionaria: hay un palco, un estrado y un discurso bien adornado para
enfervorizar a la audiencia [...] Quien quiera criticar a la política-espectáculo
actual lo que tiene que criticar es el criterio mismo de representación" (cit.
por Piqué, s/p).

Por eso, Copi restringe la estetización de la política al caso del peronismo
y, mediante la *metaperformance*, realiza una denuncia de la escenificación que
tiene lugar en el balcón o en el palco para producir un efecto de desidentificación entre el espectador y Evita. El espectador identificaría lo que ocurre en
la "realidad" con lo que ocurre sobre las tablas y esto lo llevaría a desanudar
la fusión.

9.2. "Los argumentos de Copi son imposibles de resumir", dice Daniel Link
(s/p). No parece que éste sea el caso de *Eva Perón*. La acción se desarrolla en
la residencia presidencial, poco tiempo antes de la muerte de Evita. En un
ritmo que tiene mucho de sainete y grotesco criollo, la primera dama vive sus
últimas horas preocupada por su vestido presidencial, sus joyas y su cuenta en
Suiza, mientras su entorno trata de averiguar desesperadamente el número de
la caja fuerte. Mientras supervisa los detalles de su futuro funeral, la primera
dama se encarga de asesinar a su enfermera—para que el cadáver tome el lugar

del suyo propio—y fugarse con una valija llena de dinero y joyas. Así es cómo Perón al final puede anunciar que Evita "está más viva que nunca" (Copi 87).

La obra parece pivotar sobre la dicotomía Eva versus Perón, como lo indican sus críticos. La divergencia entre ambos personajes se basa, para Avellaneda, en el modo de presentación: mientras Evita se muestra hiperactiva y llena de vida, Perón pasa toda la obra inmóvil, sin pronunciar casi palabras; sólo habla al final, para dar el anuncio citado. "La obra gravita así hacia una oposición fundamental entre un vacío (muerte) de Perón y un lleno (vida) de Evita" (Avellaneda, "Evita" 139). En cambio, para Sarlo la oposición es más bien entre un principio masculino (Eva) y un principio femenino (Perón): "la imagen de un Perón con migraña, enfermedad femenina, coincide con las habladurías gorilas acerca de la cobardía de Perón y de que era Eva quien, como dama del látigo, tomaba las resoluciones consideradas más extremas" (*Pasión y excepción* 235). Esta autora discrepa con Jorge Monteleone, quien lee el contraste como un procedimiento que acerca a Copi a los ideales de la juventud peronista de izquierda. Sarlo explica que la confusión sucede porque "la oposición Perón/Eva que estaba presente en el antiperonismo anterior a 1955, sobrevivió transformada en el peronismo nuevo de los radicalizados"; y aclara: "Atribuir a Copi una virulencia política en línea con las ideologías setentistas es colocarlo en un lugar donde él no se coloca. Su virulencia es de otra índole" (236). En vista de la evidencia, hay que darle la razón a Sarlo. Es muy dudoso que un joven peronista de izquierda (y Copi nunca dio razón alguna para ello) transcribiera uno de los libelos gorilas más desacreditados: que la primera dama tenía una fortuna en Suiza guardada en una caja fuerte llena de dinero, oro y joyas trasladada a través de submarinos nazis que habían desembarcado en la Patagonia.

La obra presenta dos estrategias discursivas fundamentales: la literalización del mito y la presentación travestida de la primera dama. Ambos procedimientos funcionan al unísono. Copi percibe genialmente cómo la mera literalización cuenta como parodia. Si se toma toda hagiografía al pie de la letra, el único resultado posible es su propia destrucción. La sátira surge no de la estilización, ni de la deformación, ni de la sacada de contexto, sino de la reproducción literal del mito. "Evita vive" era el *leitmotiv* repetido en pintadas y banderas de los Montoneros; "Evita vive" era el mensaje transmitido por el régimen luego de su muerte. Pues bien, entonces no es ella quien murió sino otra persona. Ella "está más viva que nunca", como dice Perón. Se fugó con las valijas llenas de diamantes y asesinó a su enfermera para obtener un cadáver de reemplazo. Eva está, efectivamente, viva. La literalización del mito blanco ("Evita vive") recurre al tópico de la muerte para transformarse en su opuesto, el mito negro. A diferencia de los militares de Walsh y Ara, que le otorgaban humanidad al cadáver, la originalidad de Copi yace en una operación antiescatológica: preservar el cuerpo con vida para quitarle sustancia política.

En cuanto a la segunda estrategia, Aira percibe lo que no está dicho en ningún lado de un modo explícito: "Eva Perón es un travesti" (106). El punto de referencia que se debe tomar es la exigencia de Copi de hacer representar a Evita con un hombre, no con una actriz. Aira explica que la interpretación travesti de Eva ocurrió en su primera representación (107). Aunque Tambascio la consideró "irrepresentable" en la Argentina en 1997 (109), se reestrenó en el país en julio de 2017 en el Teatro Cervantes con Benjamín Vicuña en el rol de la protagonista. Para Santos, el escándalo informado por *Le Figaro* tuvo su origen en este hecho. "[E]l travestismo se sostiene en el sistema mismo: si no es la Santa de los Humildes, la Abanderada de los Trabajadores (y esta Evita harto demuestra no serlo) tampoco necesita ser mujer [...]. Luego, tampoco necesita morir como estaba programado en su mito" (Aira 107).

Para que el vituperio del mito negro se actualice, el travestismo sólo puede funcionar en conjunto con la literalización. Eva era un "macho", una "dama del látigo", y Perón una "hembra". La estrategia fundamental para que esto ocurra se trabaja en un espacio extratextual: las instrucciones que dejó Copi para representar la pieza. El actor que hace de Evita debe ser un hombre. La distinción género/sexo se ve *performativamente* simbolizada por la escisión de los planos de la representación y la realidad: personaje=femenino, actor=masculino. La idea posmoderna de que la realidad es un texto, o de que "no hay un fuera del texto", queda así perfectamente puesta en escena, mediante un "fuera de escena" que *forma parte* de la escena misma. Esta estrategia es quizá la más osada y vanguardista de la obra. Como resultado, el mito negro se transforma en una reflexión acerca del carácter artificial del género, algo que no podía estar más lejos de la intención de los antiperonistas que echaron a correr los rumores de la masculinidad de Eva. O sea que la literalización del mito negro ("Evita es un hombre") recurre al tópico de la masculinización para transformarse en algo que no es ni mito blanco ni negro: una virulencia en contra de la norma genérica. La literalización de ambos tópicos (la muerte, el género), que se corresponden con las leyendas antagónicas blanca y negra, disuelve los mitos, mostrándolos tal como pretendía Taylor: ellos no son sino las dos caras de una misma moneda, la del patriarcado burgués que expulsa de su seno a los diferentes, que no puede tolerar a nadie en el limbo de la indecisión. O muerto o vivo, u hombre o mujer, nada entre medio.

Monteleone llama la atención a un momento de literalización en el texto que se revela como recurso técnico, como una imagen que produce "un sentido suplementario" (s/p). Es el caso en que Evita charla con su enfermera y le comenta: "Acá me pudro. ¿Qué tiene de raro? ¿Usted no se pudre acá?" (Copi 35). Así, "la metáfora coloquial que denota aburrimiento se literaliza como agonía y muerte" (Monteleone s/p). En realidad, lo que ocurre es un poco más sutil: el verbo pudrir se activa paradigmáticamente en la mente del lector como muerte, sobre todo tratándose de Evita, pero la asociación lingüística es desmentida por el final: ella no se puede pudrir porque está viva. El chiste radica en que la metáfora se debe interpretar literalmente como metáfora, por lo que las expectativas del lector quedan, como en una buena broma, desmentidas.

9.3. La literalización hace posible los tópicos del simulacro y la duplicación. La intervención de Copi se articula con la cuestión del género como *performance* en relación con el problema de la identidad y la crítica de la metafísica del autor.

Si Evita vive, como se nos informa en la pieza teatral, entonces su agonía, su muerte y su funeral fueron un simulacro, como lo quería Borges, una puesta en escena. Paralelamente, la enfermera que muere vicariamente por Eva y se convierte, *post mortem*, en su cadáver, es su doble, su otro yo. ¿Por qué una enfermera y no otra persona, una muñeca, una estatua o incluso un animal? Según Santos, "el papel que ocupaban las enfermeras durante el peronismo" fue, históricamente, el de ser "un simulacro de Eva Perón", sus "*clones*" que la convierten en un "simulacro postmoderno" (204). Es por eso que la aparición de esta figura en cualquier obra que trate el tema se debe considerar "un *leitmotiv*".

En un recuento de las tramas de Copi, Daniel Link subraya la insistencia en el tema del doble a lo largo de toda su obra. En *L'internationale argentine*, un escritor llamado Copi es propuesto para el cargo de presidente de la Argentina. En *Le bal des folles*, el "escritor que escribe en la novela de Copi (y que se llama, queda dicho, como él) escribe y dibuja para sobrevivir" (s/p). Lo que al parecer se revela como un gesto autobiográfico, para Link no encubre necesariamente "ninguna 'metafísica del autor'". El crítico no explica el por qué, aunque una posible respuesta se sustenta en una reflexión acerca de las complejas conexiones entre autoría, *performance* y género.

Al reinstituirse la cuestión autorial en el seno de la problemática de *performance* (en sentido amplio, como representación teatral y como producción de género), se reinstituyen al mismo tiempo los temas explorados en relación con *La razón de mi vida*. La cuestión del doble vuelve a hacer su aparición en un nuevo contexto. La teoría de Judith Butler se encadena con la de la muerte del autor de Foucault y Barthes en el punto en que se niega la voluntad y la subjetividad del hablante en el acto de habla performativo: "there is no 'I' who stands behind discourse and executes its volition or will through discourse" ["no hay un 'yo' que se ubique detrás del discurso y ejecute su volición o voluntad a través del discurso"] (Butler, *Bodies* 225). La "cadena citacional" engendra el "yo", puesto que para que éste pueda existir (por medio del lenguaje) es necesario la preexistencia de un discurso, que es el que se habrá de citar: "the 'I' only comes into being through being called, named, interpellated [...], and this discursive constitution takes place prior to the 'I'" ["el 'yo' sólo comienza a existir al ser llamado, nombrado, interpelado (...) y esta constitución discursiva tiene lugar antes del 'yo'"]. Al obligar a Eva a ser representada por un hombre, Copi la hace quedar presa o poseída por un espíritu "otro", por un hombre (el actor), que más que un espíritu es su sustancia y soporte material. La duplicación de Evita en *Eva Perón* ocurre en dos planos: en un plano intratextual (enfermera-Evita) y en un plano extratextual, pragmático (personaje femenino-actor masculino). Copi reproduce de este modo la mecánica que funcionaba en el seno de *La razón de mi vida*, como se expuso en el capítulo 1: dos personajes (dos Evas) y dos autores (Eva-Penella).

La obra teatral es una *performance* que denuncia el mecanismo discursivo del peronismo de simulación de la autoría (que en sí mismo era *performativo*). Si Evita era una *drag-queen*, tal como aparece en su propio libro, debido a una serie de gestos exagerados en la construcción de su género y debido a que su nombre propio estaba habitado como un médium por una personalidad ajena (la de Penella), entonces Copi vuelve visibles y expone (voyeurista, exhibicionistamente) estos postulados: Eva "es" un hombre, un actor. El impacto se acrecienta si tenemos en cuenta que, en la vida "real", ella era una actriz, como señala Monteleone. El papel representado ante los otros personajes es un "teatro en el teatro". Al mismo tiempo que reflexiona sobre la metafísica del autor (y del personaje), introduce el tema del género, también como *performance* antimetafísica. El desnudamiento de la esencia es algo escandaloso, insoportable a la vista. De allí, la "irrepresentabilidad" de la obra de Copi, que se inserta en una tradición literaria polémica y participa en un diálogo que se retrotrae a Evita y a Borges.

Monteleone postula una interpretación que se aproxima a la realizada por Cortés Rocca y Kohan acerca del doble de Evita: el Estado exige la teatralización para ejercer el poder.

Una lectura literal convendría en que en *Eva Perón* el cáncer de Evita fue fingido, es decir, se trata de una actuación para propiciar la inmortalidad y a la vez la huida. Pero una segunda lectura podría asumir que el personaje de Eva Perón padece en efecto el cáncer y lo simulado es, en verdad, que lo fingió. Es decir, Eva Perón simula fingir. [...] Lo que escandaliza no es tanto que el cáncer sea una mentira, sino que el dolor, la metástasis y la agonía reales deban ser fingidas como simulación para realizarse como mito político. (s/p)

La crítica de la metafísica del autor se podría equiparar a una crítica del personaje histórico que se escuda detrás del biografismo latente en toda recepción que pretende ver a la Evita que aparece en *Eva Perón* como un reflejo de la persona real, lo cual provoca nuevamente escándalo. Es posible que Copi haya sido consciente también de esto: la figura de la actriz Eva Perón en el escenario material metaforiza el rol de Evita en tanto representación imaginaria. O sea que además de existir una "metafísica del autor", se presenta una "metafísica del personaje histórico".

Gracias a estas series argumentativas que sobresalen de la trama narrativa o escénica, *Eva Perón* se transforma en una reflexión sobre el nombre propio. Butler explica que la principal preocupación de los estudios *queer* y de género es "politizar" la identidad y el deseo. El medio para lograrlo es "to lay claim to the power to name oneself" ["reclamar el poder de nombrarse"] (*Bodies* 227). El problema insalvable es que no se pueden determinar "the conditions under which that name is used" ["las condiciones bajo las cuales se usa ese nombre"] puesto que éstas ya están dadas de antemano, debido a la historicidad intrínseca del lenguaje. La autora sostiene, siguiendo a Spivak, que la aporía de la identidad es general y se aplica tanto a las prácticas hegemónicas como a las marginales y de resistencia: "The expectation of self-determination that self-naming arouses is paradoxically contested by the historicity of the name itself" ["La expectativa de autodeterminación que ese autonombrarse produce es paradójicamente contestada por la historicidad del nombre mismo"] (228).

La misma identidad del sujeto está en cuestión y por eso es que "the subject as a self-identical identity is no more" (230).

En el caso de Evita en *La razón de mi vida*, el dilema—de signo político opuesto, desde luego—se manifiesta en la dificultad de controlar (el uso de) el nombre propio. Las prácticas de nombrarse, los actos de autobautizo que tienen lugar en el peronismo se revisten de este modelo aporético de identidad, una especie de ilusión ideológica por la cual uno se cree una especie de Adán (o Evita) que puede nombrar al mundo sin origen. En cambio, Link le atribuye a la diseminación de dobles en la obra de Copi una función antimetafísica. Su mecanismo está más cercano al de "Borges y yo" que al de *La razón de mi vida*. ¿Cuál es la causa, entonces, de que no aparezca un doble del autor en *Eva Perón*? Propongo que la función que en las otras obras cumplía el *alter ego*, en ésta lo cumple el travesti, lo cual vuelve redundante la aparición de un personaje llamado "Copi". La crítica antimetafísica que realiza Copi se explica por la ausencia, paradójicamente, de su doble en la obra. La negación del yo a través de la multiplicación es una actitud deconstructiva y antimetafísica, concomitante con su antiperonismo.

A propósito, habría que mencionar la anulación final del ego que tuvo lugar en la vida del escritor, según la cuenta Tambascio:

> Condenado sin apelación por el SIDA, escribió *Una visita inoportuna*, que se estrenó póstumamente en el Théâtre de la Colline, colocándose a sí mismo como eje y *metteur en scène* de su deceso. Aquella última *boutade* fue universalmente celebrada—público, crítica et al.—en París, y antes que nadie por los propios intelectuales en fase terminal. (107)

Si hay algo a lo que se podría dar el ambiguo nombre de escatología antimetafísica, es a esta actitud final de Copi.

9.4. El melodrama como estrategia discursiva y el problema del género (sexual) se cruzan en el peronismo y donde más evidente se torna la relación es en las actuaciones simbólicas y no-simbólicas de homosexuales y travestis. Al hablar de *La razón de mi vida*, Cortés Rocca y Kohan aseveran: "en el melodrama [...] se destruye la distancia clásica entre los personajes y los actores que los representan" (40). Esta mecánica se aplica perfectamente a Copi. La desarticulación de la matriz clásica representación-interpretación ocurre por la aparición de un hombre en el papel de Evita. La obra teatral destruye y al mismo tiempo construye una enorme distancia entre actor y personaje.

El efecto remite al carácter melodramático de *Eva Perón*, pero no melodramático a secas, sino escatológico-excrementicio y grand-guignolesco, en
el sentido en que lo describió Monsiváis. El melodrama excrementicio juega
con la idea de que toda realidad es una representación mediante la puesta en
escena de una realidad desnuda, en este caso del hombre que no sólo representa a Evita, sino que al mismo tiempo representa su propio sexo. La transgresión del límite personaje-público tiene lugar hacia el final, cuando Perón,
en el único parlamento propio, se dirige solemnemente a los espectadores.

Aproximándose a la idea que tiene Brooks del melodrama como género
que transgrede todas las represiones, hay en la obra una ruptura de todos los
diques de contención: todos dicen todo, no hay convenciones o modales que
sean respetados. La incontinencia verbal de la protagonista llega al exabrupto
escatológico a través de la maldición y la "mala" palabra: "Cobarde de mierda
de la puta madre que te parió" (63), le enrostra Evita a su esposo. Los insultos
hacia su consorte recurren al mito negro antiperonista: "¡Andá a esconderte
bajo la cama, cobarde, cagón! [...] ¡Impotente!" (74). La exasperación alcanza
la histeria ciega en la que ataca a todo el mundo, sin respeto por las jerarquías.

Las revelaciones que salen a la luz son cosas que no pueden ser dichas. Eva
dice que sabe que se va a morir, que su familia está únicamente interesada en
el dinero, que posee una caja fuerte en Suiza y que no les va a dar el número ni
a su madre ni a su hermano, que la madre es una puta, que el de Perón es un
"gobierno de pelotudos" (63). Está totalmente desatada, como una "loca" (59)
y llega al punto de hacer pintadas y dibujos obscenos: "Escribió en todos lados
'A la horca con Perón', 'Perón traidor', 'Eva traidora', 'Evita boluda'" (59-60).
El anhelo de destrucción de toda idea preconcebida no respeta siquiera a las
nociones más políticamente correctas. La obra ventila prejuicios denigrantes,
clasistas y raciales, típicamente gorilas, sin el más mínimo intento de represión o simulación. La madre proclama en cierto momento: "Cuando [Eva]
nació yo ni siquiera sabía hablar español. ¡Qué india!" (56). Es nuevamente
el tópico antiperonista: la primera dama no sólo era bastarda, sino también
descendiente de indios por el lado materno.

Una característica notable de la pieza es la autoincriminación en la que
incurren los personajes. La madre se "acusa" de ser una "india"; Eva, en otra
ocasión, rememora su infancia en estos términos: "¿Te acordás de que [el al-
macenero] me hacía pasar al fondo y me tocaba y después nos dividíamos la
plata para el Cinzano? Llegaba al extremo de algo atroz ese tipo, algo atroz,
atroz. Nunca me tocó, solamente me hablaba. No sé por qué te decía que me

tocaba" (84). La torpe rectificación no alcanza (o no está puesta para) disimular o velar las palabras anteriores, sino para subrayarlas aún más. De hecho, esta autoconsciencia de la vileza que padecen los personajes de Copi, la carencia de una doblez psicológica, acerca la pieza a los melodramas clásicos en donde los personajes son absolutamente bidimensionales y unificados. El reconocimiento de su propia maldad o villanía aleja la obra de Copi de la tragedia clásica, en la que los personajes están escindidos y en pugna consigo mismos.

Pero este exceso de simplicidad es a la vez una parodia: un melodrama que satiriza a un *reality show*. Si bien este género (si puede llamárselo así) no era siquiera soñado en los '60, Copi se anticipa al menos en la estructura narrativa aparentemente caótica del *reality show* y en su exploración de los límites entre la ficción y la no-ficción, que hoy parecería tímida. El escándalo por la puesta en escena de un hombre representando a una mujer exige que se quiebre el pacto de lectura, la voluntaria suspensión de la incredulidad de la que hablaba Coleridge y que era requisito no sólo de la literatura sino también de la política. De algún modo, el lector no acepta que Eva, el personaje sobre el escenario, sea ella misma (no acepta su identidad como personaje), sino que los rasgos genéricos del actor trascienden la envoltura ficticia que debe recubrir todo personaje de ficción. La voluntaria suspensión de la incredulidad se suspende debido a que se está tratando con un personaje "sagrado" y travesti; la "metafísica del personaje histórico" nubla el juicio del lector/espectador, que rompe el contrato pactado con el autor y la obra.

Si pasamos al espectáculo de Copi por el tamiz del melodrama, se percibe que la típica heroína del género ha sido transpuesta en una villana arquetípica, intrigadora, malvada, boca sucia, avara y asesina. La suma de vicios que acumula Copi sobre esa mujer es inaudita, exagerada. "El villano retiene la energía y el amor del público, y los personajes nobles y bondadosos están allí como pretextos, oportunidades de un crimen aún más ingenioso e hilarante" (Monsiváis, "Se sufre" 15). El modelo de malvado en el que está pensando Monsiváis es el de las *soap-operas* norteamericanas estilo *Dallas*, *Dynasty* y *Falcon Crest*, que luego sirven de inspiración para sus primas latinoamericanas. Tal vez en este sentido se pueda explicar la confesión de Copi de que intentó representar a Eva Perón bajo el ropaje de una heroína hollywoodense ya que "esto era quizás la única cosa que ella quería ser y la única cosa que ha negado" (cit. por Taylor 103).

9.5. En Copi, el romance fundacional no es posible porque las relaciones familiares y de pareja se hallan en las antípodas de un idilio bucólico. La escatología se manifiesta a través de la carnavalización del tópico de la muerte. De la enfermera que la asiste, Evita afirma: "Va a ayudarme a morir como una partera" (67).

En una reflexión sobre la pasión necrofílica que se constata en la historia argentina, Diego Bentivegna afirma que "la búsqueda del cadáver de Evita sintetiza la obsesión por el cadáver sobre el que se fundan la nación y la literatura argentinas, pero también la búsqueda del cuerpo ausente, del cuerpo sustraído por el aparato del Estado" (s/p). El cadáver sobre el que se funda la nación, nos dice Copi, es el cadáver simulado de un travesti, que ha secuestrado su propio cadáver y lo ha reemplazado por otro, por un simulacro. El cadáver de la nación ha dejado de ser sagrado para anunciar un nuevo modelo de "cuerpo" nacional.

Desde los cuerpos del gaucho, la mujer cautiva o el indio (decimonónicos y de la época del Centenario), pasando por el inmigrante, la prostituta y el descamisado, se llega, a fines de la década del '60, a una estampa totalmente subversiva que prefigura las temáticas intelectuales que tendrán lugar décadas más tarde. El homosexual, el *gay* o *queer*, la "loca", el travesti y el transexual son las preocupaciones obsesivas de la sociedad que lucha por echar fuera de sí al marginal, pero que vuelve como arquetipo de una serie de tensiones simbólicas que permite (o promete) entender las tensiones psicosociales en el seno de la nación. El travesti es el síntoma del goce (en el sentido lacaniano) de la cultura: una cultura que se regodea con imágenes aparentemente dobles y contradictorias (Eva la madrecita santa/Eva la puta, Perón macho/Perón impotente) tiene en realidad el ego dividido y alterado, fascinado por el fantasma del otro, que más que un hermafrodita es un travesti.

Para Lidia Santos, es necesario entender a Copi como *camp*: "Construido con un *kitsch* autoconsciente, lo *camp* ayuda, en este caso, a leer el subtexto del mito de Eva Perón, al mismo tiempo que ofrece un modo alternativo de contarlo, como un artificio" (199). Santos define precisamente lo *camp* como una sensibilidad paródica originada en la subcultura *queer*. Si *Eva Perón*, en su parodia del melodrama, roza el *reality show* con su carácter anfibio entre la ficción y la realidad, entonces su género se puede denominar travesti o *drag*. Para Butler, lo *drag* no era una imitación o copia de la realidad o de un original, sino una estructura que reactúa la misma imitación que es esa realidad u original. Como ocurría también en *La razón de mi vida*, la dirección de la transmutación va de género (sexual) a género (literario).

Sin embargo, la aparente transgresión y denuncia de Copi adolece de las mismas desmentidas fetichistas que se han notado en los discursos te(rat)ológicos y prostéticos. Plotnik nos advierte que la imagen de Evita la loca remite a la de un hombre feminizado que no supo controlarla. "La mujer, por lo tanto, está dominada por una irracionalidad que cuando no es restringida y controlada por el orden patriarcal puede provocar catástrofes sociales" (106). A diferencia de algunos críticos que creen ver en la obra un discurso transgresor, el autor recae en un antipopulismo con una ideología residual patriarcal al abrevar en los tópicos del liberalismo más gorila y antiperonista.

CAPÍTULO 10

Tomás Eloy Martínez y la necrografía cómica en Santa Evita

🪔

10.1. LA VOZ DE Eva se despereza en el momento de la agonía, en medio de tubos de oxígeno, luego de un largo desmayo. En un arrebato, la sobrecoge "la certeza de que iba a morir" (Martínez, *Santa Evita* 11) y "el terror insensato a despertarse muerta y no saber qué hacer" (13). La idea de la muerte le martillea los oídos; la inutilidad de su cuerpo sólo le permite dedicarse a la actividad de hacer memoria, remembranza, analepsis. Recuerda sus luchas, sus enemigos y sus dolores. Junta fuerzas, sale a la ventana y ve a sus grasitas rezando, llorando y pidiendo que no se vaya. "Yo no me pienso ir, queridos descamisados..." (17). La fecha es el "veintiséis del sábado de julio de mil novecientos cincuenta y dos" (16).

Santa Evita se abre con la agonía de la protagonista, en el instante de su suspensión en un limbo excepcional, un no-lugar entre la vida y la muerte, la cultura y la naturaleza, el lenguaje y la realidad. La obertura de la novela remarca la importancia del *eskatón*: en ese cuerpo que representa la nación, el comienzo es el fin, la muerte es la vida y una puerta que se abre a la multiplicidad de significados y a la pluralidad de usos y luchas simbólicos que tendrán lugar. Ricardo Gutiérrez Mouat sostiene que "el final de una trama narrativa determina su principio, de modo que en el principio de toda narración está su fin" (327). Martínez se coloca, consciente o inconscientemente, en la tradición de la gran novela latinoamericana al seguir un procedimiento muy común: el comienzo en el momento de la muerte o la agonía del personaje principal, lo que en la hagiografía y en la escatología se lee como la Pasión. ¿Cuántas obras del *Boom*, o más allá del *Boom*, no comparten esta característica? Amén de

Eva Perón de Copi, se pueden mencionar *La fiesta del chivo* (2000) de Vargas Llosa, *La muerte de Artemio Cruz* (1962) de Carlos Fuentes y la mayoría de las de García Márquez, como *El coronel no tiene quien le escriba* (1961), *Los funerales de la Mamá Grande* (1962), *Crónica de una muerte anunciada* (1981) y *Cien años de soledad* (1967), que empieza frente al pelotón de fusilamiento. *La novela de Perón* (1985), del mismo Martínez, comienza con un sueño del protagonista que es premonición de muerte. Efecto melodramático: narrar en el lecho de muerte, recordar, confesar pecados. Jann Matlock nos provee un pasaje de uno de los pilares del folletín del siglo XIX, *Les Mystères de Paris* (1842) de Eugène Sue, en donde una ramera, Fleur-de-Marie, recuerda su vida al borde de la extinción y entonces "she does try to narrate *for* herself" ["ella trata de narrar *para* sí misma"] (55). La estrategia es también parte de un discurso de (sobre) prostitutas.

Santa Evita ve la luz en 1995 en el contexto de removilización y mercantificación del mito de Evita, a consecuencia del estreno cinematográfico de la ópera musical homónima de Alan Parker, protagonizada por Madonna (la versión teatral salió un par de décadas antes). En el período de un año se publican además *Eva Perón. La biografía* de Alicia Dujovne Ortiz y se estrena la película *Eva Perón* de Juan Carlos Desanzo, como una versión nacional anti-Madonna. Se trata del año de la reelección de Carlos Menem como presidente de la Argentina y la redefinición del peronismo como una corriente neoliberal. La proliferación de productos culturales sucede en una coyuntura histórica crucial para el país. El regreso a las fuentes del mito no es ajeno a una intención revisionista y crítica del pasado, quizá más literaria que histórica.

Si bien Martínez ha señalado en numerosas oportunidades que su estrategia es la inversa de la *non-fiction novel* (en vez de narrar literariamente hechos verídicos, narra con técnicas periodísticas hechos "falsos", como explica en la entrevista de Juan Pablo Neyret), no hay que tomárselo demasiado en serio. Como sugiere Neyret, un somero análisis revela "una operación de investigación periodística muy fuerte" (s/p) en la composición de la novela. *Santa Evita*—y cabría agregar *La novela de Perón*—no es una ficción por completo, sino una metaficción historiográfica en el sentido empleado por Linda Hutcheon, en tanto escritura que desafía la convención de separación entre géneros y disciplinas, entre la ficción y la no-ficción, la literatura y la historia, como Martínez confiesa en otra ocasión (*Réquiem* 349). La elaboración de la novela introduce procedimientos típicos de la nueva novela latinoamericana pos-*Boom* y posmoderna (intertextualidad, parodia, pastiche, sátira, etc.), que se

emparentan con la escatología cómica. La preocupación por la reflexión me-
tahistórica se puede ver como un sucedáneo de la elucubración primera que
se encontraba en *La razón de mi vida* sobre la autoría. ¿Qué es la estrategia
de ficcionalización autorial del *Ur*-texto del peronismo sino un modo de deconstrucción posmoderna *avant la lettre* de la institución del Autor, característica destacada dentro del nuevo tipo de narrativa teorizada por Hutcheon?

Plotnik considera que, en contraste con los textos analizados por Sommer,
"*Santa Evita* plantea el romance perverso como alegoría de una familia-nación
disfuncional" (60). El objetivo del presente capítulo es estudiar la forma y las
funciones ideológicas del antimelodrama fundacional escatológico-cómico
y necrográfico en la novela. El género le permite a Martínez reescribir la historia de amor arquetípica creada por el peronismo en los años '40 y '50, pro-
fundizando en la perspectiva de Copi y utilizando a Walsh como un "modelo
para armar", dos autores o intertextos muy importantes, como él mismo lo
reconoce abiertamente. Mediante la escatología cómica, Martínez ejecuta las
operaciones discursivas sobre el cuerpo de Eva identificándolo con el cuerpo
de la Nación, en una ambiciosa proyección que remonta a procesos fundacionales como el del *Facundo* (1845) de Sarmiento, según lo admite en la citada
entrevista de Neyret. Asimismo, Martínez juguetea con la muñeca de Eva para
poner en escena nuevamente la te(rat)ología política y prostética para deconstruir y reconstruir los postulados que forman la ficción del otro, el populismo.

10.2. La novelística del autor tucumano comparte una íntima afinidad con la
escritura posmoderna (metaficción historiográfica) y con las obras del denominado pos-*Boom*. Lloyd Hughes Davies le atribuye a *Santa Evita* todas las
características "associated with the decline of 'master' discourses and the pro-
bing of such concepts as 'truth,' 'essence,' and 'authenticity' that underpin au-
thoritative writing" ["asociadas con la decadencia de los discursos 'amos' y la
exploración de conceptos como 'verdad', 'esencia' y 'autenticidad' que respalda
la escritura acreditada"] (413). En cuanto a la crítica de la subjetividad autorial y el borramiento de los límites entre autor-lector-personaje, Magdalena
Perkowska-Álvarez destaca "el relato metaficticio donde el narrador cuenta
la historia de *Santa Evita* y se representa a sí mismo en el acto de escribir la
novela" (3). El dictamen filosófico básico de la novela, de cuño posestructu-
ralista, es la imposibilidad no sólo de aprehender una verdad, sino también la
asunción de que la historia está compuesta por innumerables versiones, ninguna de las cuales se sobrepone a las otras. La premisa se halla enquistada en

la revelación a la que accede el autor de que "there is no single, essential, real Evita to be uncovered" ["no hay una sola, esencial, real Evita que se pueda develar"] (Hughes Davies 416). La trama lo expresa simbólicamente con la aparición de las tres copias de ceras del cadáver y en el episodio de la niña que juega con el cuerpo, a la que considera una muñeca bautizada Pupé.

El tópico de la marioneta o muñeca es obviamente la reemergencia de la te(rat)ología prostética, lo que explica la relación con "El simulacro" de Borges que la crítica percibe en la novela. Las disquisiciones borgeanas y su crítica de la naturaleza ideológica o simulada de la realidad peronista aparecen transpuestas en *Santa Evita* como una crítica de la verdad y la historia y una aserción del carácter espectacular de toda versión textual, en un elaborado juego de construcción metatextual, autorrecurrente y repetitivo. Para Hughes Davies, la Eva Perón de Martínez es la encarnación de la posmodernidad, ya que todo proyecto de devolver una versión fija e inmutable de Evita, como personaje y acontecimiento histórico, está destinado al fracaso (421). Gutiérrez Mouat relaciona las múltiples reiteraciones, copias, apócrifos, y tautologías que tienen lugar en la novela con la filosofía de Deleuze, su crítica de Platón y la realidad mimética a través de la postulación de dos tipos de repetición: la icónica y la fantasmática. *Santa Evita* registra el pasaje de la primera a la segunda, que pertenece—como era de esperar—al mundo de los simulacros, o que concibe el mundo como un simulacro. De allí que, como dice el autor-personaje en la novela, la realidad es algo que se puede inventar (97). Martínez liquida (o al menos intenta hacerlo) el movimiento inacabado de Borges: acceder a un estadio ontológico rizomático y antidialéctico. Según Gutiérrez Mouat:

> todo el aparato legitimador de la crónica y de la biografía—cuando no de la novela histórica entendida de la manera más ingenua—debe ser *desescrito* por una narración a contrapelo que permita la materialización de lo fantasmático, del deseo, de la fe. Sólo este tipo de narración que socava el fundamento de las identidades para refundarlo en la semejanza de lo dispar puede encargarse de transmitir la multiplicidad de la forma rizomática. (331)

La voluntad de Martínez de autoboicotear sus propias elucubraciones e investigaciones, de socavar las distintas realidades que se presentan y su propio "acercamiento testimonial", como lo llama Hughes Davies, no es sólo parte de un credo filosófico o político acerca de la naturaleza de la historia y la verdad, sino que proviene de una convicción estética. En la entrevista de Neyret, insiste continuamente en que "todo es inventado" en su novela, en que "la invención de la mentira es constante". Su inclinación a presentar como simulacro absoluto lo que es una reconstrucción histórica, compone un sistema de valores poético: es más deseable artísticamente una invención *ex nihilo* que una mera "novela histórica".

La *performance* y el espectáculo ocupan, por esto mismo, un lugar privilegiado en el texto. Si tanto Perón como Evita no pueden ser reales, entonces "[f]ake emotions take the place of real feelings" ["las emociones falsas ocupan el lugar de los sentimientos reales"] (Hughes Davies 420). Ninguno de los dos personajes puede manifestar emoción alguna que no sea teatral. Lo mismo podría decirse de *La novela de Perón*, donde era Perón mismo quien cumplía el papel de encarnar la posmodernidad, puesto que no se podía conocer su íntimo yo y era mostrado como una serie de máscaras que se adaptaba a los sentimientos de los demás: "no sabía sentir, sino representar los sentimientos" (13), "como si lo hubieran vaciado de sentimientos" (101). Cámpora, con quien el líder se enoja, tenía, en cambio, "los sentimientos transparentes" (22). López Rega, por el contrario, estaba "bien dotado para el *re*sentimiento" (37, énfasis mío). Para el Perón de Martínez, sólo las masas tienen emociones verdaderas: "Las masas no piensan, las masas sienten y tienen reacciones más o menos instintivas" (58). El mismo personaje señala que tal idea se encontraba ya en *La razón de mi vida*.

La propuesta de Martínez, encarnada metafóricamente en las personas de Perón y Eva, marcha en consonancia con la tradición antiperonista y antipopulista: el carácter *performativo* del régimen peronista, entendido como expresión básica de la emotividad. Sin embargo, en su tesitura disolvente posmoderna, el autor desmiente la atribución exclusiva de los sentimientos a un determinado sector social o político debido a la relevancia que le otorga como componente fundamental de su propia poética. La "convicción personal" de Borges de que "exponer los sentimientos, escribirlos, no es [...] literario ni argentino" resulta ser "letal" para Martínez ("Sombra terrible" 1-2). La tesis borgeana es para el autor tucumano fruto de un "nacionalismo empobrecedor" que quiere "simular que Argentina es la Atlántida perdida de Europa" y renegar de su condición sudaca (2).

La develación de un proyecto nacionalista, en el sentido conservador y negativo del término, detrás de una aparente postura estética es comparable al movimiento de crítica del machismo atribuido a Perón. En *La novela de Pe-*

rón, hace decir al personaje: "Desde niño me inculcaron que el sentimiento era una debilidad, algo femenino" (123). Martínez considera a las ideas de Borges y de Perón como propuestas antagónicas con respecto a las suyas y, por lo tanto, propuestas idénticas entre sí. El "mandato de buenos modales" que el escritor ciego persigue imponer (eliminar los sentimientos de la literatura) revela un fuerte carácter de género, en coincidencia con el mandato militar del líder justicialista. No es extraño entonces que Martínez coquetee con lo melodramático, ya sea para citarlo, parodiarlo, estilizarlo o fagocitarlo en un sentido amplio. La natural asociación entre lo femenino, los sentimientos y el melodrama es usada por el novelista como medio privilegiado para exponer su concepción estético-política. Establece así dos gestos originales: por un lado, deconstruye la diferencia entre alta cultura y baja cultura o entre arte de vanguardia y arte popular o de masas; por otro, a diferencia de lo que ocurre en *La novela de Perón*, abandona el tópico gorila del Perón-hembra para criticar al líder desde un cariz opuesto. Sin embargo, la nueva vía discursiva provoca dilemas paralelos. Su propuesta rescata implícitamente la estética popular-masiva del peronismo y hace emerger la identidad ideológica de género entre un ícono del liberalismo antipopulista (Borges) y su adversario político.

10.3. El pensamiento posmoderno que se fragua en las novelas metahistoriográficas se nutre de los discursos de construcción de la nación. Martínez no es extraño a la tradición de escribir ensayos que intentan explicar el ser nacional. Él mismo, en un gesto autoconstitutivo de procreación genealógica literaria, alardea de antecedentes prestigiosos, como el *Facundo*. Perkowska-Álvarez afirma: "Toda referencia a la identidad argentina en *Santa Evita* remite a los procesos fundadores de la argentinidad, al proyecto nacional lanzado, entre otros, por Domingo Faustino Sarmiento en *Facundo*" (5).

El proyecto de Martínez puede entenderse más bien como una respuesta, continuación y diálogo con la corriente de ensayistas que floreció en la década del '30, como en el caso de Beatriz Guido. Para Federico Neiburg, la tendencia a explicar la Argentina provino de la reacción antipositivista de los primeros años del siglo XX, luego de la cual un grupo de pensadores "preocupados con problemas tales como el *ser nacional* o el *enigma* o *drama argentino*—y convencidos de que tales asuntos podían tratarse de un modo fundamentalmente impresionístico" (76), se dieron a escribir ensayos. Con la caída del peronismo, regresa la temática ensayística de los '30 a finales de los '50, a través de la renovación del mito de la "crisis argentina" y de la "nación dividida". Explicar la nación es entonces sinónimo de explicar el peronismo (99). Martínez mismo lo dice con casi idénticas palabras: "Nadie sabe qué es el peronismo. Y porque nadie sabe qué es, el peronismo expresa el país a la perfección" (*Réquiem* 46).

En sus ensayos de *El sueño argentino* (1999) y en su reedición ampliada *Réquiem por un país perdido* (2003), el autor repasa los mismos tópicos políticos, históricos y estéticos señalados por Neiburg, reelaborándolos desde una posición historicista y autoconsciente. Tres tópicos provenientes del revisionismo se consolidaron durante el peronismo y Martínez los hace suyos. Primero, la idea de la nación dividida: "Nunca [...] el espíritu de la discordia ha sido más poderoso que ahora" (*Réquiem* 40). Segundo, el fracaso y la crisis del país como enigma: "La decadencia argentina es uno de los más extravagantes enigmas de este siglo" (34). Tercero, la disociación dicotómica entre realidad y sueños o realidad y deseos, o sea el simulacro: "Los argentinos hemos sido educados en esas ilusiones, y tal vez por ellas vivimos con la sospecha (o la frustración) de que nunca seremos lo que creemos ser" (31) y "[l]a Argentina *real* se impone a la Argentina *ideal*" (55). En definitiva, los tres se subsumen bajo una vieja dicotomía que opone las palabras y las cosas y que revela una oposición clásica: "La civilización que hemos predicado está marcada por golpes de barbarie" (20); "[l]as lecciones ancestrales de la barbarie y autoritarismo están enquistadas en la Argentina, disimuladas bajo sutiles eufemismos" (60). *Santa Evita* es la puesta en práctica (estética), bajo la férula de un posmodernismo metahistoriográfico, de las ideas expresadas en aquellos libros que se enquistaron como lapas en la armazón discursiva antiperonista.

Para hablar de la nación, Martínez va a hablar de un cuerpo que la representa metonímicamente. Perkowska-Álvarez (6-7) y Plotnik (63) también han notado que el cuerpo de Evita es el cuerpo o cadáver de la nación, en consonancia con la famosa fórmula de Néstor Perlongher. El mismo autor hace explícita la idea en numerosas ocasiones: "Fuimos, como esa muerte, un país nómade, sin lugar, sin rumbo fijo: alguien desaparecido, vejado, enterrado en el anonimato, sometido, oprimido, negado" (*Réquiem* 372-73). El cáncer es la enfermedad, la mancha, que afecta usualmente a la nación: "Evita *era* un cuerpo canceroso también en el seno de la sociedad argentina que se creía civilizada, racional y recatada" (Perkowska-Álvarez 11). El tópico de la nación dividida se presenta como la escisión entre país que niega su verdadero destino o su verdadero origen y vive en la ilusión de su raigambre europea, cuando en realidad pertenece a la periferia latinoamericana. En cierto momento el

autor-personaje interviene para dar una respuesta explícita al proyecto civili-
zador y europeizante de Sarmiento (y, por qué no, de Borges): "Pensábamos
que ningún desvarío de la realidad podía tener cabida en la Argentina, que se
vanagloriaba de ser cartesiana y europea" (*Santa Evita* 304).

Si el cadáver y la muerte son interpretados o usados como metáforas para
discurrir acerca de la nacionalidad, o acerca de proyectos políticos de nación,
entonces la necrofilia, elemento fundamental en *Santa Evita*, corre idéntica
suerte: "'es una señal de autodestrucción', me ha dicho un psicoanalista. 'En
esas pulsiones de muerte que van y vienen por la historia argentina como un
estribillo, puede leerse la voluntad de no ser: no ser persona, no ser país, no
abandonarse a la felicidad'" (*Réquiem* 120). La principal historia de amor de
la novela, como se sabe, es necrofílica, entre un coronel y una momia. En una
obra tan autorreflexiva y autoconsciente como *Santa Evita* era difícil que a
Martínez se le escapara el casamiento entre erótica y política, o más precisamente poder. "El mapa del erotismo es el mapa del poder", escribe el coronel
Moori Koenig (138-39).

10.4. Es muy citada entre los críticos la sentencia de Martínez que asegura:
"El arte de embalsamador se parece al del biógrafo" (*Santa Evita* 157). En un
ensayo, reemplaza uno de los términos de la metáfora: "un novelista se parece
a un embalsamador: trata de que los mitos queden detenidos en algún gesto
de su eternidad" (*Réquiem* 364). Mientras su término de comparación es el
encargado de momificar el cadáver, el doctor Pedro Ara, Perkowska-Álvarez
se percata de idéntico paralelo entre Moori Koenig y Martínez. Como en "Esa
mujer" de Walsh, asoman las tres figuras liberales por excelencia: el médico,
el militar y el intelectual. Los tres son réplicas idénticas dentro de la sociedad
burguesa. Se consideran racionales, educados y ejemplares de la cultura liberal, pero son desestabilizados por la irrupción de lo Otro. Cada uno de ellos
expiará sus culpas enamorándose de una difunta en un amor imposible de
consumar.

El coronel repite casi las mismas palabras que en un contexto diferente
pronuncia el escritor tucumano: "lo que está en juego [... n]o es el cadáver de
esa mujer sino el destino de la Argentina. O las dos cosas, que a tanta gente le
parecen una. Vaya a saber cómo el cuerpo muerto e inútil de Eva Duarte se ha
ido confundiendo con el país" (*Santa Evita* 34). Otro personaje explica luego:
"Ahora es un cuerpo grande, más grande que el país" (154). A estas opiniones se les suma la siguiente: "A Evita se le decía 'esa mujer', pero en privado le

reservaban epítetos más crueles. Era la Yegua o la Potranca, lo que en el lunfardo de la época significaba puta, copera, loca" (22). Martínez reproduce la injuria contra Eva Perón en múltiples ocasiones: "Leí en un panfleto clandestino que, en el prostíbulo de Junín donde la madre oficiaba de madama, Evita había rematado su virginidad a los doce años en una fiesta de estancieros por simple y llana inclinación al vicio" (91). El corolario es la ecuación señalada al comienzo: la nación como una puta. El coronel pretende tomar distancia de tal concepción quizá por un respeto emanado de su nacionalismo. Esa creencia es "[p]ara los miserables, para los ignorantes, para los que están fuera de la historia", y no para personas como él o el embalsamador (34), que no son peronistas y que no creen que la "Yegua" pueda representar al país. Su odio por el cuerpo de esa mujer(zuela) es desmentido por la pasión romántica que desarrolla hacia el cadáver y que se transforma en obsesión necrofílica. Al igual que en los textos de Walsh y Ara, aflora la inversión freudiana hacia lo contrario, del amor al odio.

La construcción del otro que realiza Moori Koenig desde su posición ideológica revela en negativo su proyecto de nación y su concepción de los roles de géneros en la sociedad. El hombre, el macho, se ve proyectado a contraluz sobre este bastidor de una manera doble, como una negación: negación de lo que es Eva (verbigracia, ella *no es* el general Perón) y negación de lo que es Perón. En el relato del encuentro entre Perón y Evita, el coronel asegura que fue ella quien "le propuso que durmieran juntos esa misma noche. Siempre fue de armas llevar. No concebía que la mujer pudiera ser pasiva en ningún campo, ni aun en la cama, donde lo es por mandato de la naturaleza [...]. La que lo levantó fue ella" (137). Poniéndola en boca del coronel, Martínez recoge la invectiva antiperonista que rechaza en *Réquiem por un país perdido*: Eva-macho y Perón-hembra. "Para los códigos culturales de la época, actuaba como un macho" (184). La mujer activa (el otro pervertido) tiene por opuesto al hombre pasivo (el otro pervertido alternativo). La estigmatización de Perón como homosexual, que en su época los adversarios políticos reproducían apoyándose en la esterilidad de la pareja, es una consecuencia lógica. Lo cierto es que el otro normalizado sería la mujer pasiva, lo que corresponde "por mandato de la naturaleza". El yo de Moori Koenig proyecta en Perón y Eva sus propias ansiedades.

10.4.1. Dujovne Ortiz agrega un dato curioso a la larga lista de enunciados que construyen la ficción del otro sobre la base de inversiones y perversiones. Para la biógrafa, el discurso popular peronista producía la homoerotización del macho. Las masas "querían a Perón: verlo, tenerlo, poseerlo. Sí, poseerlo. ¡Curioso erotismo que feminizaba la imagen del padre!" (204). Luego reproduce uno de los cánticos de la época: "oligarcas a otra parte / viva el macho de Eva Duarte". La expresión da cuenta, dejando de lado las necesidades de la rima, de "una inversión de roles [...]: en los pueblos latinos se dice habitualmente que una mujer es la 'hembra' de un hombre, pero es raro llamar a un hombre el 'macho' de una mujer" (205).

Para los peronistas, si la nación es Evita, entonces Evita no es puta; para los antiperonistas, si Evita es puta, entonces no es la nación. Ambas posiciones siguen moviéndose dentro del espacio del discurso identitario nacional. Por eso se conjugan y provocan la impresión de ser una sola: la nación es un otro doble, mujer y prostituta. Martínez hace evidente la duplicación al equiparar ambas posturas: "Los descamisados no rechazaron por completo la invectiva, pero dieron vuelta su sentido. Evita era para ellos la yegua madrina, la guía del rebaño" (22). La figura de la puta es pasible de sufrir un proceso reivindicativo.

Santa Evita puede leerse de dos modos posibles, entre otros muchos: como la historia de un cadáver, con sus vaivenes e itinerarios y la búsqueda de la definición de este peculiar tipo de "persona", y como una historia de amor imposible, como debe ser toda historia de amor que se precie, entre un vivo y una muerta, el coronel y Evita. Según la aserción del mismo autor, la novela se estructura en dos partes, como las alas de una mariposa. Una de las alas, que se mueve hacia atrás, narra la biografía de Eva Perón contada al revés; la otra, narra su necrografía, que es a la vez la historia de varios romances frustrados con el cadáver, cuyos amantes se enzarzan en la lucha por la posesión física (de la momia) de la amada. Los adversarios amorosos principales son cuatro: Perón, Moori Koenig, Ara y Martínez. Existen además dos grupos corporativos que también demuestran interés en ella, el Ejército y el Comando de la Venganza, y un personaje secundario que constituiría un quinto amante, el Loco Arancibia.

El primer romance es fundacional y "convencional"—convencional porque es entre seres vivos, entre Perón y Eva—, aunque estéril, pero no debido a la masculinidad de la mujer o a la femineidad del hombre, como aseguraban los antiperonistas. Eva y Perón no pueden tener hijos simplemente porque ella, a comienzos de 1943, quedó embarazada y tuvo un aborto que fue "una carnicería" (252). Irónicamente, donde se afirma que Perón es estéril y perverso (fetichista, para más datos, porque le gusta dormir con mujeres, pero besándoles los pies) es en *La novela de Perón*. Desde una interpretación psicológica más que política, se puede entender la voluntad del coronel de que Perón sea impotente debido a celos de amante posesivo ante la competencia surgida por un adversario invencible; el coronel se equivocó de novela, debería haber aparecido en *La novela de Perón*. Por otro lado, el romance fundacional no-convencional—entre un vivo y un cadáver, entre Moori Koenig y Eva—es estéril por la sencilla razón de que ella está muerta. Martínez subvierte doblemente los tópicos narrativos acerca del peronismo, en una vuelta de tuerca irónica. Al explicar la esterilidad de la pareja fundacional Perón-Eva atribuyéndola a una mala praxis quirúrgica, niega el mito de la sexualidad invertida y el *membrum puerile*; al mismo tiempo, el aborto niega la supuesta santidad de Evita, concebida en un marco religioso y católico.

El segundo romance es antifundacional porque se adentra en el camino de las perversiones. Cuando el Ejército se percata de la obsesión de Moori Koenig, que va más allá del mero interés profesional, lo separan del cadáver. El coronel reflexiona: "Lo mantenían lejos de su cuerpo, como si se tratara de una novia virgen. Era una estupidez, pensaba, tomar tantas precauciones con una mujer casada, ya mayor, que desde hacía tres años estaba muerta. Dios mío, cómo la extrañaba" (255). Inicia aquí el lento descenso hacia "su infierno de alcohol" (274). El capítulo en que aparece tal declaración se titula "Un marido maravilloso". Además de las andanzas de Moori Koenig, relata las del Loco Arancibia, un oficial que mata a su mujer en el trance de proteger el cadáver. Su esposa previamente se había figurado que "a lo mejor anda con otra mujer" (268). En efecto, la relación entre el Loco y "esa mujer" constituye el tercer *affaire* amoroso y el segundo perverso. Eva irrumpe en el romance familiar y lo disuelve. Es lógico que en una necrografía la necrofilia produzca historias de amor.

En cuanto al cuarto romance, el narrador sugiere aviesamente que la relación entre el embalsamador y la primera dama fue un amor a primera vista: "Quien lea las memorias póstumas del doctor Pedro Ara [...], advertirá sin dificultad que le había echado el ojo a Evita mucho antes de que muriera" (28). Echarle el ojo: la expresión es visiblemente plurívoca. Implica la curiosidad científica, la erótica y la estética. Se trata de la escopofilia del análisis autóptico *pre mortem* que se observó en el capítulo sobre el libro de Ara. Los rumores empiezan apenas se completa el embalsamamiento: "El gallego está enamorado del cadáver", dicen los informes de inteligencia. "Lo manosea, le acaricia las tetas. Un soldado lo ha sorprendido metiéndole las manos en las entrepiernas" (33). Los chismes verifican, repitiéndolas, las declaraciones de Moori Koenig en el cuento de Walsh. A pesar de todos los obstáculos que le ponen en el camino, Ara sostiene que "la convertí en una estatua de belleza suprema, como la Pietá o la Victoria de Samotracia" (28). Martínez produce un palimpsesto en el que superpone no sólo "Esa mujer" y *El caso Eva Perón*, sino también *El incendio y las vísperas*, pues Ara se puede comparar al Alejandro Pradere de Guido en su arrebato extasiado por la "Diana" de Falguière. La pasión fetichista es otra vez un caso de automatofilia y pediofilia. Como Pigmalión, el doctor Ara pretende insuflar vida a un objeto inanimado, al que le devuelve la similitud con la vida asemejándolo a una estatua (la Pietá o la Victoria de Samotracia), que parece tener vida. Su acto sigue una complicada danza que va de vida a muerte, ida y vuelta, sin detenerse nunca del todo en la vida, sino que la rodea, en cambio, a través de un sugerente coqueteo entre la muerte y el arte. La lección que parece desprenderse de este zigzag es que la vida es como el deseo: inalcanzable, efímera, y lo único que uno puede hacer mientras tanto es producir un simulacro de vida a través del arte, tocar el arte con la muerte y viceversa. "Todas las artes aspiran a la eternidad" (30), dice el doctor Ara. En el caso de Eva, la eternidad sólo se puede lograr a través de la muerte. El oficio del embalsamador se parece, en efecto, al del novelista, en tanto ambos participan de la soberanía prostética: el deseo por un ser artificial (personaje-estatua o autómata) cuya creación representa un juego y un arte. O sea, un *Fort-da*.

El quinto romance fundacional en la novela es un metaromance. Martínez es demasiado autoconsciente de sus muchos precursores en la narración de Evita, así que se inmiscuye constantemente en la historia como personaje, tanto para exhibir las revelaciones originales de la novela sobre la errancia del cadáver y la vida del cuerpo como para señalar la muerte de la objetividad. En un típico gesto posmoderno y metahistoriográfico, encarna la conciencia del romance fundacional en la historia. Tomás Eloy Martínez, el personaje, experimenta una trágica relación amorosa, o sea un romance estéril que lo asemeja al de Perón y la primera dama. En el capítulo 10, al enterarse del aborto de Eva en 1943, recuerda su relación con una tal Irene, historia que culminó con "una red de males fulminantes: meningitis purulenta, pielonefritis, endocarditis aguda" (244) y finalmente la muerte. (Observemos que Irene comparte su nombre con la hermana protagonista de "Casa tomada"). Este exceso de enfermedad pretende estar acorde al final de Evita, por supuesto. Metatextualmente, la historia de amor es el romance fundacional de la misma novela, porque su exsuegro le hace revelaciones importantes que desencadenarán la escritura de *Santa Evita*. Paralelamente, ambos conversan sobre "las batallas campales entre el presidente de la república y su esposa, que nunca se habían amado y lo pregonaban en la radio" (243). Esta referencia histórica es precisa: se trata de Carlos Menem y Zulema Yoma, quienes protagonizaron campales peleas por televisión. El espectáculo fue realmente un melodrama (o peor aún: un *reality-show*) y está mencionado como trasfondo del romance entre Tomás e Irene para marcar las distancias con los otros.

Mientras en las obras de Walsh, Ara y Erminda Duarte el cadáver estaba investido del poder de lo sagrado con el que se pretendía eliminar la crisis sacrificial, *Santa Evita* invierte su carácter en un gesto escatológico-cómico. La momia se vuelve productora de violencia a través de un "maleficio", sin hacerse referencia en ningún momento a la cuestión inmunitaria de la exhumación. El aspecto benéfico del *corpus sacer* es omitido y sólo queda el maléfico, que impide la consumación y el éxito de todos los romances de la novela. Perón y Evita no pueden tener hijos; Evita con Moori Koenig, Arancibia y Pedro Ara tampoco, por razones obvias; y Tomás e Irene fueron separados por la muerte (en concordancia con la de Evita). Carlos y Zulema Menem, en una sexta relación extradiegética, representan el peronismo neoliberal de los '90 y se odian. La maldición de Evita acaba por convertirla en un ser sobrenatural, una diosa terrible y furibunda o la Medusa que impide todo tipo de unión. Los amores son imposibles, porque representan o simbolizan la historia y la política argentina enlazadas en la inversión libidinal con "el cadáver de la nación".

La única pasión exitosa fue con el pueblo, la única que no tuvo un desenlace infeliz, tal vez por la masividad de los amantes. Al reemplazar la pasión popular, desinteresada y armoniosa, por la individual, enfermiza y posesiva, Martínez nos señala que el romance fundacional convencional proveniente del siglo XIX, estudiado por Sommer, se vuelve imposible en la era de la posmodernidad. En el romance original había demasiado optimismo tal vez: esperanza en la nación y fe en los individuos como seres pasionales.

Un amor imposible, triángulos amorosos (Perón-Eva-Moori Koenig, Arancibia-Eva-esposa, Moori Koenig-Eva-Ara, Irene-Martínez-Eva), dos parejas estériles, un amante borracho, una amada de ultratumba: estos son los elementos con los que compone Martínez sus dos "alas de la mariposa". El cuerpo de la amada exhala un efluvio sobrenatural y un resplandor azul; hay una maldición que persigue a aquellos que se acercan demasiado al misterio de Eva. Todos los elementos son folletinescos, propios del melodrama, pero los aderezos narrativos que lindan con el realismo mágico proyectan a *Santa Evita* más allá de los límites del género para adentrarse en el terreno de lo gótico y el *Grand-Guignol*. La novela fundacional peronista es redefinida ya no como una pasión entre el héroe y la heroína, entre el prócer y la dama pura, sino entre un amante vivo y un cadáver, à la Manon Lescaut.

La fórmula escueta que sintetiza el melodrama, de acuerdo a Brooks, es el exceso y si hay algo que caracteriza a *Santa Evita* es precisamente esto. Pero Martínez mezcla los ingredientes folletinescos y truculentos en una época en que no sólo se ha liquidado lo sagrado sino también la moral y la creencia en los valores absolutos, como asegura Monsiváis. En *Santa Evita* el enfrentamiento cósmico entre el bien y el mal está reemplazado por la exacerbación de los efectos que causas inconmensurables tienen sobre la sensibilidad y la voluntad. El cinismo posmoderno metahistoriográfico conduce a la deconstrucción del melodrama gótico como romance antifundacional que impide tomarlo en serio. En verdad, se trata de una necrografía escatológico-cómica.

Quizás el único romance más o menos fundacional en las obras de Martínez sobre el peronismo es el que tiene lugar en *La novela de Perón* entre los montoneros Nun Antezana y Diana Bronstein. Pero Diana es judía y activa en la cama, como la Evita viva de Moori Koenig. O sea, doblemente otra: en tanto no se ajusta al ideal de una nación católica por ser de otra raza y religión, y en tanto no se ajusta al ideal de mujer pasiva. Diana expresa ingenuamente un ideal de romance pasado de moda (en vista de las relaciones disfuncionales que abundan en las novelas de Martínez), decimonónico, en el que política y erotismo son una sola cosa: "Un amor que no quiere detenerse [...]. Quemándose en la cama y la militancia" (245). Su pasión por la primera dama la ciega ingenuamente: "Repartir el amor como lo hacía Evita: encontrándose con el General de 3 a 5 de la mañana". La ilusión de Diana no puede estar más alejada de la realidad o de las representaciones emitidas por el peronismo y por la misma Eva en *La razón de mi vida*. Al final, la historia entre Diana y Nun queda frustrada debido irónicamente al peronismo: Ezeiza es la tumba de los Montoneros, incluida Diana, que acaba siendo torturada y asesinada en una capilla.

Un romance paralelo, que también tiene un final desgraciado, es el del Cabezón y Vicky. La relación es desigual, pues ella no le corresponde. El Cabezón termina vendiéndose a la derecha lópezrreguista y entregando a sus compañeros. Al final, asesina a Vicky en medio de la masacre de Ezeiza. La pasión no correspondida fue, se insinúa, la causante de la traición y del vuelco a la derecha del montonero. Es así como deseo y política se encuentran, pero sólo a través de la negativa, del odio.

La ansiedad por el origen (la genealogía) es otra fuente productora de discursos fundacionales. En sus memorias, Perón se ve como encarnación de la nacionalidad: "Soy un crisol de razas, la Argentina es un crisol de razas: aquí está la primera señal de identidad entre el país y yo" (*Novela* 59). Al contar sobre sus antepasados, elude el "primer matrimonio de la abuela Dominga. Una viuda que se casa por segunda vez no es mártir ni ejemplar" (72). Esto es un eco de una institución de la Antigüedad clásica: la *univira*, la mujer que por respeto a la memoria de su esposo no volvía a conocer marido luego de su muerte. Era la extensión de la virginidad luego del matrimonio. La actitud de Perón con respecto a la genealogía revela su asimétrica actitud ante los roles de género. Él mismo es el viudo arquetípico que se casó tres veces e hizo dos viudas, pero sólo por ser hombre.

En las Contramemorias publicadas por Zamora, el *alter ego* de Tomás Eloy Martínez, se desliza la sospecha de un incesto en la familia Perón (*Novela* 89-90) y se dice que el abuelo materno había sido indio puro, hecho que Juan Domingo pasa por alto en sus Memorias. Además, se da a conocer la ilegitimidad suya y de su hermano: sus padres se habían casado varios años después de su nacimiento. Cuando niño, descubrió por accidente a su madre teniendo relaciones con un peón. La madre se excusó diciendo que tenía gripe y el hombre "se ofreció a ponerme unas ventosas y darme unas friegas" (106). Previamente, el niño había estado jugando con palabras, escribiendo: "'Mi mamá es una pata, mi mamá es una peta, mi mamá es una pita', etcétera", hasta llegar a "mi mamá es una puta" (106).

El trauma causado por esta escena primaria retorcida repercute muchos años después, mientras vivía en España, en el exilio. Cuando el adversario y *alter ego* de López Rega, el viejo José Cresto, acaricia a las perras caniches de Perón, éste lo recrimina: "¡Deje a mi madre en paz!" (163). López le había hecho creer que Cresto era la transmigración del amante de su madre, así que su reacción fue la lógica consecuencia de verlo jugar con las perras. El cuerpo de la Patria es espurio (como en *Santa Evita*) y si la madre (de Perón) era una perra (puta), entonces él (el país) es un hijo de perra (puta).

Tomás Eloy Martínez/Zamora hace con las Memorias de Perón lo mismo que con el romance fundacional peronista: lo deconstruye hasta darlo vuelta y exponer el artificio, la mezcla (racial, genérica), el incesto y la contamina-

ción, la ilegitimidad. En suma, la bilogía *Novela de Perón-Santa Evita* acaba
demostrando la imposibilidad de unir política y erótica y, en última instancia, el fracaso del romance fundacional. Parecería que cuando ambas logran
conjunción, su resultado es negativo, como se vio con Vicky y el Cabezón.

Martínez relee toda la tradición de discursos sobre el peronismo a partir de
una obra que intenta excederlos: el romance fundacional no existe o es frustrado, toda historia de amor tiene desenlace trágico, la pareja fundacional es
un alcohólico y una muerta, el realismo mágico es un melodrama gótico. La
conclusión final sólo puede ser que la historia es una comedia escatológica.
Interpreta (y con él nos obliga a nosotros también a hacerlo) a todos los textos
a partir de esta perspectiva.

10.5. En obras como *La novela de Perón* y *Santa Evita*, la escatología se manifiesta en las dos acepciones de la palabra: los restos fisiológicos son la prueba
de la divinidad, su conservación incorrupta que sirve al mismo tiempo para
su escarnecimiento, su toqueteo, su violación. Las hagiografías siempre estu-
vieron obsesionadas con el destino del cadáver del santo, con la recensión de
sus partes, con los avatares de su descomposición o conservación, con la loca-
lización geográfica de cada miembro, su colección y veneración. Martínez se
encarga de subrayar la alternativa malograda: "El último deseo de la Difunta
fue que ningún hombre tocara su cuerpo indefenso y desnudo, que ningún
hombre hablara de su cuerpo" (*Santa Evita* 139). El aspecto cómico en el sentido crossaniano hace su aparición mediante la ironía que aporta la última
voluntad de Evita es lo contrario de la profecía. De lo escatológico-sagrado se
entra en lo escatológico-excrementicio y de allí se desliza a lo cómico.

En el Antiguo Testamento, cuando Dios se presenta ante Moisés se anuncia
reafirmando su identidad consigo mismo: "Yo soy el que soy". En el momento
del Renunciamiento, en el diálogo con el pueblo, Evita invierte el enunciado,
en un impulso con tintes religiosos y sacrílegos al mismo tiempo: "Éste es
el momento sacramental de su discurso [...]. Evita se desnuda. *Yo no soy yo*,
dice" (*Santa Evita* 112). A diferencia de Dios ante Moisés y a semejanza de
Evita en *La razón de mi vida* o de Borges en "Borges y yo", aquí el momento
sacramental es cuando el dios se niega a sí mismo o se duplica. ¿Quién tiene
razón, cuál es el verdadero versículo: el de Dios o el de Evita? El maleficio que
se abate sobre todos aquellos que quieren indagar el misterio de la diosa, incluido el "autor" (77), sólo puede ser conjurado a través de la escritura. "No
iba a contar a Evita como maleficio ni como mito" (78), afirma Martínez,

pero no aclara cómo. La respuesta posible es: como sacrilegio y evangelio a la vez, como maldición y bendición, como conjugación de los contrarios. O sea, como escatología cómica.

El consejo de López Rega a Perón, "[s]ea su propio evangelista, General" (*Novela* 62), encuentra su realización en las Memorias, como un modo más de leer la historia, un modo que no es único (como quiere López), sino múltiple (como quiere el "evangelista" Perón). Es significativo que la preparación para la escritura de las Contramemorias comience cuando el primo Julio está sentado en un inodoro mirando las fotos que le presta el periodista Zamora para ayudarle a recordar (*Novela*, cap. 3). Paralelamente, López y Perón escriben las Memorias al lado del ataúd de Eva. O sea, la escritura se realiza en presencia del detritus, por un lado, y del *corpus sacer*, por otro, lo cual sugiere la oposición evangelio verdadero-evangelio apócrifo. Pero esta distinción entre palabra sagrada y palabra sacrílega se ve más tarde carnavalizada involuntariamente por el mismo "evangelista".

En sus Memorias, Perón recuerda sus lecturas formativas y, refiriéndose al *Martín Fierro*, sostiene: "me impresionaba el sentido común del Viejo Vizcacha" (*Novela* 130), que era un "protector de los desdichados" (131). Sus "consejos maravillosos, dignos de los Evangelios, junto con maldiciones al Padre Eterno y a los santos" (131) le parecen un buen ejemplo a seguir. En un error de lectura equivalente a un acto fallido, el General alaba a una contrafigura villana, presentada por José Hernández como el negativo de las virtudes cívicas nacionales. Recordemos que el carácter de "Padre Eterno" se atribuye al mismo Perón (202), pero lo que interesa en este pasaje es la mezcla caníbal entre blasfemia, herejía y sacralización que tiene lugar en la palabra peronista, sin voluntad de discriminación. En una inflación genérica, la escatología cómica se vuelve aparentemente metaescatología, una reflexión sobre el mismo género. El lugar de la escatología cómica parece ser el de una versión que desplaza a la historia oficial, como una herejía que se vuelve canon.

El centro de la inversión hagiográfica se halla en la figura del viejo José Cresto, una inversión paródica de Jesucristo. Iniciador de Isabelita en las ciencias ocultas, enemigo y doble de su tocayo López Rega, su rasgo más pronunciado es sin embargo la discapacidad lingüística que lo lleva a hablar en una jerga casi incomprensible. Cuando él se acerca a Perón, trae consigo el fantasma de doña Isabel Zoila; la escatología cómica se aproxima al realismo maravilloso. Curiosamente, al intentar hacer memoria, el General y López paulatinamente incurren en bolsones de olvido y comienzan a confundir "las palabras: destino, desatino, perón, nación. Se les ha vuelto un nudo la memoria, la historia" (185), muy a la manera de Cresto. El viejo es la voz que representa el relativismo histórico, un nuevo tipo de epistemología.

Otra parodia escatológica es la que padecen los Montoneros. Según *La novela de Perón*, son 13 y no 12 los guerrilleros originales que mataron a Aramburu. Es obvio que la divergencia numérica apunta a borrar una cifra con connotaciones cabalísticas sagradas y evangélicas (son 12 los Apóstoles originales) y a instaurar otra que connota desgracia e infortunio. Lo cierto es que Martínez apunta a subrayar la función teologal de la que habla Sarlo al interpretar a los Montoneros como resultado de un cruce entre marxismo, teología de la liberación y catolicismo integrista. En ninguna otra cultura se da una mejor fusión entre política y religión que en el peronismo de izquierda. Para la autora, los Montoneros son una cruza de los jacobinos franceses con una religión (*Pasión y excepción* 261).

La enumeración de récords que los humildes hicieron por Evita y por su salud, que aparece en la segunda novela, es tanto más hilarante cuanto que las proezas son fehacientes (*Santa Evita*, cap. 3). Los milagros, en cantidad semejante, están plagados de referencias bíblicas. Uno de los más célebres es el de Raimundo Masa, que se perdió con su familia en el desierto, mientras iba en procesión para interceder por la salud de la Abanderada de los Humildes. Deambuló durante cuarenta días como Moisés y la salvación ocurrió al cabo de tres. Evita realiza el milagro de desaparecer la caridad de la Argentina; "su lugar fue ocupado por otras virtudes teologales a las que Evita bautizó como 'ayuda social'" (188). Los pobres la ven levitar en el palco (118). Estos pasajes funcionan como el registro de milagros en las hagiografías clásicas, lo cual ilumina no sólo la novela misma sino los textos de siglos anteriores que nos llegan de la tradición española popular o semiculta, esos discursos confesionales, conventuales y de escritura femenina que tuvieron lugar en claustros, conventos, monasterios, plazas, calles y que trataron de dar cuenta de la experiencia mística.

En cierto momento, *La novela de Perón* enfoca en la rutina cotidiana que se vivía en la quinta de Perón. "López anuncia sus aseos [...], el redoble de pedos con que el secretario se alivia el estómago. Su estómago, mi General, lo ha corregido López [... que] usan después mi cuerpo para soltarse" (69). Tanto el secretario como su jefe son presentados como una pareja delirante que se complementan en el absurdo, cual si fueran Laurel y Hardy: "¿Cómo es posible?, le ha preguntado Perón. He tenido siempre una digestión perfecta"

(69). La escatología cómica abre la posibilidad de examinar el humor en obras que hasta el momento han sido consideradas serias. Tanto *La novela de Perón* como *Santa Evita* brindan una gran cantidad de pasajes humorísticos que se pueden adscribir al género de comedia escatológica.

El final de la necrografía de *Santa Evita*, que encuentra al coronel hundido en la reclusión y gastando sus últimos meses de vida, conjuga en una sola imagen y una sola *punch-line* la broma que fusiona escatología y humor en un exceso cómico ideológicamente revelador. Ocurre durante la transmisión en directo del descenso del hombre en la luna, en 1969. Mientras los astronautas exhiben la bandera, plantada en suelo lunar, Moori Koenig sufre un aparente brote psicótico y comienza a gritar "¡La tienen ahí!" (384). Para entender el chiste en toda su magnitud, es necesario conocer uno vulgar que en la Argentina es del dominio público y que tiene la estructura binaria del "a Fulanito le dicen…", que requiere la activa participación del interlocutor, mediante la pregunta "¿Por qué?", para poder reponer la línea de remate. El que me refiero dice así: "A Fulana (acá podría reemplazarse por Evita, en representación de toda mujer ligera de cascos) le dicen Bandera Yanqui". "¿Por qué?" "Porque la entierran hasta en la luna". Es por eso que, ante el asombro de su ayudante Cifuentes (que funciona como el interlocutor del cuento), el coronel responde: "Es Ella. Los hijos de puta la enterraron en la luna" (384).

El chiste popular se transpone de forma literal en la mente alucinada de Moori Koenig, para revelar la actitud de género que moldea su psicosis paranoica, al mismo tiempo que lo religa con el coronel del cuento de Walsh, quien anunció que había enterrado a Eva parada como Facundo, porque era macho. Pero esta vez no es el coronel quien la entierra, significativamente, sino los yanquis, los "hijos de puta" que, leídos en el contexto del menemismo de los '90, consuman verdaderamente las "relaciones carnales" anunciadas por el canciller Guido Di Tella entre la Argentina y EE.UU. Significativamente, ella también ha dejado de ser macho. Y es así como se cumple la pesadilla nacionalista en la era del capital global: la nación es una puta (Eva) porque los yanquis la "entierran" de parada.

10.6. "Quienes mejor han entendido la yunta histórica de amor y muerte son los homosexuales", asegura Martínez (*Santa Evita* 199). "Todos se imaginan fornicando locamente con Evita. La chupan, la resucitan, *la entierran, se la entierran,* la idolatran" (itálicas mías). De inmediato surge la duda. ¿Un homosexual quiere fornicar con una mujer? Sólo que fuera heterosexual… Obsérvese que se trata de la misma expresión que usa el coronel: "enterrar" a Eva. En esa palabra, en tanto significa literalmente "inhumación" y figurativamente "penetración", se revela con claridad la necrofilia evitiana, la "yunta histórica de amor y muerte" mencionada. Martínez profundiza en las implicaciones psicológicas y escatológicas de la necrofilia al referirse a la homosexualidad, acaso debido a la carga de otredad, marginalidad y "perversión" que ambos conceptos connotan. En el resto de las ocasiones, como se vio hasta aquí, la utiliza en un sentido simbólico, como un significante para hablar de la nación (incluso en el caso de un personaje evidentemente necrofílico, como el Coronel).

La pregunta es por qué los *gays* comprendieron mejor que nadie a Eva Perón (si es que fue así). José Pablo Feinmann da una respuesta, asumiendo idénticos presupuestos a los de Martínez. "Los pobres y los putos siempre coincidimos", hace decir al modisto de la primera dama, Paco Jamandreu, en el guion de la película biográfica de Juan Carlos Desanzo, *Eva Perón*. "Ellos son los condenados, los que sólo reciben el odio y el desdén de los machos de la oligarquía. Nosotros, los putos, también. Ser pobre y ser puto es lo mismo, señora" (*Destinos. Eva Perón* 103). Ella asiente y le recuerda a Paco el sambenito que le colgaron sus adversarios, el de ser una "puta". El modisto termina identificando al homosexual, al pobre y a la mujer, tres tipos diferentes de otros: "Ser puto, ser pobre y ser Eva Perón, en este país despiadado, es la misma cosa" (104).

El por qué de la posición epistemológica privilegiada de los homosexuales se responde resaltando la identidad marginal que comparten con sujetos ubicados en otros ámbitos. Feinmann recurre a la equivalencia entre clase y género. Evita se encuentra en la intersección entre ser pobre y ser mujer; la abyección económica es comparable a la doble abyección sexual, femenina y gay. Pero se podría considerar una respuesta más sofisticada y por ello mismo más arriesgada. Si, como hemos visto, "Eva Perón" es una *performance* en tanto figura autorial, ¿no será que los travestis perciben, debido a su "mirada" más adiestrada en la contemplación y búsqueda de la diferencia, el trabajo de "producción" ejercido sobre esta figura, cual si fuera una travesti o una *drag-queen*, voluntaria o involuntariamente? Quizás por eso "Jamandreu, llamado cariñosamente 'puto' por la finada, la presenta con rutilancias de 'mujer/marica'" (Perlongher 201). Algo similar sugiere Foster al señalar que "como símbolo *gay*, Evita se une a otras famosas mujeres de poder, quienes, sin intentarlo, han sido notorias *fag hags*" ("Evita" 530). No obstante, este crítico lee la relación

Evita-*gays* en función del valor de uso que le dan estos últimos al mito, para utilizarlo como imagen o ícono en la elaboración de la identidad homosexual.

En mi opinión, lo que Martínez percibe en la relación Evita-homosexuales es un hilo genealógico—con contrastes y similitudes, continuidades y rupturas—de construcción *performativa* de una voz política travesti, *drag* o *fag hag* que enhebra los discursos del peronismo histórico iniciado con "Evita" y atraviesa las obras de Copi y Néstor Perlongher.

10.6.1. En *Santa Evita*, Perlongher ocupa el lugar de precursor idéntico al de Walsh o Copi. "Evita vive" y "El cadáver de la nación" son visiones privilegiadas del fenómeno evitista que merecen ser revisitadas, citadas, copiadas y plagiadas. Para Martínez, el relato "Evita vive" se puede comparar a un evangelio y Evita al Mesías. "En el cuento, nadie la reconoce al principio, nadie quiere creer que Ella sea Ella. Lo mismo le pasa a Jesús [...]. Evita chupa una verruga, el Cristo pide que le metan mano" (Martínez, *Santa Evita* 201).

La hagiografía de Perlongher es alternativa: para él, la santidad no pasa por valores convencionales como la castidad, sino por el desenfreno sexual y la capacidad de goce. Aunque Avellaneda considera que la razón del cuento es "desmitificar la solemnidad hagiográfica" del mito peronista ("Evita" 140), coincide con el autor tucumano en que Eva es una enviada celestial para hacer el bien. Paralelamente, está la posibilidad que explora Martínez: "¿Y si Dios fuera una mujer? ¿Si yo fuera la Diosa y al tercer día mi cuerpo regresara?" (202). El Eterno Femenino de estos textos es eterno porque es divino.

El relato está narrado por "tres voces marginales—una 'marica mala, de temer', un drogadicto y un proletario gigoló—que reciben de ella la dádiva más deseada [...]. Las tres voces mentan una fuerza asistencial sin límites para los hambrientos [...] y revelan la naturaleza (a)moral y (a)política de sus dones" (Avellaneda, "Evita" 140). Es obvio que el número tres tiene una marcada connotación escatológica. Los relatos son testimonios (recordemos que éste es el modo de enunciación de los Evangelios) aparentemente orales, referidos a un interlocutor anónimo o a varios, que no aparecen directamente. La primera voz discurre: "Yo mucho no se lo creí, porque si fuera cierto, para qué iba a venir a buscarlos nada menos que a la calle Reconquista, *no les parece...*" (Perlongher 192, cursivas mías). La segunda voz emplea un registro lunfardo joven, del bajo mundo de la droga: "ella decía que había que drogarse porque se era muy infeliz, y chau, loco, si te quedabas down era imbancable" (194). La acción tiene lugar en lo que da la impresión de ser un conventillo ("gente

de las otras piezas empezó a asomarse para verla"), pero los grasitas, descamisados y ancianos no se escandalizan de que Evita se pique con droga, se deje
meter mano o se revuelque por el piso con cualquiera.

Si bien los contactos sexuales son totalmente abiertos, heterogéneos, mis-
turados, homo y bisexuales, la posibilidad que no se contempla es la que sí
tuvo en cuenta Copi, como se verá más adelante: "Seguro que no sos un travesti, preciosura" (194), le dice el gigoló proletario a Evita. Curiosamente, en
este caso no hay lugar para la confusión. "La mina era una mujer, mujer" (194-
95), se agrega. Pero lo que sí queda manifiesto es la voluntad del marginal de
ocultar su identidad, para evitar la identificación por parte de la policía: "los
nombres que doy acá son todos falsos" (195). Es significativa la aparición de
la apocrificidad o el disfraz onomástico en medio de un testimonio, pues en
un Evangelio señala un intento por evadir el control represor del Estado, para
poder diseminar la palabra sagrada, la "buena nueva". En este sentido, los elementos escatológicos exhibidos se aproximan a una escritura cristiana primi-
tiva, subterránea y marginal, con valores inversos a los contemporáneos. Para
Perlongher, ser una "puta ladina" es ser una santa.

Perlongher es para Martínez un punto de referencia estético e ideológico
contrapuesto al nacionalismo patriarcal postulado por Borges, comparable al
machismo militarista de Perón. Irónicamente, el proyecto revisionista marti-
neziano de rescate de los "sentimientos" y de las formas culturales marginales,
como el melodrama, asociados tradicionalmente al peronismo, sirven para
subvertir lo que éste tiene de "empobrecedor" en cuanto ideología normativa
de género. El otro homosexual citado, Copi, complementa el proyecto como
una perfecta herramienta para dar batalla a Borges y al peronismo (identi-
ficados ya por su ideología burguesa) en el campo que en Evita y el General
fueron rey y reina: el de la *performance* y el espectáculo público. Copi ejecuta
un "retrato del derrumbe", según las palabras de Martínez, en que "[e]ntrega
el cuerpo para que lo devoren" (200).

10.7. La necrografía escatológico-cómica de Martínez produce un romance
antifundacional que introduce varias estrategias discursivas y componentes
textuales originales para renovar la tradición antiperonista liberal y la ficción
del otro. Recurre a la metaficción historiográfica y al posmodernismo para
criticar postulados considerados metafísicos como la verdad, la historia y la
objetividad; abandona el tópico de la Eva-macho y el Perón-hembra y lo reemplaza por un Perón híper-masculinizado y machista; apela conscientemente

a formas residuales y marginales de la cultura popular y de masas como el melodrama, lo gótico y el *Grand-Guignol*, en un gesto semejante al de Copi y Beatriz Guido (aunque ésta lo hizo inconscientemente y a pesar suyo); borra y deconstruye las fronteras entre la alta cultura y la baja cultura; finalmente, descarta lo sagrado como violencia sacrificial y retribución purgativa y lo reemplaza por el humor escatológico-excrementicio. Todas estas operaciones aparecen perfectamente articuladas y se refuerzan mutuamente; es imposible prescindir de una sin trastornar las demás.

El objetivo del recurso al posmodernismo se conjuga con la función ideológica de *Santa Evita* y es aquí donde la novela muestra sus limitaciones. Su objetivo explícito es "explicar" la Argentina y su posición política es ostensiblemente antiperonista. Para lograr lo primero, abreva en lo segundo. Es decir, la "explicación" de la Argentina pasa por hacer de Perón y Evita dos Facundos del siglo XX, o sea dos bárbaros destructivos y farsantes. De tal modo, la metodología prácticamente determina el resultado de la investigación, en una suerte de *petitio principii*. Si la Argentina es "explicada" por Perón y Evita, que son figuras negativas, entonces la imagen que devenga del país es negativa: la Argentina ya aparece explicada de antemano. Es por eso que la nación está representada por el cadáver de una prostituta y es "como esa muerte, un país nómade, sin lugar, sin rumbo fijo", como se citó antes; es por eso que la necrofilia es interpretada como una pulsión de "autodestrucción". Martínez no ofrece ninguna alternativa ni esperanza de salvación en su nihilismo político; la Argentina siempre será "un país perdido", como en el título de su libro, que es un *Réquiem*, y siempre tendrá "enquistad[os]" a la "barbarie y [el] autoritarismo" (60). El nihilismo es funcional a la ideología, pues equivale a la despolitización del liberalismo denunciada por Schmitt, Foucault y Derrida. Desde una perspectiva liberal, el cinismo y la desesperanza promueven un argumento circular: si el país alcanza progresos civiles o logros sociales, económicos y políticos, la percepción de que provienen de gobiernos populistas (ya sea de Yrigoyen, Perón, Kirchner, etc.) disuelve su valor positivo y no son sino expresiones de la barbarie, el autoritarismo o una simulación; y si el país no obtiene logros o entra en crisis, entonces se confirma lo que se quería probar. De cualquier modo, la hipótesis del fracaso de la nación siempre es verdadera.

Para desarrollar su proyecto, Martínez recae en la consabida dicotomía liberal civilización-barbarie, por un lado, y en clichés revisionistas de larga data, por otro, aunque ambos programas hayan sido originalmente contradictorios. He señalado arriba que Martínez rescata tres tópicos del revisionismo de la

década del '30 para construir su imagen de nación, encarnada en el cuerpo de
Evita: la división de la Argentina, la decadencia de la nación y el país como
un simulacro. Analizados desde un punto de vista genealógico, todos ellos
son muy peligrosos. El primero, la crítica a la división en la sociedad que lleva
a la discordia y exige la eliminación del enemigo como un concepto lógico-
filosófico, está afiliado a la despolitización liberal que reniega de cualquier
antagonismo político. En la Argentina de hoy, se encarna en la invención de
"la grieta", tan mentada por los ideólogos mediáticos neoliberales que abogan
por un país unido y alineado, preferentemente bajo sus propios pendones. En
segundo lugar, la noción del decadentismo es propia de un nacionalismo de-
cadencial esencialista que promueve motivos conservadores en el mejor de los
casos, o reaccionarios, en el peor, como lo demuestra Pierre-André Taguieff en
su análisis de los componentes discursivos de las demandas nacionalistas. El
tercer tópico, el simulacro, funciona de un modo especial en Martínez, quien
lo relaciona con las "ilusiones" de los argentinos que aspiran a ser más de lo
que son (educados, civilizados, prósperos, etc.). Amén del obvio esencialismo
(¿qué es lo que en verdad son?), el dictamen está asociado a las teorías socio-
lógicas de Gino Germani, quien había propuesto que uno de los problemas
básicos del peronismo se debía a que había estimulado en las clases bajas demandas que no podían ser satisfechas. La nocividad latente de tal idea se ha
revelado en su avatar discursivo del siglo XXI. Para los neoliberales, el populismo de los Kirchner es malo puesto que les "mintió" a los pobres que podían
tener aire acondicionado, casa, auto y electrodomésticos, o les hicieron creer
que les gusta el lomo o el filet-mignon, o que lo podrían pagar llegado el momento. La única salida, frente a este panorama de barbarie, es un proyecto de
país-estancia, productor de materias primas al igual que durante el siglo XIX,
como lo expresó el presidente Mauricio Macri, o, de un modo más grotesco,
un país que siga como modelo a la India, según lo pidió la vicepresidente Gabriela Michetti.

   Es por eso que tales enunciados son contraproductivos, ya que la mezcla de
liberalismo con revisionismo es explosiva. Aunque Martínez pretenda criticar
las dicotomías esencialistas desde un punto de vista deconstructivo o posmoderno, incurre en la dicotomía maestra civilización/barbarie al condenar a la
Argentina a un futuro bárbaro inexorable. Si la Argentina como país educado,
liberal y europeo es una ilusión y la realidad muestra en cambio lo opuesto,
entonces su misma esencia nacional la condenará al fracaso y al subdesarrollo.
O sea, a ser como el cadáver insepulto de la protagonista de la novela.

Conclusión

❧

AL COMIENZO DEL LIBRO, expuse que el final de la "marea rosa" en América Latina debería haber dado pie a una reevaluación del concepto de ideología. En medio de un *boom* en los estudios sobre el populismo, ha habido incluso planteos que no sólo rechazan la ideología sino la existencia misma de la hegemonía. Parte de esta tesitura incluye el rechazo de los "intereses objetivos" de clase. Entre los mayores intelectuales públicos a nivel internacional, son pocos los que siguen refiriéndose al concepto (el ejemplo más notable es Slavoj Žižek, que ha producido una elaboración *sui generis* desde la década del '90).

Dentro de este contexto, mencioné también en el Prólogo que la contribución al estudio del peronismo presente en estas páginas permitiría iluminar un posible camino a seguir en la comprensión de lo que se podría llamar la construcción de identidades sociopolíticas en general (por no utilizar términos como ideología, hegemonía, contingencia, articulación o incluso afectos, discursos o imaginarios). Sin entrar directamente en la cuestión de fondo, mi propuesta muestra la existencia de una estructura particular que permea el tejido social. Aunque podría objetarse que la postura adolece de un cierto universalismo, he intentado igualmente mostrar que el triple componente unificado de lo sacro-erótico-político descansa no sólo en la metapsicología freudiana sino también en una crítica deconstructiva del dispositivo de saber-poder, que a su vez deconstruye o al menos problematiza la cuestión de lo universal. Más allá de los dilemas o complicaciones que encuentra toda teoría, mi análisis hace evidente la emergencia de los tres elementos en todo texto u obra (sea la de Eva Perón, Borges, Cortázar, Walsh, o cualquier otro autor) que pretende intervenir en el campo político. Creo que su mayor ventaja es señalar la posibilidad de una expansión de la noción de "intereses objetivos", fundamento de la teoría clásica de la ideología, hacia la de unos "intereses subjetivos" que se conforman mediante la articulación de lo sacro-erótico-político. La raíz de la unidad de los tres componentes radica en una necesidad universal de protección ante la violencia, que se manifiesta en la construcción de figuras modelos como el padre, el soberano y Dios, y de la necesidad de catarsis una vez que sobreviene inevitablemente la violencia. En la modernidad, el liberalismo ejecuta un movimiento de despersonalización o "impersonalización" de las figuras protectoras. O sea, intenta eliminar, desmentir o negar la personalización del monarca y de Dios para reemplazarlos por un "trono vacío", por una figura protectora que no es una persona, sino más bien un simulacro de persona, se podría decir: el Estado liberal. No obstante, esto conduce a una suerte de reacción que produce una especie de doblez muy peculiar, un retorno de lo reprimido de un modo prácticamente incongruente o paradójico: ante la figura impersonal de un Estado burocrático que tiende hacia la tecnocracia (uno de los extremos de lo político, para Moffitt), se repersonaliza la protección bajo la figura del *mismo protegido*, el pueblo, bajo la soberanía popular (lo cual es el otro extremo de lo político). Recordemos que para Schmitt el credo básico de lo político era la máxima *protego ergo obligo*. El pueblo se podría definir ahora bajo este término: el protector protegido. Si aparece como un significante vacío, tal vez lo hace debido al extraño efecto de estar lleno de sí mismo: el pueblo es el protegido que intenta asumir el rol de protector. Sin embargo, la soberanía popular está ineluctablemente inserta dentro del marco de la democracia liberal, que exige un representante determinado; el rol de esta figura lo ocupa precisamente *el gobernante populista*.

La propuesta no produce un cierre total, lo que Derrida llamaría sutura, sino que lo sacro-erótico-político aparece como el espacio vacío que hace posible la articulación de las identidades. En ningún momento se llega a una *stasis*, a una fosilización o inmovilidad del campo social y las identidades, sino que el libre juego de sus elementos prosigue indefinidamente de un modo indeterminado y polémico. Esto subraya que no hay precisamente un universalismo que limita o esteriliza el análisis. Por el contrario, el trabajo crítico puede encauzarse ahora hacia una mejor comprensión de los fenómenos sociales con el uso de estas herramientas. Es por eso que expuse la fórmula *matar y dejar morir* para reinscribir un nuevo tipo de soberanía surgido en las últimas décadas (también llamado neoliberalismo), verificando la metamorfosis de la soberanía clásica que se sintetizaba bajo la fórmula *vitae necisque potestas*. Un ejemplo muy claro se ha dado en el año 2020, con la pandemia de Covid-19. No sólo el virus ha atravesado fronteras, sino que también lo ha hecho el nuevo esquema discursivo. ¿Cómo se explica si no que tanto Mauricio Macri, como Jair Bolsonaro, Mario Vargas Llosa, José María Aznar o Donald Trump hayan expresado simultáneamente la necesidad de la no-injerencia estatal mediante la idea de que hay que "dejar que se mueran los que se tienen que morir"? (D'Addario; Vargas Llosa y otros).

Mi teoría sugiere que la producción de "intereses subjetivos" en todo discurso político, cada vez que se intenta producir consenso y disuasión, recurre siempre a los tres ejes establecidos. Sostengo que ellos pueden ser enormemente útiles para el análisis literario, revelando en la literatura los mecanismos de un "inconsciente político", para utilizar el concepto de Fredric Jameson. La producción sobre el peronismo ha continuado siendo increíblemente rica en las últimas tres décadas. Un gran número de obras han operado sobre el triple eje y necesariamente han representado, de un modo u otro, a la medusa, el mono y la marioneta en el género del romance (anti)fundacional escatológico. *A las 20:25 la Señora entró en la inmortalidad* (1981) de Mario Szichman, *La pasión según Eva* (1995) de Abel Posse, *El evangelio de Evita* (2003) de Carlos Balmaceda, *Vuelo triunfal* (2003) de Miguel Vitagliano, *La lengua del malón* (2003) y *77* (2008) de Guillermo Saccomanno, *La vida por Perón* (2004) de Diego Guebel, *La aventura de los bustos de Eva* (2004) de Carlos Gamerro, *Nelly R. La amante del General* (2008) de Santiago Giralt, *Las tetas de Perón* (2012) de Roberto Gárriz, *Eva. Alfa y Omega* (2013) de Aurora Venturini y *Una historia del peronismo* (2018) de Pedro Saborido son sólo algunas de ellas. Por razones de espacio, no se puede incluir aquí un estudio de cada una, pero quisiera referirme brevemente a las que me parecen más significativas.

La novela de Szichman es un ejemplar de la escatología cómica. Tercera parte de una trilogía sobre la familia de inmigrantes judíos Pechoff, trata de los esfuerzos de uno de sus miembros de lograr un certificado de defunción para su hermana, que no puede ser enterrada debido al duelo impuesto por la muerte de Evita. El único modo de acceder al entierro es que un médico antisemita dé la autorización, pero para ello los Pechoff deberán hacerse pasar por una aristocrática familia católica. Así, la lucha por escribir una nueva genealogía—lo que implica la reescritura del romance familiar y una lucha por la propia identidad de judíos-argentinos—tiene lugar al lado del cadáver que se va pudriendo lentamente, lo cual incluso se podría interpretar como una deconstrucción de la imputrefcción que recorre el conflicto peronismo-liberalismo. La narración muestra cómo el romance nacional está fundado en memorias mentirosas que los inmigrantes han pergeñado para poder lograr aceptación en la sociedad y el proyecto nacional.

En *La lengua del malón* también está en juego una identidad marginal, esta vez *queer*. La novela cuenta la relación amorosa (un verdadero romance fundacional peronista) entre Lía, una periodista judía lesbiana, y Delia, la esposa de un militar que organizará el golpe de Estado del '55 en contra de Perón. La historia es narrada a través de los ojos del profesor Gómez, también homosexual y peronista, que es poseedor de una novela histórica escrita por Delia acerca de la relación apasionada que vive una cautiva en el siglo XIX, esposa de un militar de la conquista del desierto, y el cacique que la raptó. Al final de la novela—una premonición "profética" de lo que le sucederá a su autora, como dice Gómez (213)—, el indio es capturado y la cautiva se suicida frente a los soldados que la vienen a "rescatar". En el plano de la "realidad", Lía y Delia deciden huir para vivir a pleno su relación, abandonando ésta última a su esposo e hijo. Pero cuando se encuentran para dar inicio a la fuga, las bombas de la intentona de junio de 1955 sobre la Plaza de Mayo acaban con ambas. El romance fundacional "alternativo" (porque es lésbico y judío) es frustrado por los antiperonistas que dan el golpe, mientras se traza un paralelismo entre los distintos "cuerpos" de la nación presentados como modelos o antimodelos: la cautiva del siglo XIX es Delia (madre abnegada y católica) en el XX, el indio del XIX es una lesbiana judía en el XX.

Las novelas de Gamerro y Guebel son dos típicas escatologías cómicas fundacionales. Ambas son una ácida revisión de la década del '70 y de la lucha revolucionaria de la juventud peronista. *La aventura de los bustos de Eva* transcurre poco antes del golpe militar de 1976 y sigue las peripecias de un *yuppie*, Ernesto Marroné, quien busca salvar a su jefe secuestrado por los Montoneros. *La vida por Perón* se centra en un innominado grupo peronista de izquierda que desea robar el cadáver de Perón, que acaba de morir, por miedo de que la derecha se les adelante y haga con él lo mismo que con el de Evita. Al recurrir a la necrografía cómica utilizando los elementos más macabros del *Grand-Guignol* folletinesco y el romance (anti)fundacional alternativo, ambos autores hacen emerger la imputrefcción, la pediofilia y los procesos de soberanización del *corpus sacer* (en el caso de Gamerro, de un modo prácticamente etimológico, en cuanto que para uno de los personajes el fetiche sagrado tiene la forma de un sorete). Gamerro y Guebel ofrecen una reflexión acerca de los proyectos nacionales surgidos en los '70 y al mismo tiempo una respuesta a los proyectos estéticos más paradigmáticos de la Argentina.

Finalmente, el libro de Saborido (integrante del dúo televisivo *Peter Capusotto y sus videos* y co-creador de los personajes peronistas revolucionarios Bombita Rodríguez y Violencia Rivas) es quizá el que ofrece la visión más sofisticada del peronismo. Los cuentos que integran el volumen expresan la mayoría de las ideas propuestas en este libro: la conformación del movimiento de un modo interrelacional e intersubjetivo (en el sentido de Grimson) como el doble del liberalismo y una ficción del otro. En mi opinión, Saborido se pone a la vanguardia literaria mediante una intervención que conjuga la baja cultura, recurriendo indistintamente a las estrategias de los medios masivos de comunicación, el periodismo, la crónica, el folletín, el pastiche, los *sketches* del llamado teatro de revista, los géneros residuales y los medios sociales con una mezcla de memes, aforismos *instagramáticos* o *tweets*, junto con recursos de la alta cultura, como el surrealismo, el realismo mágico, la parodia, la estilización y el teatro del absurdo. Un estudio pormenorizado de esta obra, junto con todas las anteriores, es uno de los proyectos más urgentes para entender los últimos avatares del peronismo y del campo político argentino.

BIBLIOGRAFÍA

Abeijón, Carlos y Jorge Santos Lafauci. *La mujer argentina antes y después de Eva Perón.* Buenos Aires: Editorial Cuarto Mundo, 1975.

Adamovsky, Ezequiel. "¿De qué hablamos cuando hablamos de populismo?" *Revista Anfibia.* S/f. <www.revistaanfibia.com/ensayos>. Accedido el 29 de junio de 2018.

Agamben, Giorgio. *Homo Sacer.* California: Stanford UP, 1995.

———. *The Kingdom and the Glory. For a Theological Genealogy of Economy and Government (Homo Sacer II, 2).* Stanford, California: Stanford UP, 2011.

Aira, César. *Copi.* Rosario: Beatriz Viterbo, 1991.

Akerloff, George A. y Robert J. Shiller. *Phishing for Phools. The Economics of Manipulation & Deception.* Princeton: Princeton UP, 2015.

Altamirano, Carlos. "¿Qué hacer con las masas?" *La batalla de las ideas (1943-1973).* Beatriz Sarlo. Buenos Aires: Ariel, 2001. 19-42.

———. *Peronismo y cultura de izquierda.* Buenos Aires: Siglo XXI Editores, 2013.

Altman, Alex. "Tribal Warrior." *Time* 187.9 (2016): 40-3.

Ara, Pedro. *El caso Eva Perón. (Apuntes para la historia).* Madrid: CVS Ediciones, 1974.

Arditi, Benjamín. "Populism is Hegemony is Politics? On Ernesto Laclau's *On Populist Reason.*" *Constellations* 17.3 (2010): 488-97.

Avellaneda, Andrés. "Evita: cuerpo y cadáver de la literatura". *Evita. Mitos y representaciones.* Comp. Marysa Navarro. Buenos Aires: Fondo de Cultura Económica, 2002. 101-41.

———. *El habla de la ideología.* Buenos Aires: Editorial Sudamericana, 1983.

Barthes, Roland. "La muerte del autor". *El susurro del lenguaje: más allá de la palabra y la escritura.* Barcelona: Paidós, 1994. 65-71.

———. *S/Z.* México: Siglo XXI Editores, 1980.

Baudrillard, Jean. *Simulacres et simulations.* Paris: Galilée, 1981.

Bentivegna, Diego. "El mito, hoy". *Radar libros. Página/12.* 6 de agosto de 2000. <pagina12.com.ar >. Accedido el 25 de octubre de 2005.

Borello, Rodolfo. *El peronismo (1943-1955) en la narrativa argentina.* Ottawa: Dovehouse Editions Canada, 1991.

Borges, Jorge Luis. *El hacedor.* Buenos Aires: Emecé, 1960.

———. "L'Illusion comique". *La batalla de las ideas (1943-1973)*. Ed. Beatriz Sarlo. Buenos Aires: Planeta, 2001. 121-23.

———. *Obras completas. 1923-1972*. Buenos Aires: Emecé Editores, 1974.

Borroni, Otelo y Roberto Vacca. *La vida de Eva Perón. Tomo I: Testimonios para su historia*. Buenos Aires: Editorial Galerna, 1970.

Brieba, Rodolfo Jorge. "El pueblo vs 'la gente'". *Página 12*. 3 de septiembre de 2019. <www.pagina12.com.ar>. Accedido el 18 de septiembre de 2019.

Bronfen, Elizabeth. *Over Her Dead Body. Death, Femininity, and the Aesthetic*. Manchester: Manchester UP, 1992.

Brooks, Peter. *Body Work. Objects of Desire in Modern Narrative*. Londres, Cambridge: Harvard UP, 1993.

———. *The Melodramatic Imagination. Balzac, Henry James and the Modes of Excess*. New Haven: Yale UP, 1976.

Butler, Judith. *Bodies That Matter. On the Discursive Limits of "Sex."* New York: Routledge, 1993.

———. "Introduction to *Bodies That Matter*". *Women, Autobiography, Theory*. Eds. Sidonie Smith y Julia Watson. Madison: U of Wisconsin P, 1998. 367-79.

———. "Lana's 'Imitation': Melodramatic Repetition and the Gender Performative". *Genders* 9 (1990): 1-18.

Caimari, Lila. *Perón y la Iglesia católica. Religión, Estado y sociedad en la Argentina (1943-1955)*. Buenos Aires: Ariel, 1995.

Carlson, Marifran. ¡Feminismo! The Woman's Movement in Argentina from Its Beginnings to Eva Perón. Chicago: Academy Chicago Publishers, 1988.

Castiñeiras, Noemí C. *El ajedrez de la gloria. Evita Duarte actriz*. Buenos Aires: Catálogos, 2002.

Charles, R. H. *Eschatology. The Doctrine of a Future Life in Israel, Judaism and Christianity*. Introduction de George Wesley Buchanan. Nueva York: Schoken Books, 1963.

Chávez, Fermín. *Eva Perón sin mitos*. Buenos Aires: Editorial Fraterna, 1990.

———. Introducción. *Mi mensaje*. Eva Perón. Buenos Aires: Ediciones del Mundo, 1987. 5-11.

Ciria, Alberto. *Política y cultura popular: la Argentina peronista 1946-1955*. Buenos Aires: Ediciones de la Flor, 1983.

Copi. *Eva Perón*. Buenos Aires: Adriana Hidalgo, 2002.

Cortázar, Julio. *Bestiario*. Buenos Aires: Editorial Sudamericana, 1969.

Cortés Rocca, Paola y Martín Kohan. *Imágenes de vida, relatos de muerte. Eva Perón: cuerpo y política*. Buenos Aires: Beatriz Viterbo, 1998.

Cowles, Fleur. *Bloody Precedent*. Nueva York: Random House, 1952.

Crossan, John Dominic. *Raid on the Articulate. Comic Eschatology in Jesus and Borges*. Nueva York: Harper & Row, 1976.

Crossan, John Dominic y Jonathan L. Reed. *Excavating Jesus. Beneath the Stones, Behind the Texts*. Nueva York: Harper San Francisco, 2002.

D'Addario, Fernando. "La libertad de Macri y Vargas Llosa". *Página 12*. 25 de abril de 2020. <www.pagina12.com.ar>. Accedido el 14 de enero de 2021.

"Datos biográficos del autor". *Eva Perón*. Copi. Buenos Aires: Adriana Hidalgo, 2002. 5-13.

De Grandis, Rita. "Introductory Essay: 'The Masses Do Not Think, They Feel'." *Canadian Journal of Latin American and Caribbean Studies* 48 (1999): 125-32.

De Ípola, Emilio. *Ideología y discurso populista*. México: Folios, 1982.

Deleuze, Gilles. *The Deleuze Reader*. Ed. Constantin V. Boundas. New York: Columbia UP, 1993.

Delsol, Chantal. *Populismos. Una defensa de lo indefendible*. Buenos Aires, Ariel: 2015.

De Marval-McNair, Nora. "*El incendio y las vísperas* de Beatriz Guido: claves para el rescate de un mundo mutilado". *Selected Proceedings of the Mid-America Conference on Hispanic Literature*. Ed. Luis T. González-del-Valle y Catherine Nickel. Nebraska: Society of Spanish and Spanish-American Studies, 1986. 63-69.

Derrida, Jacques. *The Beast & the Sovereign*. Vol. I & II. Chicago: The U of Chicago P, 2011.

———. *The Ear of the Other. Otobiography, Transference, Translation*. Ed. Christie McDonald. Lincoln: U of Nebraska P, 1988.

———. *De la Grammatologie*. París: Éditions de Minuit, 1967.

Domínguez, Nora. "Eva Perón y Hebe de Bonafini, o la invención del nacimiento". Eds. Ana Amado y Nora Domínguez. *Lazos de familia (herencias, cuerpos, ficciones)*. Buenos Aires: Paidós, 2004. 151-81.

Dove, Patrick. "Political Philosophy: On the (non)ground of the Political." Copia digital. 14 de junio de 2009.

Duarte, Erminda. *Mi hermana Evita*. Buenos Aires: Ediciones Centro de estudios Eva Perón, 1972.

Dujovne Ortiz, Alicia. *Eva Perón. La biografía*. Madrid: Suma de Letras, 2002.

Eco, Umberto. *Apocalípticos e integrados*. Barcelona: DeBolsillo, 2004.

Estill, Adriana. "The Mexican Telenovela and its Foundational Fictions." *Latin American Literature and Mass Media*. Eds. Edmundo Paz y Debra A. Castillo. Nueva York: Garland Publishing, 2001. 169-89.

Feinmann, José Pablo. *Dos destinos sudamericanos. Eva Perón. Cuestiones con Ernesto Che Guevara*. Buenos Aires: Grupo Editorial Norma, 2004.

———. *Ignotos y famosos. Política, posmodernidad y farándula en la nueva Argentina*. Buenos Aires: Editorial Planeta, 1994.

———. "Morir joven y ser inmortal". *Evita/El Che*. Oesterheld, Héctor G., Alberto Breccia y Enrique Breccia. Buenos Aires: Diario Clarín, 2007.

———. *Peronismo. Filosofía política de una persistencia argentina.* Tomo I. Buenos Aires: Planeta, 2010.

Felski, Rita. "On Confession." Eds. Sidonie Smith y Julia Watson. Madison: U of Wisconsin P, 1998. 83-95.

Fernández de Robinson, Lillian Rosa. "Argentinian Politics in Beatriz Guido's Trilogy: *Fin de fiesta, El incendio y las vísperas* and *Escándalos y Soledades.*" Dis. University of Colorado at Boulder, 1977.

Figueroa, Ana y Marcelo Coddou. "Entrevista a Tomás Eloy Martínez: *El vuelo de la reina* o el viaje al otro lado del espejo". *La edición.* 20 de diciembre de 2002. <www.laedicion.com.ar>. Accedido el 30 de octubre de 2005.

Flaubert, Gustave. *L'Éducation sentimentale.* Manchecourt: Gallimard, 1996.

Foster, David William. "Evita, Juan José Sebreli y género". *Revista Canadiense de Estudios Hispánicos* 3 (1999): 529-37.

———. "Narrative Persona in Eva Perón's *La razón de mi vida.*" *Woman as Myth and Metaphor in Latin American Literature.* Eds. Carmelo Virgilio y Naomi Lindstrom. Columbia: U of Missouri P, 1985.

Foucault, Michel. *The Birth of Biopolitics. Lectures at the Collège de France, 1978-79.* New York: Picador, 2004.

———. *The History of Sexuality.* Volume 1: An Introduction. New York: Vintage Books, 1990.

———. *"Society Must Be Defended." Lectures at the Collège de France, 1975-76.* New York: Picador, 2003.

———. "What Is an Author?" *Language, Counter-Memory, Practice.* Ed. Donald F. Bouchard. Ithaca, N.Y.: Cornell UP, 1977. 113-38.

Fraser, Nicholas y Marysa Navarro. *Eva Perón.* New York: W.W. Norton & Company, 1981.

Freud, Sigmund. *Beyond the Pleasure Principle.* Mineola, New York: Dover Publications, 2015.

———. *Civilization and Its Discontents. The Standard Edition.* New York: W.W. Norton & Company, 1961.

———. *The Future of an Illusion.* New York: W.W. Norton & Company, 1989.

———. "Pulsiones y destinos de pulsión". *Obras Completas.* Vol. 14 (1914-16). Buenos Aires: Amorrortu editores, 1978. 105-34.

Frizell, Sam. "How Bernie Sanders' Campaign Could Spawn a Liberal Tea Party." *Time* 187.9 (2016): 9-10.

Galasso, Norberto. *Perón: Exilio, resistencia, retorno y muerte, 1955-1974.* Tomo II. Buenos Aires: Colihue, 2005.

Gamerro, Carlos. *La aventura de los bustos de Eva.* Buenos Aires: Grupo Editorial Norma, 2004.

———.*Ficciones barrocas: una lectura de Borges, Bioy Casares, Silvina Ocampo, Cortázar, Onetti y Felisberto Hernández*. Buenos Aires: Eterna Cadencia Editora, 2010.

Giardinelli, Mempo. "Es la democracia, estúpidos". *Página 12*. 12 de junio de 2008. <www.pagina12.com.ar>. Accedido el 11 de enero de 2019.

Gillespie, Richard. *Soldados de Perón*. Buenos Aires: Grijalbo, 1998.

Girard, René. *La Violence et le Sacré*. Paris: Grasset, 1972.

Goldar, Ernesto. *El peronismo en la literatura argentina*. Buenos Aires: Editorial Freeland, 1971.

González, Horacio. *Filosofía de la conspiración. Marxistas, peronistas y carbonarios*. Buenos Aires: Colihue, 2004.

———.*Perón: Reflejos de una vida*. Buenos Aires: Colihue, 2007.

González Echevarría, Roberto. "Argentines Check Their Baggage." *The New York Times*. 29 de enero de 2002. <www.nytimes.com>. Accedido el 11 de enero de 2019.

Grimson, Alejandro. ¿Qué es el peronismo? De Perón a Kirchner, el movimiento que no deja de conmover la política argentina. Buenos Aires: Siglo XXI Editores, 2019.

Guebel, Diego. *La vida por Perón*. Buenos Aires: Emecé, 2004.

Guglielmino, Osvaldo. *Eva de América. Regreso al desierto. Las Malvinas*. Buenos Aires: Corregidor, 1995. 13-62.

Guido, Beatriz. *El incendio y las vísperas*. Buenos Aires: Losada, 1967.

———. *Fin de fiesta*. Buenos Aires: Losada, 1960.

Gutiérrez Mouat, Ricardo. "Aporía y repetición en *Santa Evita*". *Inti* 45 (1997): 325-36.

Guy, Donna. *Sex and Danger in Buenos Aires. Prostitution, Family, and Nation in Argentina*. Lincoln: U of Nebraska P, 1991.

Hawkins, Kirk. "Populism in Venezuela: The Rise of Chavismo." *Third World Quarterly* 24.6 (2003): 1137-60.

Hermogen. "Empty Signifier(s)." *Hermogen*. 16 de febrero de 2009. <www .hermogen.blogspot.com >. Accedido el 18 de septiembre de 2019.

Hobbes, Thomas. *Leviathan* [1651]. Middlesex [Inglaterra]: Penguin Books, 1977.

Hollander, Nancy Caro. "Women: The Forgotten Half of Argentine History." Ed. Ann Pescatello. *Female and Male in Latin America*. London: U of Pittsburgh P, 1973. 142-55.

Horowicz, Alejandro. *Los cuatro peronismos*. Buenos Aires: Edhasa, 2015.

Hughes Davies, Lloyd. "Portraits of A Lady: Postmodern Readings of Tomás Eloy Martínez's *Santa Evita*." *Modern Language Review* 95.2 (2000): 413-23.

Hutcheon, Linda. *A Poetics of Postmodernism. History, Theory, Fiction.* Nueva York: Routledge, 1988.

Jameson, Fredric. *The Political Unconscious.* Ithaca: Cornell UP, 1981.

Jauretche, Arturo. *El medio pelo en la sociedad argentina. (Apuntes para una sociología nacional).* Buenos Aires: Ediciones Corregidor, 2016.

Katra, William. "Eva Perón: Populist Queen of Hearts." *Latin American Digest* 2 (1980): 6+.

King, John, Ana M. López y Manuel Alvarado, eds. *Mediating Two Worlds: Cinematic Encounters in the Americas.* Londres: British Film Institute, 1993.

Klein, Joel. "What a Year of Racial Strife Has Taught Bernie and Hillary." *Time* 187.9 (2016): 33.

Kohan, Martín. *Ojos brujos. Fábulas de amor en la cultura de masas.* Buenos Aires: Ediciones Godot, 2015.

Kraniauskas, John. "Rodolfo Walsh y Eva Perón: 'Esa mujer'". *Nuevo Texto Crítico* VI.12/13 (1993-1994): 105-19.

"La nueva derecha". *Página 12.* 11 de junio de 2008. < www.pagina12.com.ar>. Accedido el 11 de enero de 2019.

Laclau, Ernesto. *Emancipation(s).* Nueva York: Verso, 2007.

———.*Politics and Ideology in Marxist Theory: Capitalism, Fascism, Populism.* Londres: NLB, 1977.

———.*La razón populista.* Buenos Aires: Fondo de Cultura Económica, 2010.

Laclau, Ernesto y Chantal Mouffe. *Hegemony and Socialist Strategy. Towards a Radical Democratic Politics.* Nueva York: Verso, 2001.

Levinson, Brett. "Populism, Aesthetics, and Politics for Cortázar and for Us: Houses Taken Over." *Latin American Literary Review* 32.63 (2004): 99-112.

Link, Daniel. "Amor y política". *Radar libros. Página/12.* 20 de agosto de 2000. <www.pagina12.com.ar >. Accedido el 30 de octubre de 2005.

López, Ana M. "Tears and Desire. Women and Melodrama in the 'Old' Mexican Cinema." *Mediating Two Worlds: Cinematic Encounters in the Americas.* Eds. John King, Ana M. López y Manuel Alvarado. Londres: British Film Institute, 1993. 147-63.

———."Our Welcomed Guests: Telenovelas in Latin America." *To Be Continued... Soap Operas Around the World.* Ed. Robert C. Allen. Londres: Routledge, 1995. 256-75.

Ludmer, Josefina. "Tretas del débil". *La sartén por el mango.* Ed. Patricia Elena González y Eliana Ortega. Puerto Rico: Ed. Huracán, 1985. 47-54.

Luhnow, David. "Latin America Worries About 'Trumpismo.'" *The Wall Street Journal.* 19-20 de marzo de 2016: C3.

Lynch, Martha. *La señora Ordóñez.* Buenos Aires: Sudamericana, 1985.

Main, Mary [María Flores]. *The Woman with the Whip: Eva Perón*. Garden City: Doubleday, 1952.

Martínez, Tomás Eloy. "Ficciones verdaderas". Ensayo fotocopiado, 3 de febrero de 2004. 8 págs.

———.*La novela de Perón*. Buenos Aires: Editorial Legasa, 1986.

———.*Réquiem por un país perdido*. Buenos Aires: Aguilar, 2003.

———.*Santa Evita*. Buenos Aires: Planeta, 1998.

———."El segundo nacimiento de un mito". Ensayo fotocopiado, 3 de febrero de 2004. 8 págs.

———."Sombra terrible de Borges". Ensayo fotocopiado, 3 de febrero de 2004. 4 págs.

———.*El sueño argentino*. Buenos Aires: Planeta, 1999.

Martínez de Richter, Marily. "Historia del cóndor y los gorriones y de cómo Dios bendijo a los argentinos: un estudio de *La razón de mi vida* de Eva Perón". *Ideologies & Literature* 4.1 (1989): 41-64.

Matlock, Jann. *Scenes of Seduction. Prostitution, Hysteria and Reading Difference in Nineteenth Century France*. New York: Columbia UP, 1994.

Millett, Kate. "Sexual Politics (in literature)." *Sisterhood Is Powerful. An Anthology of Writings from the Women's Liberation Movement*. Ed. Robin Morgan. Nueva York: Vintage Books, 1970. 311-34.

Mizraje, María Gabriela. *Argentinas de Rosas a Perón*. Buenos Aires: Biblos, 1999.

Moffitt, Benjamin. *The Global Rise of Populism. Performance, Political Style, and Representation*. Stanford: Stanford UP, 2016.

Monsiváis, Carlos. "Mexican Cinema. Of Myths and Demystifications." *Mediating Two Worlds: Cinematic Encounters in the Americas*. Eds. John King, Ana M. López y Manuel Alvarado. Londres: British Film Institute, 1993. 139-46.

———."Se sufre, pero se aprende. (El melodrama y las reglas de la falta de límites)". *Archivos de la filmoteca* 16 (1994): 7-19.

Monteleone, Jorge. "Ser Evita (Lectura de *Eva Perón*, de Copi)". *Bazar Americano*. 11 de septiembre de 2002. <www.bazaramericano.com/bazar/articulos/evita_monteleone.asp>. Accedido el 30 de mayo de 2005.

Navarro, Marysa (comp.). *Evita. Mitos y representaciones*. Buenos Aires: Fondo de Cultura Económica, 2002.

———."La Mujer Maravilla ha sido siempre argentina y su verdadero nombre es Evita". *Evita. Mitos y representaciones*. Comp. Marysa Navarro. Buenos Aires: Fondo de Cultura Económica, 2002. 11-42.

———."Of Sparrows and Condors: The Autobiography of Eva Perón." *The Female Autograph*. Eds. Domna C. Stanton y Jeanine Parisier Plottel. New York: New York Literary Forum, 1984. 205-11.

Neiburg, Federico. *Los intelectuales y la invención del peronismo. Estudios de antropología social y cultural*. Madrid: Alianza Editorial, 1988.

Neyret, Juan Pablo. "'Novela significa licencia para mentir.' Entrevista con Tomás Eloy Martínez". *Espéculo* 22. Universidad Complutense de Madrid. 20 de agosto de 2003. <www.ucm.es/info/especulo/numero22/t_eloy.html>. Accedido el 30 de octubre de 2005.

Ostiguy, Pierre. "Peronismo y antiperonismo: bases socioculturales de la identidad política en la Argentina". *Revista de Ciencias Sociales* 6 (1997): 133-215.

Ottino, Mónica. *Evita y Victoria. Comedia patriótica en tres actos*. Buenos Aires: Grupo Editor Latinoamericano, 1990.

Page, Joseph. Introduction. *In My Own Words*. De Eva Perón. New York: The New Press, 1996. 1-46.

Pellarolo, Silvia. "The Melodramatic Seductions of Eva Perón." *Corpus Delecti*. Ed. Coco Fusco. New York: Routledge, 2000.

Pérez Venzalá, Valentín. "Incesto y espacialización del psiquismo en 'Casa tomada' de Cortázar". *Espéculo* 10. 19 de diciembre de 1998. <www.especulo.com>. Accedido el 12 de julio de 2019.

Perkowska-Álvarez, Magdalena. "*Ella, yo, nosotros*: búsqueda del otro, escritura de sí y reescritura de la nación en *Santa Evita* de Tomás Eloy Martínez". Ensayo fotocopiado, marzo de 2005. 23 págs.

Perlongher, Néstor. *Prosa plebeya*. Buenos Aires: Colihué, 1997.

Perón, Eva. *Mi mensaje*. Buenos Aires: Ediciones del Mundo, 1987.

———. *La razón de mi vida*. Buenos Aires: C.S. Ediciones, 1995.

Perón, Juan Domingo. *Cómo conocí a Evita y me enamoré de ella*. Buenos Aires: Instituto Nacional Juan Domingo Perón, 2002.

———. *Conducción política (Capítulos I, II y III)*. Buenos Aires: Instituto Nacional "Juan Domingo Perón" de Estudios e Investigaciones Históricas, Sociales y Políticas, 2006.

Piglia, Ricardo. *La Argentina en pedazos*. Buenos Aires: La Urraca, 1993.

Piqué, Martín. "Cuando la campaña es una sucesión de gags". *Página/12*. 26 de septiembre de 2005. <www.pagina12.com.ar>.

Plotkin, Mariano Ben. *El día que se inventó el peronismo. La construcción del 17 de octubre*. Buenos Aires: Sudamericana, 2007.

———. *Mañana es San Perón*. Buenos Aires: Compañía Editora Espasa Calpe Argentina, 1994.

Plotnik, Viviana Paula. *Cuerpo femenino, duelo y nación: un estudio sobre Eva Perón como personaje literario*. Buenos Aires: Corregidor: 2003.

"Por una nueva redistribución del espacio de las comunicaciones". *Página 12*. 4 de junio de 2008. <www.pagina12.com.ar>. Accedido el 11 de enero de 2019.

Potash, Robert A. "Las Fuerzas Armadas y la era de Perón". *Nueva Historia Argentina. Los años peronistas (1943-1955)*. Dir. Juan Carlos Torre. Buenos Aires: Editorial Sudamericana, 2002. 79-124.

Reati, Fernando. *Nombrar lo innombrable. Violencia política y novela argentina (1975-1985)*. Buenos Aires: Editorial Legasa, 1992.

Rein, Raanan. *In the Shadow of Perón. Juan Atilio Bramuglia and the Second Line of Argentina's Populist Movement*. Stanford, CA: Stanford UP, 2008.

Rozenmacher, Germán. *Cabecita negra*. Buenos Aires: Centro Editor de América Latina, 1967.

Saborido, Pedro. *Una historia del peronismo en 27 relatos...* Buenos Aires: Planeta, 2018.

Saccomanno, Guillermo. *77*. Buenos Aires: Planeta, 2008.

———.*La lengua del malón*. Buenos Aires: Planeta, 2003.

Samuel, Raphael. "Mrs. Thatcher's Return to Victorian Values." *Proceedings of the British Academy* 78 (1992): 9-29.

Santander, Alejo. "A 30 años de la Ley de Divorcio: la historia de amor que cambió el Código Civil". *Infobae*. 3 de junio de 2017. <www.infobae.com>. Accedido el 6 de septiembre de 2018.

Santos, Lidia. "Los hijos bastardos de Evita". *Canadian Journal of Latin American and Caribbean Studies* 48 (1999): 195-213.

Sarlo, Beatriz. *El imperio de los sentimientos*. Buenos Aires: Grupo Editor Norma: 1985.

———.*La pasión y la excepción*. Buenos Aires: Siglo XXI Editores, 2003.

Schmitt, Carl. *The Concept of the Political*. New Brunswick: Rutgers UP, 1976.

———.*Political Theology. Four Chapters on the Concept of Sovereignty*. Cambridge: MIT Press, 1985.

Sebreli, Juan José. *Buenos Aires. Vida cotidiana y alienación*. Buenos Aires: Ediciones Siglo Veinte, 1966.

———.*Los deseos imaginarios del peronismo*. Buenos Aires: Legasa, 1983.

———.*Eva Perón, ¿aventurera o militante?* Buenos Aires: Ediciones Siglo Veinte, 1966.

Sidicaro, Ricardo. *Los tres peronismos. Estado y poder económico. 1946-55/1973-76/1989-99*. Buenos Aires: Siglo XXI Editores, 2003.

Sigal, Silvia y Eliseo Verón. *Perón o muerte. Los fundamentos del discurso peronista*. Buenos Aires: Editorial Legasa, 1986.

Sillato, María del Carmen. "*La razón de mi vida* de Eva Perón: el texto como espacio de auto-representación melodramática". *Canadian Journal of Latin American and Caribbean Studies* 48 (1999): 177-93.

Smith, Sidonie. "Performativity, Autobiographical Practice, Resistance". *Women,*

Autobiography, Theory. Eds. Sidonie Smith y Julia Watson. Madison: U of Wisconsin P, 1998. 108-15.

Smith, Sidonie y Julia Watson. "Introduction: Situating Subjectivity in Women's Autobiographical Practices". *Women, Autobiography, Theory*. Eds. Sidonie Smith y Julia Watson. Madison: U of Wisconsin P, 1998. 3-52.

____, eds. *Women, Autobiography, Theory*. Madison, London: University of Wisconsin Press, 1998.

Sommer, Doris. *Foundational Fictions: The National Romances of Latin America*. Berkeley: U of California P, 1991.

Sontag, Susan. *Illness as Metaphor*. New York: Farrar, Straus and Giroux, 1978.

Speroni, Miguel Ángel. *Las arenas*. Buenos Aires: Fluixá Editor, 1954.

Stanton, Domna. "Autogynography: Is the Subject Different?" *Women, Autobiography, Theory*. Eds. Sidonie Smith y Julia Watson. Madison: U of Wisconsin P, 1998. 131-44.

Susti, Alejandro E. "'Seré millones'. Eva Perón: melodrama, cuerpo y reinvención". Dis. Johns Hopkins U, 1999.

Szichman, Mario. *A las 20:25 la Señora entró en la inmortalidad*. Hanover: Ediciones del Norte, 1981.

Taguieff, Pierre-André. "Le nationalisme des 'nationalistes'. Un problème pour l'histoire des idées politiques en France". *Theories du nationalisme*. Eds. Gil Delannoi y Pierre-André Taguieff. Paris: Ed. Kimé, 1991. 47-124.

Tambascio, Gustavo. "Una herencia inoportuna. El teatro de Copi, a diez años de su muerte". *Cuadernos Hispanoamericanos* 563 (1997): 107-12.

Taub, Amanda. "All Impeachments Are Political. But Was Brazil's Something More Sinister?" *The New York Times*. 31 de agosto de 2016. <www.nytimes .com>. Accedido el 1 de agosto de 2018.

Taylor, Julie. *The Myths of a Woman*. Chicago: U of Chicago P, 1979.

Tello, Neri y Daniel Santoro. *Eva Perón para principiantes*. Buenos Aires: Era naciente, 2002.

Torre, Juan Carlos, dir. *Nueva Historia Argentina. Los años peronistas (1943-1955)*. Buenos Aires: Editorial Sudamericana, 2002.

Torre, Juan Carlos y Elisa Pastoriza. "La democratización del bienestar". *Nueva Historia Argentina. Los años peronistas (1943-1955)*. Dir. Juan Carlos Torre. Buenos Aires: Editorial Sudamericana, 2002. 257-312.

Vargas Llosa, Mario y otros. "Que la pandemia no sea un pretexto para el autoritarismo". Fundación Internacional para la Libertad. Abril de 2020. <www .fundacionfil.org.> Accedido el 14 de enero de 2021.

Venturini, Aurora. *Eva. Alfa y Omega*. Buenos Aires: Editorial Sudamericana, 2013.

Verón, Eliseo. "La palabra adversativa". *El discurso político*. Eliseo Verón y otros. Buenos Aires: Hachette, 1989. 11-26.

Viñas, David. *Las malas costumbres*. Buenos Aires: Editorial Jamcana, 1963. 63-72.

Von Drehle, David. "Destination Unknown." *Time* 187.9 (2016): 34-39.

Walsh, Rodolfo. *Los oficios terrestres*. Buenos Aires: Ediciones de la Flor, 1986.

Weisbrot, Mark. "Who Is to Blame for Argentina's Economic Crisis?" *The New York Times*. 19 de agosto de 2919. <www.nytimes.com>. Accedido el 11 de enero de 2019.

Wiñazki, Miguel. *Crítica de la razón populista. La mentira como espectáculo*. Buenos Aires: Margen izquierdo, 2015.

Xavier, Ismail. "Historical Allegory." *A Companion to Film Theory*. Eds. Toby Miller y Robert Stam. Malden, MA: Blackwell, 1999.

Young, Richard A. "Textualizing Evita: 'Oh, What a Circus! Oh, What a Show!'" *Canadian Journal of Latin American and Caribbean Studies* 48 (1999): 215-32.

Zabaleta, Marta Raquel. *Feminine Stereotypes and Roles in Argentina Before and After the First Lady Eva Perón*. New York: The Edwin Mellen Press, 2000.

Zaffaroni, Eugenio Raúl. *La cuestión criminal*. Buenos Aires: Planeta, 2012.

Zanatta, Loris. *Del Estado liberal a la nación católica. Iglesia y Ejército en los orígenes del peronismo. 1930-1943*. Buenos Aires: Universidad Nacional de Quilmes, 1996.

———.*Eva Perón. Una biografía política*. Buenos Aires: Sudamericana, 2011.

Žižek, Slavoj. "Against the Populist Temptation." *Critical Inquiry* 32.3 (Primavera 2006): 551-74.

———."From *Che vuoi?* to Fantasy: Lacan with *Eyes Wide Shut*." *Lacan.com*. 4 de agosto de 2009. <www.lacan.com>. Accedido el 29 de junio de 2018.

———.*How to Read Lacan*. Nueva York: W.W. Norton & Company, 2007.

———.*Ils ne savent pas ce qui' ils font. Le sinthome idéologique*. Cahors: Point Hors Ligne, 1990.

———.*Less Than Nothing. Hegel and the Shadow of Dialectical Materialism*. Londres: Verso, 2013.

___, guionista. *The Pervert's Guide to Ideology*. Dirigida por Sophie Fiennes. Blinder Films y otros, 2012.

———.*The Sublime Object of Ideology*. Nueva York: Verso, 1989.

———.*Violence*. Nueva York: Picador, 2008.

www.ingramcontent.com/pod-product-compliance
Lightning Source LLC
Chambersburg PA
CBHW030810280326
41926CB00085B/279